Meiner Seelenfamilie gewidmet:

Tamar, Noga, Alaya, Philipp, Mimi, Theresa,

Jan und Nir.

Ihr alle seid Strahlen der herrlichen Sonne,

wunderschöne Verkörperungen eurer jeweiligen

Chakra-Typen.

INHALT

VORWORT

Die sieben Chakras (Sanskrit: »Räder« oder »Kreise«) gehören zu einem System, das zwischen 1500 und 500 vor Christus in Indien entwickelt wurde. Das macht es zu einem der ältesten und dauerhaftesten Systeme überhaupt. Eingeführt wurden die Chakras von Sehern des alten Indiens als die sieben wichtigsten Kreuzungspunkte in unserem feinstofflichen Nervennetzwerk, die auch als übersinnliche Zentren von Energie und Bewusstsein fungieren. Jedes Chakra ist mit einer Reihe von energetischen, emotionalen, mentalen und spirituellen Aktivitäten verbunden. Somit sind sie mächtige Determinanten für alle Ebenen der menschlichen Existenz.

Die Chakras werden oft vereinfachend auf eine Reihe von sieben Energiezentren reduziert, die in der populärwissenschaftlichen Literatur allgemein mit bestimmten Symbolen und Farben assoziiert werden. Diese Literatur legt das Hauptaugenmerk größtenteils auf allgemeine Prinzipien des Heilens, Ausgleichens und Weckens und vermittelt in der Regel ein nur oberflächliches Verständnis von den Chakras als Zentren emotionaler Energie und spiritueller Kraft.

Auf einer tieferen Ebene jedoch sind die Chakras sieben Zentren der Wahrnehmung und Erfahrung. Über diese Zentren begegnen wir unserer eigenen multidimensionalen Wirklichkeit und machen unsere Erfahrungen damit. Wenn man das Leben durch die Linse der Chakras betrachtet, entdeckt man, dass es auf ganz spezifische und unterschiedliche Weise gesehen werden kann. Und im Licht dieser Entdeckung werden andere Werte sowie Lebenssinn und Glück sehr viel relevanter.

Die Chakra-Persönlichkeitstypen bringen sieben verschiedene Weltanschauungen zum Ausdruck und entsprechen den sieben individuellen Chakras. Ihr eigener Persönlichkeitstyp hängt davon ab, welches Wahrnehmungszentrum oder Chakra am einfachsten in Ihnen erweckt werden kann und vor allen anderen am natürlichsten mit der Wirklichkeit in Kontakt kommt. Die starke Identifikation mit der Perspektive Ihres Chakras bildet Ihren fundamentalsten Persönlichkeitstyp – das, was ich als Ihren «Haupt-Chakra-Typ» bezeichne.

In diesem erweiterten Kontext zeigen uns die Chakras, wie sich unsere individuellen Neigungen in sieben Arten von Wahrnehmung und Erfahrung einteilen lassen. Leider erfahren wir nur sehr selten etwas über die Chakras als Beleuchter unseres individuellen Weges und als Indikatoren dafür, wie sich unsere individuelle Reise entfaltet oder entfalten könnte.

Wir alle verfügen über sieben Chakra-Energien, die unsere menschliche Ganzheit ausmachen, auch wenn einige sehr viel aktiver und andere relativ vernachlässigbar sind – nicht unbedingt, weil wir gewisse Aspekte unseres Seins vernachlässigt haben, sondern eher, weil wir von Natur aus dazu geschaffen wurden, einen bestimmten Hauptaspekt des Lebens und des Kosmos zu verkörpern und voll erblühen zu lassen.

Das hier beschriebene System der Persönlichkeitstypen ist eine Weiterentwicklung grundlegender Prinzipien der Yoga-Lehren. In den Jahren meiner theoretischen und empirischen Forschung auf dem Gebiet der Chakras entdeckte ich nach und nach Hinweise auf Persönlichkeitstypen, die einzelnen Chakras entstammten und mit spezifischen Sichtweisen korrespondierten. Diese Andeutungen – oft kurz und oberflächlich – schienen auf menschliche Archetypen einschließlich eines entsprechenden Symboltiers hinzuweisen – eine Ameise für das erste Chakra, ein Schmetterling für das zweite und so weiter.

Als ich mich eingehender mit diesen Entsprechungen beschäftigte, wurde mir klar, dass sich unsere individuellen Unterschiede und unsere unverwechselbare Art, uns zum Ausdruck zu bringen, in sieben Hauptkategorien einteilen lassen, die einen Zusammenhang zu den sieben Chakras aufweisen. In der Tat definiert jede Kategorie eine eigene Welt, die aus bestimmten Neigungen, Reizen und Leidenschaften besteht. Eine genauere Untersuchung dieses Prinzips hat mich davon überzeugt, dass sich jeder von uns einem Haupt-Chakra und in geringerem Maße einem oder zwei anderen Chakras zuordnen lässt.

Diese Einsicht hat es mir möglich gemacht, die verborgenen Elemente hinter jeder Persönlichkeit zu erkennen – eine Art »Seelenentwurf«, der auf tiefen Neigungen basiert. Wenn wir diesen Neigungen folgen, sind wir alle glücklicher und ausgefüllter, als es uns sonst möglich wäre. Das ist das System, das ich hier beschreibe.

Chakra-Persönlichkeitstypen in der Weltbevölkerung, Shai Tubali

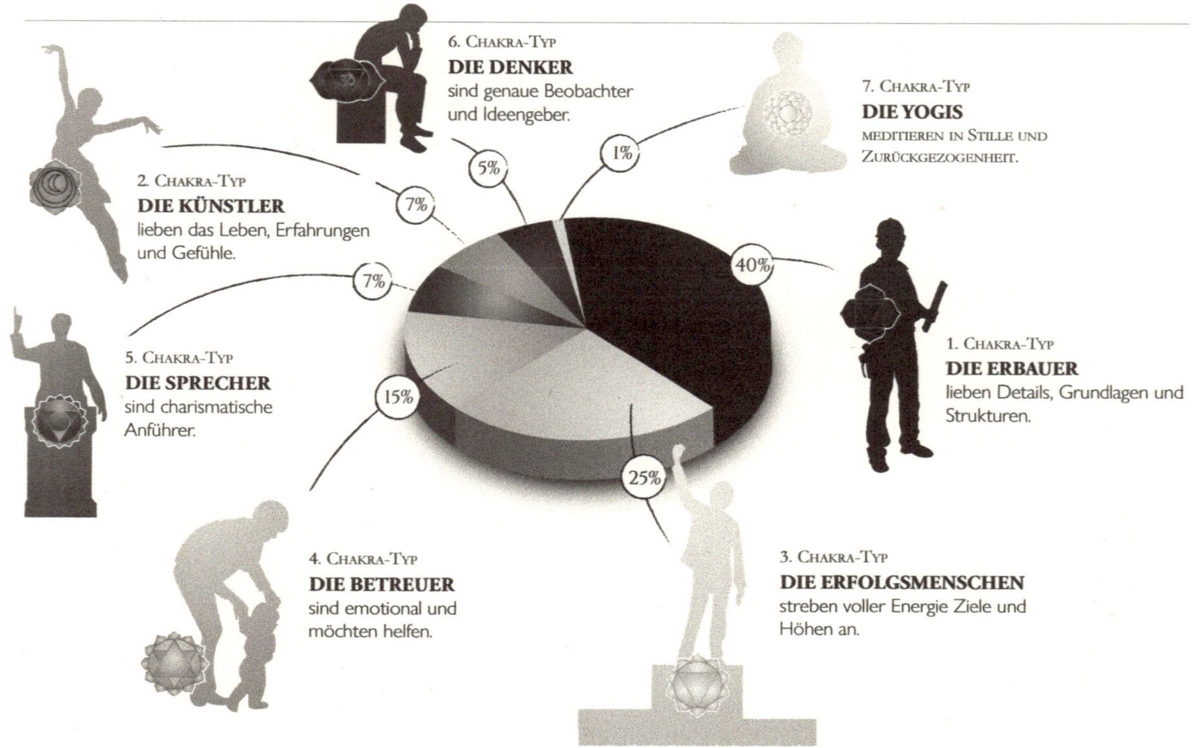

EINLEITUNG
CHAKRAS UND PERSÖNLICHKEIT

Was macht Sie besonders glücklich und füllt Sie am meisten aus? Natürlich können Sie mehr als eine Sache nennen, aber versuchen Sie, mit den ganz besonders erfüllenden Momenten in Ihrem Leben in Kontakt zu kommen. War es eine unvorstellbar intensive Vertrautheit und Liebe, die Sie mit einem Seelenpartner geteilt haben? Oder war es der Moment, in dem Ihnen klar wurde, dass Sie es geschafft haben, den Geheimnissen des Universums auf die Spur zu kommen? War es der Rückzug in die Stille an einem weit entfernten Ort im Himalaja? Oder vielleicht eine elektrifizierende Rede, die Sie vor einem dankbaren Publikum gehalten haben? Oder eine wirklich abenteuerliche Reise um die Welt oder ein gewaltiger Karrieresprung oder das Planen und Bauen Ihres eigenen Traumhauses?

Was Ihnen am meisten Glück und Erfüllung schenkt, ist höchstwahrscheinlich Ausdruck Ihres Chakra-Typs. Was heißt das? Ihr Chakra-Typ bestimmt, wie Sie die Welt wahrnehmen und erleben. Er bringt Sie dazu, auf bestimmte Elemente in Ihrem Leben zu achten und andere kaum zu bemerken. Er zieht Sie zu jenen Aspekten Ihres Lebens, die Sie intuitiv als für Ihr Glück am wichtigsten empfinden.

Meistens erklären wir unsere individuellen Unterschiede mit dem Hinweis darauf, dass jeder von uns seine ganz persönlichen Neigungen hat. Jedem Tierchen sein Pläsierchen. Andererseits gibt es viele Systeme zur Selbsterkenntnis, bei denen es darum geht, das Geheimnis unserer Individualität zu knacken und herauszufinden, warum jeder von uns das Leben so anders als andere erlebt. Diese Systeme sollen uns verstehen helfen, warum wir bestimmte Neigungen und Tendenzen haben, unter bestimmten Extremen und

Defiziten leiden oder bestimmte Enttäuschungen und Ängste erleben und wie wir unsere individuellen Fähigkeiten anwenden. Einige dieser Systeme, etwa die Psychoanalyse, basieren auf der individuellen Geschichte und verfolgen unsere Ängste zurück zu traumatischen Ereignissen, die beispielsweise im Alter von drei Jahren stattgefunden haben. Andere wie die Numerologie, das Enneagramm oder Human-Design-Techniken klassifizieren menschliche Tendenzen und Verhaltensweisen nach allgemeinen und universellen Kategorien. Das System der Chakra-Typen, dieses uralte System, das uns seine eigene tief gehende und erhellende Antwort gibt, gehört zur letztgenannten Gruppe.

Chakras und das Individuum

Es steht außer Frage, dass es jedem bestimmt ist, alle sieben Chakras vollständig auszubilden, damit ein vollkommen ausgeglichenes und verwirklichtes menschliches Wesen verkörpert werden kann. Keiner von uns kann die Herausforderungen und Prüfungen des Lebens, deren Bewältigung zur psychischen Aufgabe der einzelnen Chakras gehört, einfach ignorieren. Genauso wenig sollten wir die Entwicklung all der Eigenschaften und Kräfte, die jedem der sieben Chakras innewohnen, außer Acht lassen. Doch keinem von uns, noch nicht einmal den am weitesten fortgeschrittenen Wesen, die man sich vorstellen kann, ist es möglich, alle Aspekte des Lebens zu manifestieren. Das mag zwar einschränkend klingen, aber tatsächlich ist es schön. Deshalb nämlich bringen wir die gleiche Erfahrung auf ganz unterschiedliche Weise zum Ausdruck.

Es ist klar, dass jeder von uns das Leben mit seinen eigenen Augen sieht. Aus diesem Grund neigen wir dazu, zwar die gleichen Erfahrungen zu machen, sie aber ganz unterschiedlich zu interpretieren und zum Ausdruck zu bringen. Das vielleicht eindrucksvollste Beispiel dafür findet sich in den sehr verschiedenen Ausdrucksformen des Zustands der spirituellen Erleuchtung, von dem es heißt, er sei einzigartig und doch für alle gleich.

Rumi, der große Dichter und Sufi-Mystiker, sprach von der Liebe zum Göttlichen und von Hingabe und Vereinigung. Gurdjieff, der armenische spirituelle Meister, konzentrierte sich auf Willenskraft, Überwindung und Erinnerung an das wahre Selbst. Osho, Jiddu Krishnamurti und Ramana Maharshi hatten klar voneinander unterscheidbare Ansätze, die ganz unterschiedliche Wege und Praktiken hervorgebracht haben. Ihre unterschiedlichen Interpretationen und Ausprägungen sind darauf zurückzuführen, dass sie verschiedenen Chakra-Persönlichkeitstypen angehörten. Der Chakra-Typ fungiert wie ein Prisma und bewirkte, dass das göttliche Licht, das sie erleuchtete, eher in Form eines Lichtstrahls als in Form des gesamten Spektrums der göttlichen Erleuchtung zum Ausdruck kam. Diese »Fragmentierung« macht unzählige individuelle Erfahrungen in dem gleichen »Leben« möglich.

Ihr Persönlichkeitstyp definiert Ihre wichtigste und beständigste Weltanschauung. Er hat nichts mit bestimmten Lebensphasen zu tun, in denen Sie sich stärker auf die Entwicklung bestimmter Fähigkeiten und Eigenschaften konzentrieren oder auf wichtige Herausforderungen reagieren müssen. Manchmal werden Sie das Gefühl haben, dass Sie Ihr Herz mehr öffnen, mehr auf Ihre Unabhängigkeit achten oder mehr Bodenhaftung haben sollten. Zu erkennen, dass in einem bestimmten Stadium Ihres Lebens ein Aspekt von Ihnen wichtiger ist als andere, ist ein unvermeidlicher Teil Ihrer allgemeinen menschlichen Entwicklung.

In ganz ähnlicher Weise hat Ihr Persönlichkeitstyp nicht unbedingt etwas mit bestimmten Stärken zu tun, über die Sie von Natur aus verfügen. Sie können großzügig, stur oder meditativ sein, ohne dass dies ein Hinweis auf Ihren Typ ist. Ihrer eigenen Persönlichkeit auf die Spur zu kommen bedeutet, dass Sie Ihre eigene Grundkonstitution erkennen – die grundlegende Art und Weise, wie Sie das Leben wahrnehmen und erleben und das, was Sie wirklich reizt und Ihre Leidenschaft weckt. Es geht darum, wie Sie sich der Realität stellen und sie nutzen, um die Stärken Ihrer Konstitution optimal einzusetzen und Ihre Bestimmung zu erfüllen. Eine andere Art, dies zu erkennen, führt über den Impuls, den Sie unwiderstehlich finden, weil er von Ihrem authentischen Selbst kommt. Dieser Impuls kann so stark sein, dass er sich manchmal größer anfühlt als Sie selbst. Wenn Sie ihm folgen, kann er Sie leicht in einer Weise beschäftigen, die Sie fast alles andere vergessen lässt.

Ihr Chakra-Typ entspricht nicht unbedingt dem, was Sie im Moment im Leben machen, und auch nicht Ihrem Idealbild von sich selbst. Er findet sich nicht einmal in Neigungen und Eigenschaften wieder, die Sie bewundernswert finden. Ich persönlich bewundere Mutter Teresa, aber das bedeutet nicht, dass ich ein Fürsorgender (Chakra-Vier-Typ) bin. Es könnte bedeuten, dass sie für mich bestimmte Aspekte spiegelt, die zu verwirklichen mir eher schwerfallen. Deshalb besteht die beste Methode darin, den Weg zu gehen, auf dem Sie der Welt vorrangig begegnen. Welches Ihrer Zentren reagiert als Erstes auf Dinge, die Sie erleben? Ist es der mentale Teil, Erkennen und Verstehen? Oder ist es das Gefühl, die Emotion, oder der Wille?

Ein hilfreicher Schlüssel ist die Tatsache, dass die sieben Persönlichkeitstypen in drei Hauptgruppen der Wahrnehmung und Erfahrung unterteilt sind: die materiell-irdischen Typen, die emotional-kommunikativen Typen und die mental-spirituellen Typen. Das erste, zweite und dritte Chakra gehören zur ersten Gruppe, das vierte und fünfte Chakra zur zweiten und das sechste und siebte Chakra zur dritten. Diese Gruppierungen basieren darauf, wie die einzelnen Typen die Welt am unmittelbarsten erleben und was diese zuallererst in ihnen auslöst. Die erste, »unterste« Gruppe – »unterste« nur wegen der Lage der entsprechenden Chakras im Körper, nicht wegen ihrer Position in einer Hierarchie – begegnet der Welt vorrangig über die Sinne und wahrnehmbare Objekte. Die zweite Gruppe erfährt die Welt hauptsächlich über Emotionen und Fantasien. Die dritte Gruppe erlebt die Welt nicht direkt, sondern eher als Idee und übersetzt ihre Erfahrungen in abstrakte Prinzipien.

Ihr Chakra-Typ

Die Reise, die dieses Buch anbietet, ist bunt und lebendig. Das liegt daran, dass es auf dieser Reise weniger um große, abstrakte, spirituelle Prinzipien geht, sondern vielmehr um ganz bestimmte, reich nuancierte und teils lustige individuelle Facetten der Realität – um Aspekte der menschlichen

Natur, die sich im Chakra-System widerspiegeln. Je mehr Sie von diesem Buch lesen, desto mehr werden Sie feststellen, dass Sie sich spontan mit den Denk- und Verhaltensweisen bestimmter Typen identifizieren – und mit der Art, wie Ihre Freunde, Partner und Kinder denken und sich verhalten. Sie werden merken, dass wir als die Realität unterschiedlich Wahrnehmende und Erfahrende alle in eines der sieben Hauptmuster fallen. Dadurch, dass wir diese sieben Muster erkennen, lernen wir allmählich, wie wir sie wirksamer steuern und optimieren können.

Ab einem bestimmten Punkt werden Sie diesen sieben Mustern auch andere Erfahrungen zuordnen – beispielsweise wenn Sie sich einen Film anschauen, eine Werbung sehen oder sich einen Vortrag anhören. Da unsere Kultur – Religion, Kunst, Unterhaltung – gänzlich aus den Beiträgen der sieben Typen besteht, ist es nur natürlich, dass sich alle kulturellen Phänomene an einem von ihnen orientieren und auf einen von ihnen konzentrieren. Das System der Chakra-Typen bietet uns somit eine gesunde Möglichkeit, unsere menschliche Vielfalt zu schätzen und Selbsterkenntnis, Toleranz und Offenheit zu fördern. Wenn wir seine Lektionen lernen, können wir die Geschenke, die uns jeder Chakra-Typ zu bieten hat, besser annehmen.

Meistens denken Menschen, dass sie die Welt genau so wahrnehmen wie alle anderen auch. Vermutlich sind wir deshalb oft so überrascht, wenn jemand eine völlig andere Weltsicht hat als wir. Aber das System der Chakra-Persönlichkeitstypen offenbart uns, dass *nicht* jeder die Welt auf dieselbe Weise sieht. Manchmal müssen wir die Weltsicht anderer annehmen, um unsere eigenen Erfahrungen zu ergänzen und Aspekte hinzuzugewinnen, die unserer eigenen Wahrnehmung entgehen. Es ist wichtig, das zu verstehen, weil meine Vorstellung von den sieben Typen in keiner Weise hierarchisch ist, sondern eher gemeinschaftlich. Wenn ich jeden Typ in allen Einzelheiten beschreibe, tue ich das mit dem Ziel, Ihnen nicht nur zu helfen, Ihr eigenes, ganz besonderes Selbst zu erkennen, sondern auch alle sieben Typen schätzen zu lernen. Ich wünsche jedem, die Welt mit den Augen aller Chakra-Typen sehen und diese Sichtweise als einen wesentlichen Bestandteil des eigenen Wesens wahrnehmen zu können.

Der direkteste Weg zum Orten des eigenen Chakra-Typs besteht darin, die Kapitel, in denen die einzelnen Typen beschrieben werden, sorgfältig zu lesen und herauszufinden, ob man gerade eine Beschreibung von sich selbst gelesen hat. Früher oder später wird Ihnen ein Profil so vertraut vorkommen, dass etwas in Ihnen aufspringt und erklärt: »He, er spricht über mich!« Dann handelt es sich höchstwahrscheinlich um Ihren mit diesem Chakra verbundenen Hauptpersönlichkeitstyp.

Das Herausfinden Ihres Hauptpersönlichkeitstyps sollte kein Herumraten sein. Sie mögen sich ein wenig zwischen zwei Typen hin- und hergerissen fühlen (das kann ein wichtiger Hinweis auf etwas sein, das wir später noch besprechen werden), aber irgendwann wird ein Typ die Oberhand gewinnen und Ihnen das Gefühl geben, nach Hause zu kommen – das Gefühl, Ihre ganz eigene Art, die Welt zu sehen, erkannt zu haben. Dies ist zuweilen ein recht amüsanter und aufschlussreicher Prozess, in dessen Verlauf Sie sich in geradezu peinlicher Weise transparent fühlen.

Andere Kapitel – vielleicht eines oder zwei – scheinen »nahe Verwandte« Ihrer Persönlichkeit zu beschreiben, die große Teile Ihres Wesens mit Ihnen gemeinsam haben, aber dennoch nicht perfekt passen. Bei diesen Chakra-Typen handelt es sich höchstwahrscheinlich um Ihre sekundären und unterstützenden Persönlichkeitstypen. Die Inhalte der meisten Kapitel werden Ihnen jedoch völlig fremd vorkommen oder vielleicht besser zu Ihrem Partner oder einem Bekannten passen.

Vor diesem Hintergrund muss geklärt werden, wonach Sie in diesem Prozess suchen sollten. Die Beschreibung, die Ihnen am nächsten kommt, muss sich bekannt und vertraut für Sie anfühlen, und zwar nicht nur, weil Sie bestimmte Verhaltensmuster beziehungsweise positive und negative Eigenschaften von sich entdeckt haben, so wie Sie den einen oder anderen Teil Ihrer Persönlichkeit auch in einem astrologischen oder numerologischen Diagramm wiederfinden würden. Bei diesem System geht es vielmehr darum, dass Sie den Ruf aus den tiefsten Tiefen Ihres Herzens hören und erkennen. Sie müssen also nach der Struktur suchen, die am direktesten und besten zu Ihnen passt und mit der Sie Ihren Seelenplan am besten umsetzen können.

Deshalb erwartet niemand von Ihnen, dass Sie jedes Detail einer Beschreibung berücksichtigen, noch nicht einmal der Beschreibung Ihres Haupt-Chakra-Typs. Entscheidend für Ihren Chakra-Typ ist allein die Brille, durch die Sie die Welt wahrnehmen. Diese Brille bewirkt, dass Sie auf gewisse Elemente achten und andere übersehen, und bestimmt so, was für Sie besonders bedeutsam und wertvoll ist. Die Frage, die Sie sich beim Lesen der folgenden Kapitel stellen sollten, lautet: »Erfahre ich das Leben auf diese Weise?«

Ein paar kleine Details Ihrer Persönlichkeitsbeschreibung können aus dem einfachen Grund vernachlässigt werden, dass keiner von uns ein reiner und vollkommener Chakra-Typ ist. Typen, die sich wie nahe Verwandte Ihres Hauptpersönlichkeitstyps anfühlen, spielen ebenfalls eine Rolle bei der Gestaltung Ihres Lebens. Machen Sie sich keine weiteren Gedanken, wenn Sie sich selbst in der Beschreibung eines anderen Persönlichkeitstyps wiedererkennen, in der es beispielsweise heißt, dass es ihm schwerfällt, morgens aufzustehen und den Tag zu beginnen.

Sie sollten auch nicht erwarten, dass Ihr Haupt-Chakra-Typ über all Ihre Stärken und Talente verfügt. Die Zugehörigkeit zu einem Chakra-Typ heißt nicht, dass Sie nicht mit den Eigenschaften und Fähigkeiten verschiedener Chakras auf die Welt kommen können oder dass Sie diese Eigenschaften nicht im Laufe der Zeit entwickeln werden. Bei Ihrem Typ geht es vor allem um das, was Sie am meisten lieben und was Ihnen die am meisten vertraute Erfahrung Ihrer selbst gibt.

Ihr wahrer Chakra-Typ kann durchaus manchmal unter dicken Schichten von Unterdrückung, sozialer Anpassung oder gewissen Lebensumständen begraben liegen. Dadurch wird der Prozess der Selbstfindung zu einer gründlichen Erforschung Ihrer fundamentalsten Seelenelemente, die Ihren Chakra-Typ nach und nach ermutigen, unter dicken Schichten aus dem Verborgenen zum Vorschein zu kommen und sich zu erklären. In ganz ähnlicher Weise können Sie in einer sehr unausgeglichenen Ausprägung Ihres Typs gefangen sein, die ihn in eher eingeschränkten Formen zum Ausdruck bringt.

Darüber hinaus kann Sie oberflächliches Raten in die Irre führen. Vielleicht rechnen Sie bereits mit einem Ergebnis oder wollen unbedingt ein bestimmter Typ sein, weil der besser zu Ihrem Bild von sich selbst oder zu so manchen lieb gewonnenen Lebensgewohnheiten passt. Wenn Sie fürchten, dass dies bei Ihnen der Fall ist, brauchen Sie vielleicht mehr als die direkte Beschreibung Ihres eigenen Typs, um eine Perspektive zu bekommen. Dann haben Sie die Möglichkeit, Fragen wie die am Ende eines jeden Kapitels aufgeführten zu beantworten. Diese Fragen können sehr hilfreich sein, weil sie entscheidende Eigenschaften und Verhaltensweisen auf den Punkt bringen, die zur Bestimmung des jeweiligen Typs besonders wichtig sind. Wenn Sie dann immer noch unsicher sind, brauchen Sie vielleicht eine Einzelsitzung mit einem Experten auf diesem Gebiet, der Ihnen als Außenstehender eine kompetente Analyse bieten kann. In meinen eigenen Einzelsitzungen setze ich eine Methode namens »Chakra-Reflexion« ein. Sie zeigt auf, in welchem Chakra einer Person die höchste Energiekonzentration vorhanden ist – ein feinstofflicher Ausdruck der mentalen und emotionalen Identifikation mit dem jeweiligen Chakra-Typ.

Die Chakra-Typen von Kindern

Den Chakra-Typ eines Kindes zu ermitteln, kann manchmal eine echte Herausforderung sein. Manche Kinder legen schon in frühen Lebensphasen klar definierte Chakra-Eigenschaften an den Tag. Wenn Sie ein so stark geprägtes Kind haben, ist es relativ einfach, seinen Typ zu bestimmen. In den meisten Fällen kann man sich jedoch schwerlich sicher sein, und zwar aus dem einfachen Grund, dass sich die fragile und fragmentierte Persönlichkeit in der Kindheit erst zu konsolidieren beginnt. In der Kindheit und Jugend befinden sich einige Chakras in einem Zustand rasanter Entwicklung, was die Beobachtung von Tendenzen bei Kindern und Jugendlichen sehr schwierig macht. Die allgemeine Entwicklung der Chakras kann mit der Ausprägung des einzigartigen Chakra-Typs eines Kindes verwechselt werden. Sie müssen hinter den Schleier des psychischen Reifeprozesses schauen, um eine beständige Linie von Neigungen und Anziehungspunkten erkennen zu können.

Hinzu kommt, dass manche Kinder und Jugendliche zwar klarer definiert sind als andere und sich durch besondere Fähigkeiten und Neigungen auszeichnen, die meisten aber in einem intensiven Prozess der Selbstsuche und Selbstdefinition stecken und erst in späteren Lebensphasen mit ihren schlummernden Talenten und Leidenschaften in Kontakt kommen. Die Mehrzahl der Menschen braucht viel Zeit und Lebenserfahrung, um eine stabile Entfaltung ihres Chakra-Typs zu erreichen.

Daher kann man sagen, dass Rätselraten zwar immer Spaß macht, die Bestimmung eines Chakra-Typs aber erst dann sinnvoll ist, wenn die betreffende Person mindestens zwischen 21 und 28 Jahre alt ist. Dieses Alter ist nicht willkürlich gewählt. In der Chakra-Entwicklung steht eine Phase von sieben Jahren jeweils für einen Lebenszyklus, in dem ein bestimmtes Chakra zur Reife gelangt. Mit 21 Jahren hat ein Mensch aufgrund der Entwicklung der drei unteren Chakras eine gewisse Basis erreicht, was bedeutet, dass sich seine grundlegende Persönlichkeit mehr oder weniger gefestigt hat.

Ihre Drei-Typen-Struktur

Machen Sie sich keine Gedanken, wenn Sie sich zwischen zwei Chakra-Typen hin- und hergerissen fühlen. Das bedeutet nur, dass Sie sowohl Ihren wichtigsten Persönlichkeitstyp als auch einen Sekundärtyp kennengelernt haben. Jetzt müssen Sie bestimmen, welcher dominant ist. Welcher ist Ihr wahres Selbst?

Die gute Nachricht lautet: Es gibt einen einfachen Selbsttest, der Ihnen bei dieser Bestimmung helfen kann. Sie finden ihn jeweils am Ende eines Kapitels. Folgen Sie einfach den Anweisungen, um den prozentualen Anteil des spezifischen Chakra-Typs in Ihrer Persönlichkeit zu bestimmen. Dieser Prozentsatz wird nicht in Bezug auf andere Typen festgelegt. Sie schätzen einfach den Grad der Präsenz eines Chakra-Typs in Ihrer Persönlichkeit auf einer Skala von 1 bis 100 ab. Mit anderen Worten: Wie viel von allem, was Sie über den betreffenden Chakra-Typ lesen, fühlt sich Ihrem Wesen zugehörig an? Nachdem Sie alle sieben Kapitel gelesen und jeden Typ auf diese Weise bewertet haben, vergleichen Sie alle Prozentsätze und bestimmen, welche Chakra-Typen die höchsten Werte erzielt haben. Der mit dem höchsten Prozentanteil ist Ihr wichtigster Persönlichkeitstyp. Vielleicht stellen Sie fest, dass die Beschreibung eines der sieben Chakra-Typen so auffallend mit Ihrer eigenen Erfahrung übereinstimmt, dass Sie ihm die perfekte Bewertung von 100 Prozent geben. Aber selbst ein Ergebnis von »nur« 90 oder 80 Prozent kann Ihren Haupttyp anzeigen, solange es sich dabei um Ihr höchstes Ergebnis handelt.

Doch auch wenn Sie sich als zu 100 Prozent einem bestimmten Typ zugehörig erkennen, ist in Wirklichkeit niemand zu 100 Prozent irgendein Typ. Beispielsweise bestimmt nach der traditionellen ayurvedischen Medizin aus Indien mit ihrem zentralen Konzept der *Doshas*, der drei grundlegenden Elemente oder Energien, die im Körper zirkulieren und alle physischen Aktivitäten steuern, das Gleichgewicht dieser Doshas über Gesundheit und Krankheit. Das Dosha *Vata* (Luft) steuert alle Bewegungen, *Pitta* (Feuer) reguliert Wärme und Intensität, *Kapha* (Wasser) ist für die Ernährung verantwortlich. Jedes Individuum verfügt in unterschiedlichen Proportionen über diese Elemente. Sie sind der Grund für die individuelle physische Konstitution und das jeweilige Temperament, einschließlich der Disposition für bestimmte körperliche und geistige Veranlagungen und Erkrankungen. Aber niemand ist zu 100 Prozent Pitta, Vata oder Kapha. Jedes Individuum besteht aus einer unendlich vielfältigen Kombination und Gewichtung dieser Elemente.

In ganz ähnlicher Weise ist die gesamte Menschheit offensichtlich nicht streng in sieben Typen unterteilt, obwohl jedes Individuum vorrangig einem Chakra-Persönlichkeitstyp angehört. Die sieben Haupt-Chakra-Typen sind zu archetypisch, um alle Feinheiten und Nuancen einer tatsächlich lebenden Person umfassen zu können. Deshalb besteht jede vollständige Persönlichkeit aus einem Haupttyp, einem Sekundärtyp sowie einem unterstützenden Typ. Der Sekundärtyp und der unterstützende Typ verleihen uns besondere Merkmale und machen unsere Persönlichkeit einzigartig. Sie bereichern den Haupttyp um eine zusätzliche Perspektive und andere Lebenserfahrungen. Ihr zweithöchstes Ergebnis beim Selbsttest zeigt Ihren Sekundärtyp an. Ihr dritthöchstes Ergebnis verweist auf Ihren unterstützenden Chakra-Typ. Zusammen bilden diese drei Chakra-Typen eine Art Dreieinigkeit, deren Interaktion die Reise und den Sinn Ihres Lebens sehr treffend erfasst.

In Kombination mit Ihrem Haupttyp tragen Ihr sekundärer und Ihr unterstützender Persönlichkeitstyp dazu bei, Sie als vollständiges Individuum zu definieren – ein Individuum, das durch die Interaktion zwischen den drei Typen ausgeglichen, abgerundet und stark ist. Das ist so schön und weise an dem System der Chakra-Typen: Es ermöglicht die Beschreibung vieler verschiedener individueller Persönlichkeiten durch die schöpferische Kombination von Chakra-Eigenschaften. Diese Kombinationen können für diejenigen, die sie aufweisen, eine Quelle innerer Konflikte und Spannungen sein, aber sie bringen auch einzigartige Persönlichkeiten hervor.

Dadurch, dass es die Haupttypen in einer dreigliedrigen Struktur kombiniert, ermöglicht das Chakra-Persönlichkeitssystem eine detaillierte Darstellung von 42 ausgeprägten Persönlichkeitstypen. Und weil jede Persönlichkeit aus der Interaktion von drei dominanten Chakra-Typen hervorgeht, können erstaunliche 252 Persönlichkeitstypen dargestellt werden. Wenn Sie dann noch den relativen Prozentsatz aus jedem der drei Chakras berücksichtigen, kommen Sie auf eine nahezu unbegrenzte Anzahl von Persönlichkeitstypen.

Ihrem Chakra-Typ entsprechend leben

Wenn Sie Ihre Drei-Typen-Persönlichkeitsstruktur kennen, bewirkt das mehr, als dass Sie Ihrem Selbstbild einen weiteren Faktor hinzufügen oder Ihre Gefühle und Eingebungen über sich selbst vage unterstützen. Wenn Sie etwas über Ihre Konstitution in Erfahrung bringen, können Sie deren Kräfte nutzen und sie auf die ideale Umsetzung Ihres Seelenentwurfs richten. Deshalb finden Sie am Ende jedes folgenden Kapitels umfassende

Vorschläge zur Veränderung des entsprechenden Lebensstils – angefangen mit sehr kleinen, alltäglichen Details über emotionale, mentale und verhaltensbedingte Probleme bis hin zu tiefer spiritueller Erleuchtung. Wenn Sie diesen Vorschlägen folgen, fällt es Ihnen leichter, ein vollständig verwirklichtes Modell Ihres Typs anzustreben. Sie tun dies, indem Sie die Extreme Ihres Typs ausgleichen und seine natürliche Verwirklichung fördern.

In der Regel will jeder Chakra-Typ genau die Dinge tun, die zu einem Ungleichgewicht führen. Und die große Ironie dabei ist, dass das, was einem Chakra-Typ als gesund vorkommt, genau das ist, was bei ihm am wenigsten im Gleichgewicht ist. Wenn Sie Ihre Chakra-Energien ins Gleichgewicht bringen, kann das ein wenig den Anschein erwecken, als wollten Sie Ihren Persönlichkeitstyp zähmen, statt ihn frei seine Flügel ausbreiten zu lassen. Doch wenn Sie Ihren Typ nicht zähmen, kann er niemals richtig und sicher reifen.

Jeder Typ hat seine eigenen, das Gleichgewicht störenden Elemente, die bei falscher Kanalisierung zu psychosomatischen Erkrankungen und zur Selbstzerstörung führen können. Deshalb ist es so wichtig, dass Sie Ihre Neigungen fördern lernen, um Ihrem Chakra-Typ entsprechend zu leben. Denken Sie an diesen Balanceakt, während Sie nach Möglichkeiten suchen, Ihr Wesen klar strukturiert zum Ausdruck zu bringen. Diese Strukturen schränken den freien Fluss Ihres Ausdrucks zweifellos ein, aber sie sind paradoxerweise genau das, was es Ihnen möglich macht, auf gesunde Weise aus Ihrem Wesen heraus zu leben. Es ist, als lenkte man einen Wasserschwall in Kanäle, die einen aktiven und gleichzeitig beherrschbaren Fluss aus ihm machen.

Leckeres Essen in vernünftigen Mengen zu genießen ist wunderbar. Wenn Sie jedoch einen ganzen Kuchen auf einmal essen, könnten Sie Magenschmerzen bekommen. Um ein Erlebnis wirklich genießen zu können, müssen Sie es begrenzen. Es ist eine Lebensweisheit, dass eine unbegrenzte oder unregulierte Erfahrung nicht lange aufrechterhalten oder gesteuert werden kann. Selbst Ihre natürliche Energie sollte am besten nur zu bestimmten Zeiten und für bestimmte Zwecke fließen. Sie sollte sich im Idealfall weniger auf sofortige Formen der Befriedigung richten und mehr auf wirklich konstruktive und langfristige Ziele.

Stellen Sie sich Ihren Chakra-Typ als ein wildes Pferd vor, das Sie noch nicht reiten können. Es benimmt sich nicht schlecht, es wird nur falsch geführt. Sie müssen den richtigen Weg finden, um das Pferd dazu zu bringen, dass es Ihren Anweisungen folgt. Jedes der folgenden Kapitel enthält einen Abschnitt über das Gleichgewicht, in dem die folgenden Fragen auf verschiedene Arten und auf unterschiedlichen Ebenen beantwortet werden: Was sind die gesündesten Kanäle, die ich finden kann, um mich von den Extremen meiner Neigungen zu befreien und sie ins Gleichgewicht zu bringen?

Das schlummernde Potenzial Ihres Chakra-Typs zu verwirklichen ist eine weitere Herausforderung. In jedem Kapitel gibt es Abschnitte über die Umsetzung dieses Potenzials. Dort finden Sie eine Reihe von Vorschlägen, die eine echte Selbstliebe in Ihnen fördern sollen – die Art von Selbstliebe, die es Ihnen möglich macht, Frieden mit sich selbst zu schließen, Ihre Konstitution anzunehmen und sie trotz des sozialen Drucks zur Anpassung an ein allgemeines Muster gewissenhaft weiterzuentwickeln. Die Empfehlungen schließen individuell zugeschnittene Übungen, Alltagsstrukturen und Aktivitäten ein und weisen sogar spirituelle Wege, die zu einer Anerkennung Ihrer wahren Neigungen führen können. Betrachten Sie diese Unterkapitel als eine Art Landkarte, auf der Sie die kreativsten und befriedigendsten Wege finden können, um Ihre Persönlichkeit zum Ausdruck zu bringen und deren höchste Bestimmung zu verwirklichen. Wenn Sie diesen Hinweisen folgen, können Sie Ihre eigenen Stärken und Talente in Geschenke verwandeln und mit der Welt teilen.

Im Kern seiner psychischen Struktur sieht sich jeder Persönlichkeitstyp vor bestimmte Herausforderungen gestellt, die zu Kämpfen im eigenen Inneren und mit der Realität führen – zu einer Art permanentem Streit oder Widerstand, der bewusst erkannt und behoben werden muss. C. G. Jung nannte diese Aspekte das »Schattenselbst«. Ich gebe jedem Schattenselbst einen Namen und schließe es in das Persönlichkeitsprofil mit ein, das in dem jeweiligen Kapitel besprochen wird. Der erste Chakra-Typ kämpft mit dem, was ich das »erstarrte Selbst« nenne. Der zweite läuft Gefahr, »der Schmetterling, der nichts gibt« zu werden. Der dritte Chakra-Typ kann in die Falle des »Machers, der Angst vor Misserfolg hat« tappen. Der vierte kämpft mit seiner Tendenz, ein »verschmähter Gebender« zu sein. Der fünfte Chakra-Typ sieht sich von seiner Neigung bedroht, ein »alles beherrschender Manipulator« zu sein. Der sechste Chakra-Typ kann zu einem »hilflosen Intellektuellen« werden. Der siebte Chakra-Typ hat die Tendenz, sich zurückzuziehen, die dazu führen kann, dass er ein »lebensfeindlicher Meditierender« wird. Weil diese Kämpfe und Herausforderungen leichter zu erkennen sind als unsere subtileren Neigungen, die manchmal stark unterdrückt werden, kann ihre Identifikation eine kraftvolle Möglichkeit sein, Ihren Hauptpersönlichkeitstyp sicher zu bestimmen.

Zusätzlich zu diesen Varianten des Schattenselbst hat jeder Persönlichkeitstyp Schwächen – bestimmte Bereiche, in denen er weniger kompetent ist, weil es ihm aufgrund seiner natürlichen Konstitution an gewissen Fähigkeiten fehlt. Um eine solche Schwäche zu kompensieren, sind wir oft stolz auf sie, als handle es sich dabei um eine großartige Eigenschaft und nicht um eine Schwäche. Auf diese Weise setzen wir unseren Persönlichkeitstyp ein, um vor unbequemen und wichtigen Herausforderungen in unserem Leben zu fliehen. Diese Schwächen werden in den folgenden Kapiteln in Bezug auf jeden einzelnen Typ diskutiert.

Eine andere Komponente Ihres Persönlichkeitstyps bezieht sich auf bestimmte emotionale Schocks und Enttäuschungen, die jeder Typ tendenziell anders und mehr oder weniger stark wahrnimmt als andere. Jeder Persönlichkeitstyp wird von bestimmten negativen Tendenzen und Erfahrungen beeinträchtigt, die andere Typen möglicherweise nicht tangieren. Aus diesem Grund hinterlassen manch negative Erinnerungen tiefe Spuren, während wir andere negative Erfahrungen als vorübergehende Unannehmlichkeiten abtun.

Diese drei Komponenten – Ihr Schattenselbst, Ihre Schwächen und Ihre emotionalen Schocks – führen zu bestimmten psychischen Einstellungen und Neigungen, die Ihnen helfen zu definieren, wer Sie sind. Die gute Nachricht dabei ist, dass keine dieser psychischen Strukturen so bleiben muss, wie sie ist. Durch eine ernsthafte innere Arbeit können Sie Ihre Persönlichkeitsstruktur positiv verändern. Seien Sie also nicht zu ungeduldig. Ihre größten Herausforderungen bieten die Reibung, die Ihnen letztendlich hilft, ein erfüllteres Leben zu führen. Indem Sie permanent versuchen, sie zu meistern, verändern Sie sich selbst.

In diesem Buch geht es zwar hauptsächlich darum, Ihnen zu helfen, Ihre eigene Chakra-Identität zu entdecken, aber ich empfehle Ihnen auch, das System zu nutzen, um zu erforschen, was Ihnen vielleicht fremd vorkommt. Aus diesem Grund habe ich in jedes Kapitel ein paar Gedanken über die Rolle, die der betreffende Typ in der Welt spielt, eingefügt und erklärt, warum die Gesellschaft ihn braucht. Wenn Sie die Gaben der einzelnen Typen erst einmal erkannt haben, fällt es Ihnen leichter zu erkennen, wie jeder von ihnen Sie inspirieren und Ihr eigenes Leben bereichern kann. Wir dürfen nicht vergessen, dass wir als vollständige Menschen sämtliche Chakra-Typen in uns erwecken sollten. Von Menschen zu lernen, die andere Fähigkeiten haben als Sie selbst, kann Ihnen helfen, die Welt aus einem anderen Blickwinkel zu sehen.

Üben Sie, morgens als ein anderer Typ aufzuwachen. Es kann sehr aufschlussreich sein, die Welt einen Tag lang aus dem Blickwinkel und mit dem Erfahrungshorizont seiner Persönlichkeit zu betrachten. Wir vergessen gern, dass wir keineswegs immer wir selbst sein müssen. Wenn wir immer nur wir selbst sind, verlieren wir vielmehr den Kontakt zu bestimmten Sichtweisen und Reaktionen auf das Leben, die vielleicht einige unserer schlimmsten Probleme lösen könnten. Was könnte in Ihrem Leben passieren, wenn Sie zuließen, dass die Weltsicht eines anderen Typs Ihre Sicht der Welt färbt? Was, wenn Sie in der Lage wären, diese Persönlichkeit vorübergehend in Ihr Dasein einzugliedern? Würde es Ihre übliche Art, mit Herausforderungen umzugehen, positiv verändern? Können Sie eine bestimmte Gabe, die Sie brauchen, im Reservoir der Fähigkeiten und Fertigkeiten eines anderen Typs finden? Könnte irgendeine von ihnen einen schlummernden und dringend benötigten Teil in Ihnen wecken?

Ich stelle jede Chakra-Gruppe separat vor, um ihre besonderen Tendenzen und Einstellungen gebührend zu würdigen. In jedem Kapitel präsentiere ich das Profil eines Chakra-Typs, das seine Stärken und Potenziale ebenso umfasst wie sein Schattenselbst und seinen Einflussbereich. Verwenden Sie diese Profile, um sich bewusst zu werden, auf welche Weise Sie sich verändern und allmählich Ihr volles Potenzial erkennen können. In jedem Kapitel geht es auch um das Wesen, die Konstitution, die Geschichte, die Weltsicht und die besonderen Eigenschaften des jeweiligen Persönlichkeitstyps. Außerdem werden Vorschläge gemacht, wie jeder Typ ins Gleichgewicht gebracht und verwirklicht werden kann. Der Selbsttest am Ende eines jeden Kapitels wird Ihnen bei der Einschätzung Ihres eigenen Chakra-Typs helfen.

In Teil IV finden Sie dann Möglichkeiten, dieses Wissen zu nutzen, um Einfluss auf Ihre Lebensweise, Ihre Beziehungen und Ihren Platz in der Welt zu nehmen. Ich hoffe, dass Ihnen diese Werkzeuge helfen können, Ihre eigene Persönlichkeit auf eine Weise zu erkennen und auszuleben, die eine Bereicherung für Sie und andere darstellt.

TEIL I

Materiell-irdische Typen

Das erste, zweite und dritte Chakra fallen in die Kategorie der materiell-irdischen Typen. Diese Gruppe hat sich hauptsächlich der Arbeit mit sinnlich wahrnehmbaren Materialien und Objekten verschrieben. Diese drei Chakra-Typen sind zwar alle sehr in der Welt der Materie engagiert, aber jeder nähert sich ihr von einem anderen Standpunkt aus. Diese Gruppe entspricht dem unteren Teil des menschlichen Körpers: Beine, Basis der Wirbelsäule sowie Genitalien und Bauch.

KAPITEL 1

ERSTES CHAKRA – WURZELCHAKRA

Die Erschaffer

Die Erschaffer

Weltweit: etwa 40 Prozent der Bevölkerung

Öffentliche Wirkungsstätten: Institutionen des Rechts, Polizei, Banken, Stadtverwaltungen, Gesundheitswesen, Bauwesen, Versicherungsgesellschaften

In der Regel zu finden unter: Polizisten, Gesetzgebern, Buchhaltern, Ärzten, Programmierern, Technikern, Bauarbeitern, Kartografen, Sekretärinnen oder Sekretären

Dosha, Konstitution: Kapha (Wasser)

Dominiert vom: Instinktzentrum, Überlebensinstinkt, physischen Körper

Schattenselbst: das erstarrte Selbst

Zeitzone: zyklische Zeit

Traditionelle Tiere: Ameise, Elefant

Berühmte Persönlichkeiten: der biblische Moses, Konfuzius, Hammurabi, Hippokrates, Phidias, Muhammad al-Idrisi, Amerigo Vespucci, Maimonides, Mimar Sinan, Samuel Johnson, Samuel Hahnemann, Fibonacci, Immanuel Kant, Emmy Noether, Kurt Gödel, Alan Turing, Charles Darwin, Jonas Salk, Katherine Johnson, Frank Lloyd Wright

Wir beginnen unsere Entdeckung der sieben Persönlichkeitstypen mit dem ersten Chakra, dem Wurzelchakra, dessen Typ tendenziell viel ernsthafter ist als der des zweiten und sehr viel weniger ambitioniert als der des dritten. Genau wie das Wurzelchakra, das sie verkörpern, bilden die Chakra-Eins-Persönlichkeiten eine solide Basis in der Weltbevölkerung. Diese Menschen sind Erschaffer, Detail- und Strukturversessene und verantwortlich für die materielle und irdische Ebene. Vier von zehn Menschen sind Chakra-Eins-Typen und ihre beeindruckende Anzahl spiegelt ihre fundamentale Rolle in der Gesellschaft wider. Sie sind die »Weltlichsten« der ersten Gruppe – diejenigen, die besonders fest mit beiden Beinen auf dem Boden stehen. Dies bedeutet aber auch, dass sie den Gesetzen der Materie am nächsten sind – im Guten wie im Schlechten.

Wesen

Das Wurzelchakra liegt am Perineum (Damm). Die von ihm beeinflusste Region erstreckt sich auf die Beine und die Basis der Wirbelsäule. Es trägt die Essenz der kosmischen Ordnung und Struktur in sich. Struktur ist die eigentliche Grundlage des Lebens. Ohne sie kann kein Leben manifestiert und zum Ausdruck gebracht werden. Das unmittelbarste Beispiel dafür ist die Struktur des menschlichen Körpers: Subatomare Teilchen bilden Atome, Atome bilden Moleküle, Moleküle bilden Zellen, Zellen bilden Organe und Organe bilden den physischen Körper, der es Ihnen beispielsweise erlaubt, dieses Buch zu lesen. All diese strukturellen Komponenten sind die Bausteine, die Ihr Leben umfassen und aufrechterhalten.

In einem viel größeren Maßstab offenbart sich die göttliche Wirklichkeit vor allem in der erstaunlichen Ordnung des Kosmos. Im unendlichen Raum gibt es unzählige Strukturen wie Galaxien, Sonnen, Planeten, Pflanzen und Tiere, die als Behälter für die verschiedenen Kräfte und Lebensenergien fungieren. Wir alle wissen, dass wir ein Glas brauchen, um Wasser in der Hand halten zu können. In ganz ähnlicher Weise brauchen wir Strukturen, um das Leben halten zu können. Deshalb hat die alles organisierende, verborgene Wirklichkeit Formen und klar definierte Strukturen erschaffen, die Energie in Bahnen lenken und Leben in sich tragen können. Und für jedes System aus Materie und Leben gibt es eine passende Reihe von Gesetzen, die es regeln und steuern. Unser Körper folgt diesen Gesetzen ebenso, wie kosmische Konstellationen ihren eigenen Gesetzen folgen. Diese Gesetze, etwa das der Gravitation oder das der Relativität, halten alles in Harmonie.

Versuchen Sie einen Moment lang, sich mit dem Gedanken anzufreunden, dass alles im Universum aus Formen und Strukturen besteht und bestimmten Gesetzen folgt. Auch dieses Buch brauchte eine sorgfältige Struktur und ein logisches Gefüge. Hätte ich es einfach spontan runtergeschrieben, ohne meinen schöpferischen Impuls zu zügeln oder meiner Inspiration eine Struktur zu geben, würde es meine Gedanken höchstwahrscheinlich nicht richtig vermitteln können.

Wenn Sie etwas Konstruktives in Ihr Leben bringen möchten, brauchen Sie eine Struktur aus einem klaren Zeitplan, sorgfältig geplanten Details und kleinen täglichen Handlungen. Durch diese Struktur legen Sie den Ablauf Ihrer Tage, Wochen, Monate und sogar Jahre fest. In Ihrem Zuhause schaffen Sie sich eine physische Struktur aus Boden, Decke, Wänden, Türen und Fenstern, die Ihnen Schutz bietet und eine Umgebung erzeugt, in der Sie leben und sich zum Ausdruck bringen können. Ihr gesamtes materielles Leben findet innerhalb von Strukturen statt.

Die Strukturen, die alles materielle Leben enthalten, werden durch die Materie selbst ergänzt – durch Substanz, Dichte, Volumen und Gewicht. Die sichtbare Materie ist hauptsächlich fest, nicht luftig. Sie ist offensichtlich *materiell* genug, um Substanz zu bilden. Deshalb haben die Yogis der Vergangenheit das erste Chakra mit dem schweren und robusten Wesen des Elefanten verglichen. Andere Lebewesen, die dieses Wesensmerkmal widerspiegeln, sind die Wale oder massive, uralte Bäume wie Mammutbäume (Sequoias) oder Redwoods.

Das Wesen des ersten Chakras zeigt sich auch in den kolonisierenden Instinkten von Organismen wie beispielsweise Ameisen, Termiten oder Bienen. Diese Insekten bilden von Natur aus Kolonien, die aus vielen physisch miteinander verbundenen, voneinander abhängigen Individuen bestehen. Sie bündeln ihre Kräfte, um als Einheit tätig zu werden und ihre Energien eifrig und fleißig in den Dienst des übergeordneten gemeinsamen Wohls zu stellen. In ganz ähnlicher Weise funktioniert unser Körper als eine Gemeinschaft von Atomen, Molekülen und Zellen, wobei jedes Teilchen das Seine zum größeren Ganzen beiträgt.

Diese drei Komponenten – Ordnung und Struktur, dichte Materie sowie kolonisierende Instinkte – sind wesentliche Merkmale des Chakra-Eins-Typs. Versuchen Sie sich nun vorzustellen, dass ein Mensch aus dieser Essenz hervorgeht.

Konstitution

Erschaffer sind die stolzen Vertreter von Kapha, dem Wasserelement des Dosha-Systems. Sie sind seine menschliche Manifestation, im guten wie im schlechten Sinne. Die Kapha-Energie ist schwer, fest, stetig, langsam und manchmal sogar statisch. Es ist das Element, welches das Körpermaterial trägt und nicht nur für seine physische Struktur – Gewebe, Muskeln, Knochen, Knochenmark und Gelenke – verantwortlich ist, sondern auch für Substanzen wie die inneren Organe, Blut und Fett.

Stellen Sie sich die Erschaffer als das Kapha-Element in menschlicher Gestalt vor. Menschen dieses Typs haben eine ziemlich irdische Erscheinung. Sie sind in der Regel gut geerdet und schwer, mit einem kräftigen Körperbau und einer Neigung zu Übergewicht. Ihre Augen sind groß und sanft, und sie selbst sind eher ruhig und freundlich. Sie sind auch relativ langsam in ihren Bewegungen und Reaktionen, was jedoch nicht heißt, dass sie ineffizient sind. Sie brauchen einfach Zeit, um auf Menschen und Ereignisse zu reagieren.

Wie wir aus dem Bedürfnis nach Gleichgewicht schließen können, kann die jeweilige Essenz auch im Übermaß in jedem Typ vorhanden sein. Beim Chakra-Eins-Typ ist diese Tendenz sogar besonders ausgeprägt, weil sie das reine Kapha ohne ausgleichendes Element verkörpert. Daher können Chakra-Eins-Typen leicht zu stark erdgebunden, matt und sogar lethargisch werden.

Einflussbereich

Weil dieser Persönlichkeitstyp seinen Ursprung in der Welt der kosmischen Gesetze und der kosmischen Ordnung hat, spielen Menschen dieses Typs sehr oft eine Rolle in Institutionen, durch die Gesetze gemacht und durchgesetzt werden. Angesichts der Tatsache, dass sich Milliarden von Menschen in einem gemeinsamen Raum bewegen, sind Regulierungen notwendig, um ein allgemeines Chaos zu verhindern. Und hier machen die Chakra-Eins-Typen ihren Einfluss geltend. Sie arbeiten an der Festlegung von Grenzen für Bewegungen, Verhalten und Handeln und tragen dazu bei, den Beitrag zu definieren, den jeder Einzelne zum großen Ganzen leisten sollte. Sie geben den geeigneten Beziehungen zwischen Menschen sowie zwischen sozialen und politischen Einheiten eine Form. Sie zügeln konkurrierende Kräfte und sorgen dafür, dass jeder einen Platz in der Gemeinschaft hat. Die gesamte Struktur der Gesellschaft und der Kultur verdanken wir den Chakra-Eins-Typen, den Erschaffern.

Erschaffer stellen 40 Prozent der Weltbevölkerung. Das ist zwar kein statistisch genau ermittelter Wert, aber anzunehmen, dass vier von zehn Menschen Erschaffer sind, ist durchaus angemessen. Darüber sollten wir uns alle freuen, denn sie halten die Strukturen der Welt zusammen. Wir dürfen diese fleißigen Gestalter der Ordnung nicht als selbstverständlich betrachten.

Wir neigen jedoch dazu, sie zu unterschätzen. Es ist eine Ironie des Schicksals, dass wir ausgerechnet den fundamentalsten Chakra-Typ am wenigsten zu würdigen wissen. Das liegt daran, dass die Vertreter dieses

Typs eher weniger »romantisch«, poetisch und farbenfroh sind. Sie kümmern sich um all die kleinen Details, die vielen von uns langweilig und grau vorkommen. Aber ohne sie würde die materielle Welt in sich zusammenbrechen. Wie Kinder die Sorgen und Nöte ihrer Eltern ebenso ignorieren wie die Anstrengungen, die sie unternehmen, damit die Kinder in Freude und Frieden leben können, neigen wir dazu, die Anstrengungen der Erschaffer zur Strukturierung unserer Welt zu übersehen.

Wurzelchakra-Typen haben jedoch überhaupt nicht das Gefühl, eine langweilige Arbeit zu verrichten. Aus ihrer Sicht erscheint sie ziemlich faszinierend. Ein Chakra-Eins-Typ würde auf den Vorwurf, er verrichte eine langweilige Arbeit, vermutlich antworten, das sei nicht die schlechteste Eigenschaft, die jemand haben könne. Nach seiner Vorstellung gibt es weit schlimmere Neigungen – etwa sich durchs Leben treiben zu lassen und so wenig Bodenhaftung zu haben, dass dies das gesamte Wohlbefinden ernsthaft gefährdet.

Alles, was wir um uns herum sehen und als selbstverständlich betrachten – unsere fest gebauten Häuser und unsere sorgfältig gepflegten Gärten, das Geschirr und Besteck in unseren Küchen, die Nahrungsmittel, die in den Supermärkten reichlich für uns bereitliegen, unsere stabil gefertigten Möbel, unsere sorgfältig geteerten Straßen, die Infrastruktur unserer Städte, unsere Krankenhäuser und Kathedralen, unser Finanzsystem und vieles mehr –, ist das Werk stiller, manchmal geradezu unsichtbarer Erschaffer. Wir bemerken und bewundern Künstler, charismatische Politiker und erfolgshungrige Milliardäre. Aber die Bühnen, auf denen sie ihre Reden halten, die Galerien, in denen sie ihre Werke ausstellen, und die Systeme, die ihre Angelegenheiten regeln, sind sämtlich Werke der Erschaffer.

Das ungewöhnliche Verständnis, das Chakra-Eins-Typen für Instrumente und Maschinen aller Art haben – vom Computer bis zum Auto –, zieht sie zu allem Technischen hin. Sie sind auch unter denjenigen zu finden, die Daten zusammentragen, wie Buchhalter, Banker, Statistiker, Kartografen, Bibliothekare oder Sekretärinnen und Sekretäre. Sie arbeiten gern mit Zahlen und Informationsströmen sowie daran, Elemente zusammenzutragen, welche die Grundlagen des täglichen Lebens bilden. Weil sie alles Erdgebundene mögen, sind sie auch oft unter Landwirten und all jenen anzutreffen, die mit dem Boden arbeiten. Sie befinden sich auf besondere Weise mit den regelmäßig wiederkehrenden Rhythmen und Zyklen der Erde im Einklang und beschäftigen sich gern mit Dingen, die sich auf beruhigende Weise wiederholen.

Erschaffer sind oft an irgendeiner Form von Gesetzgebung beteiligt und daher in juristischen Institutionen aller Art zu finden. Sie können sich auch zu bestimmten Formen der Strafverfolgung hingezogen fühlen und arbeiten gern als Anwälte – nicht unbedingt in sensationellen Gerichtsverhandlungen, sondern eher in einer ruhigen, stetigen Weise, indem sie sich mit feinsten Details und Nuancen des jeweiligen Gesetzes befassen. Sie arbeiten auch in der Medizin, etwa als Ärzte und Forscher, die von den vielen komplizierten Gesetzen der menschlichen Anatomie und Physiologie fasziniert sind. Weil sie gern Substanzen und deren Wirkung testen, untersuchen sie verschiedene Medikamente, Pharmazeutika, Nahrungsergänzungsmittel und Nahrungsmittel, um festzustellen, wie der Körper darauf reagiert. Daher arbeiten sie auch oft als Ernährungsberater und alternativmedizinische Therapeuten. Einfach ausgedrückt: Erschaffer sind immer genau dort, wo sie eine Ordnung erkennen, der sie folgen oder zu der sie beitragen können.

Erschaffer neigen nicht dazu, exzentrisch zu sein, und sie begeben sich auch nicht gern außerhalb der allgemein akzeptierten Strukturen. Sie sind Konformisten und mögen es, sich in einem konventionellen Rahmen der Zugehörigigkeit und des Dienstes zu bewegen. Es geht ihnen gut, wenn sie sich in etablierte Systeme einfügen können, weil diese Systeme aus einer langen Tradition hervorgegangen sind, deren Weisheit sich bewährt hat. Sie sind sehr daran interessiert, die etablierten Grundlagen der Gesellschaft zu unterstützen und zu perfektionieren. Deshalb übernehmen sie oft eine Rolle in Kirchen, Parlamenten, Gerichtssälen oder Banken. Ihre traditionsgebundene Veranlagung bewirkt, dass sie sich von alten Abstammungslinien angezogen fühlen, sodass sie sich oft für religiöse Traditionen einsetzen und danach streben, deren ursprüngliche Regeln aufrechtzuerhalten.

Rolle in der Geschichte der Menschheit

In gewisser Weise waren die Chakra-Eins-Typen die ersten Menschen auf der Erde, deren Aufgabe darin bestand, die Elemente der Natur zu inspizieren, die Bedrohungen durch Raubtiere und Naturkatastrophen richtig einzuschätzen und die besten Möglichkeiten zur Zähmung einer feindlichen Umwelt zu finden. Sie waren es, die verschiedene Materialien, Nahrungsmittel und Wohnmöglichkeiten ausprobierten und nach den nützlichsten Grundbestandteilen für das Leben und den am besten geeigneten Rahmenbedingungen suchten. Unser derzeitiger luxuriöser Lebensstil ist letztlich das Werk unzähliger Chakra-Eins-Typen, die unermüdlich daran gearbeitet haben, die Lebensbedingungen der Menschen zu verbessern.

Wurzelchakra-Typen haben den Weg zu jenen schönen neuen Welten geebnet, die von inspirierteren und waghalsigeren Typen dann erkundet und erschlossen wurden. Sie waren zwar keine mutigen Visionäre, die bereit gewesen wären, Risiken einzugehen und ein verwirrendes und unsicheres Leben zu führen, aber sie waren diejenigen, die sich der neuen Realität stellten und schnell anfingen, alles in eine Ordnung zu bringen: »Hier stellen wir dies auf und dort das.« Nachdem sie alles organisiert hatten, formulierten sie Gesetze, um ihre Strukturen zu bewahren und das Leben bis ins kleinste Detail zu regeln.

Erschaffer waren die »Ältesten«, die das Konzept einer durch Gesetze geregelten Gesellschaft entwickelten. In jeder religiösen Tradition waren sie diejenigen, die dazu beitrugen, die Regeln aufzustellen. Im Judentum beispielsweise waren sie für das Schreiben großer Teile des Alten Testaments mit all seinen tradierten Geboten und Gesetzen verantwortlich – für einen Katalog von Geboten und Verboten mit zahllosen Details. In späteren Schriften wurden diese Gebote leidenschaftlich diskutiert, kommentiert und erweitert.

Weltsicht

Chakra-Eins-Typen betrachten die Welt als einen Raum, in dem sie etwas aufbauen können. Für sie gibt es keine größere Erfüllung im Leben als eine permanent durch hartnäckiges Aufbauen zur Verbesserung und Stärkung der Grundlagen menschlicher Gesellschaft und Kultur erworbene. Die materielle Welt und all ihre Substanzen wollen sie organisieren, arrangieren und umgestalten, um eine harmonische und lebensfördernde Umgebung zu schaffen.

Erschaffer interessieren sich nicht für das Abstrakte und sind meist nicht besonders philosophisch oder nach Erkenntnissen suchend. Sie lieben die materielle, objektive Welt und fühlen sich zu Form und Gestalt hingezogen und zu allem, was greifbare und unmittelbare Realität werden kann. Sie sind fasziniert von der tiefen Intelligenz der Materie und der Schönheit ihrer Muster. Wenn sie ihre Umgebung betrachten, erkennen sie sofort, welche Elemente deren Infrastruktur optimieren könnten. Sie finden immer Mittel und Wege, alles noch funktionsfähiger und noch wohnlicher zu machen.

In vieler Hinsicht ähnelt die Leidenschaft, mit der Erschaffer ihre Lebensbedingungen verbessern, der Beharrlichkeit von Milliarden Jahren Evolution, die permanent mit aller Kraft an der Verbesserung physischer Formen arbeitet. Zum Aufbau einer voll funktionsfähigen Welt bedarf es dieser Art von Beharrlichkeit: ein ständiges Erfassen der unorganisierten Schöpfungsmasse mit dem Ziel, sie in einen geordneten Zustand zu bringen. Wir können die Chakra-Eins-Typen daher als Organisatoren sehen, die alles in Ordnung bringen wollen. Als Organisatoren können sie Unstetigkeit nicht ausstehen, und sie nehmen das Chaos lediglich als Potenzial für eine bessere Ordnung wahr.

Erschaffer sehen stets das Nützliche. Jedes Material bietet eine Gelegenheit, mehr Ordnung in das Chaos zu bringen. Deshalb finden sie technische Details ausgesprochen faszinierend und sind begeistert von der Funktionsweise mancher Maschinen. Als Kinder haben sie möglicherweise versucht, Fernsehgeräte und Uhren auseinanderzunehmen, um ihre innere Funktionsweise zu verstehen und sich vor die Aufgabe zu stellen, sie wieder zusammenzubauen.

Wurzelchakra-Typen sind nicht wirklich am »Warum« der Dinge interessiert. Für sie ist das eine unpraktische Betrachtung, die zu keinen klaren Entschlüssen führt. Selbst wenn es um religiöse oder spirituelle Fragen geht, richten sie ihr Interesse weniger auf das »Warum« als auf das »Wie«. Sie fragen nicht, warum die Welt erschaffen wurde, weil sie viel mehr daran interessiert sind, wie sie funktioniert. Was sind ihre grundlegenden Gesetze? Und wie können wir sie optimieren?

Weil dies eine Welt des Handelns ist, können wir uns nicht auf die Klarheit einer Vision oder die durch einen plötzlichen Impuls hervorgerufene Begeisterung verlassen, wenn es darum geht, etwas zustande zu bringen. Was wir wirklich brauchen, sind konstante Verhaltens- und Handlungsmuster, die auf Eigenschaften wie Zuverlässigkeit, Ausdauer und Fleiß basieren. Wenn wir unseren Kopf in den Wolken haben, erreichen wir nichts. In der materiellen Welt kann nur langsame, beharrliche Anstrengung die Realität beeinflussen. Wir müssen morgens aufwachen, genau wissen, was wir tun sollen, und dann gehorsam eine Liste von Pflichten abarbeiten, bis wir zu einem bestimmten Zeitpunkt Ergebnisse haben.

Geleitet von dem Wunsch, die Welt um sich herum in Ordnung zu sehen – und für sie ist eine geordnete Welt eine schöne Welt –, bewegen sich Erschaffer kontinuierlich Schritt für Schritt vorwärts und achten dabei selbst auf die kleinsten Details. Ihre gesamte Weltanschauung besteht aus diesen Details. Wenn eines von ihnen übersehen wird, könnte die gesamte Struktur zusammenbrechen. Denken Sie an Buchhalter, die sorgfältig endlose Zahlenkolonnen durchgehen, oder an Bauunternehmer, die wissen, dass ein kleiner Konstruktionsfehler Leben kosten kann. Diese Art von Verantwortung erfordert große Sorgfalt und ein ständiges Überprüfen, denn nur diese bedächtige Beharrlichkeit ermöglicht Präzision.

Erschaffer fühlen sich zu langfristigen Projekten hingezogen, die einen sehr langen Atem erfordern. Sie haben Vertrauen in diese Art von ausdauernden Handlungen in der Welt und sind sehr misstrauisch gegenüber allem, was ihnen zu feurig und aufregend vorkommt. Sie sind fest davon überzeugt, dass nur Ziele, die einen langen Atem erfordern, der Mühe wert sind und sich am Ende auszahlen.

Chakra-Eins-Persönlichkeiten vertreten die Auffassung, dass Zeit ein Kontinuum ist – Vergangenheit, Gegenwart und Zukunft. Sie erleben die Zeit zyklisch. Aus ihrer Sicht wird alles in Kreisläufen gemessen: das Vergehen von Wochen oder Jahren, Übergangsriten und sich wiederholende Feste und Feiertage. Es fühlt sich für sie absolut richtig an, dass sich solche Anlässe wiederholen und dass bei diesen Gelegenheiten alle zusammenkommen. Diese Rituale stärken ihr Gefühl, dass es immer etwas gibt, zu dem sie zurückkehren können.

Erschaffer sehen die Welt oft als eine inhärente göttliche Ordnung, an die wir uns in unseren Handlungen und unserer Lebensweise anpassen müssen. Die menschliche Gesellschaft muss durch das Herbeiführen einer gesetzestreuen und ehrenhaften Einstellung der Menschen sozusagen um diese inhärende Ordnung herumgewebt werden. Sinn und Zweck einer Gesellschaft besteht darin, in dieser Ordnung aufzugehen und sie verkörpern zu wollen. »Wie oben, so unten.« Wenn Erschaffer die innewohnende Ordnung erkennen, fühlen sie sich verpflichtet, die Erde zu einem ebenso geordneten und ausgeglichenen Ort zu machen, wie der Himmel es ist. Gott ist für sie die vollkommene kosmische Ordnung, manchmal sogar in Gestalt einer sie leitenden Vaterfigur, der sie treuen Gehorsam schulden.

Für Chakra-Eins-Persönlichkeiten bestehen der Lebenssinn und das Glück darin, eine gleichbleibende Sicherheit und Stabilität zu erreichen. Sie wollen einen Ort finden, an dem sie sich heimisch fühlen, und einer Familie oder einem Stamm angehören. Das ist für ihre psychische Gesundheit in besonderem Maße wichtig. Andere Typen können ebenfalls starke familiäre Bindungen entwickeln, aber für die Erschaffer ist die Familie gleichbedeutend mit Glück. Die Einheit Familie bedeutet für sie Vollendung und Ganzheit und ist ein wesentlicher Bestandteil ihres Wohlbefindens. Daher betrachten sie ihre Familie und ihr Zuhause oft nicht nur als etwas, wohin sie am Ende des Tages zurückkehren. Für sie ist es der Sinn des Lebens. Hier machen sie die Erfahrung der Liebe. Wenn sie einen geliebten Menschen verlieren, sind sie am Boden zerstört und trösten sich nur mit dem Glauben an eine Wiedervereinigung im Jenseits.

In der westlichen Welt vermissen die Chakra-Eins-Typen das Gemeinschaftsleben. Für sie ist das individualistisch-isolierte Leben alles andere als etwas, wonach sie streben. Sie sehnen sich nach einem echten Gemeinschaftsgefühl. Seine Abwesenheit kompensieren sie, indem sie sich mit ihrer Nation, ihrer Stadt oder ihrer Religion identifizieren oder mit den Institutionen, in denen sie arbeiten. Doch ihre bereicherndste Kompensation ist die Familie, die sie manchmal regelrecht verehren und in der sie eine andere Art der Zugehörigkeit und des Lebens in einer eigenen Tradition finden.

Allgemeine Charakteristika

Als kleine Kinder sind wir alle Wurzelchakra-Typen. In der Kindheit erfreuen wir uns an der Zugehörigkeit zu einer größeren Gemeinschaft, an Familienfeiern und kirchlichen Ritualen bis hin zur Identifikation mit einer Nationalhymne und der Flagge. Wir sind auch Chakra-Eins-Typen, wenn wir nach einem langen Tag nach Hause zurückkehren und das warme und süße Gefühl verspüren, das sich einstellt, wenn wir uns in unserer eigenen Wohnung mit unseren Lieben entspannen, mit unseren Kindern oder Haustieren spielen und mit Partnern oder Freunden zusammen sind. Sogar an einem guten Tag sind wir dankbar, nach Hause zurückkehren und Zeit mit denen verbringen zu können, von denen wir das Gefühl haben, dass sie auf ganz natürliche Weise zu uns gehören. Wir finden Trost in unserer häuslichen Routine, etwa wenn wir mit unserer Familie jeden Tag zur exakt gleichen Zeit fernsehen.

Und ob es uns nun gefällt oder nicht, wir neigen etwa ab dem 35. Lebensjahr alle dazu, die Perspektive des ersten Chakra-Typs mit den entsprechenden Eigenschaften zu entwickeln. Wir werden allmählich realistischer und mehr geerdet, während wir unseren Lebensstil etablieren, persönliche Bindungen entwickeln und unsere Ziele festlegen. Je älter wir werden, desto mehr engagieren wir uns für bestimmte Rahmenbedingungen wie Beruf und Familie. Wir streben ein regelmäßiges Einkommen an und umgeben uns mit mehr oder weniger gleichen Freunden. Wir kultivieren eine Reihe guter und schlechter Gewohnheiten und etablieren bestimmte Rituale in unserem Leben. Wir werden gesetzter, und andere nehmen uns eher als klar definierte Persönlichkeit wahr.

Während wir offensichtlich einen hohen Preis für dieses ziemlich vorhersehbare und wenig aufregende Leben zahlen, gewinnen wir auch etwas, nämlich das gesunde Gefühl, tief in unserer Umgebung verwurzelt zu sein. Die Wahrnehmung der vielen Möglichkeiten, die uns in jüngeren Jahren vielleicht erfüllt hat, wird geringer und durch das Gefühl ersetzt, dass dies in gewisser Weise das ist, worum es im Leben geht.

In der Kindheit verkörpern unsere Eltern in der Regel die Werte des ersten Chakras für uns. Sie sagen uns, sehr zu unserem Verdruss, dass wir uns auf unsere Zukunft vorbereiten und langfristig denken sollen. Wir sollen bedachte und verantwortungsvolle Entscheidungen treffen und respektable Mitglieder der Gesellschaft werden. Wenn wir älter sind, stellen wir manchmal überrascht fest, dass wir unseren Kindern die gleichen Dinge vermitteln.

Die Eigenschaften des Wurzelchakras werden oft mit der Schwere eines Elefanten verglichen. Yogische Schriften setzen diesen Chakra-Typ auch mit der Ameise gleich. Das ist vielleicht die beste Metapher für diese Persönlichkeit, weil sie das fleißige und hart arbeitende Wesen dieses Typs erfasst. Ameisen teilen die Neigungen der Erschaffer. Für sie ist es wichtig, für den Erhalt ihres Volkes zu arbeiten. Unermüdlich schleppen sie Getreidekörner und kleine Stücke von allem Möglichen herbei und beseitigen sämtliche Hindernisse auf ihrem Weg, um ihr großartiges Gemeinschaftsprojekt voranzutreiben. Natürlich macht jede Konstruktion dieser Art endlose Wiederholungen und eine nahezu ritualisierte Routine erforderlich. Aber wenn Sie wie die Chakra-Eins-Typen mit einer Weltsicht ausgestattet sind, die sich auf Kreisläufe und Kontinuität stützt, empfinden Sie diese unerschütterlichen, sich ständig wiederholenden Anstrengungen als etwas Schönes. Erschaffer hoffen nicht darauf, dass ihre Arbeit eines Tages beendet ist, weil sie zutiefst vom Wert der Arbeit und des Aufbauens überzeugt sind.

Erschaffer sind jedoch nicht ehrgeizig. Sie streben nicht nach den Höhen des Lebens, sondern sind mehr daran interessiert, ihre Wurzeln zu vertiefen. Statt Ehrgeiz kultivieren sie Sorgfalt und Fleiß. Und manchmal sind fleißige Menschen, die gern immer bessere Ergebnisse erzielen, erfolgreicher als diejenigen, die zwar ehrgeizig, aber weniger sorgfältig sind. Erschaffer streben zwar nicht nach Förderung oder Anerkennung für sich selbst, aber sie sind hochgradig produktiv, was sie ausgesprochen nützlich und wirklich unentbehrlich für die menschliche Gesellschaft macht. Die Menschheit baut buchstäblich auf sie. Und weil sie so zuverlässig sind, sind ihre Schultern in der Regel breit genug, um diese Last zu tragen.

Während sich die meisten anderen Typen schnell langweilen, wenn es um Details geht, lautet das Motto dieses Typs: »Gott offenbart sich im Detail.« Sie lieben Details, auch solche, die andere für vernachlässigbar halten. Aus ihrer Sicht ist es angenehm und sinnvoll, sich um diese Details zu kümmern, besonders wenn andere Typen schon verzweifelt aufgegeben haben. Im Allgemeinen beobachten andere Chakra-Typen die Erschaffer mit einer gewissen Bewunderung und fragen sich, wie sie stundenlang mit einer solchen Leidenschaft über winzige Details sprechen und ihre ganze Energie einsetzen können, um sicherzustellen, dass am Ende alles zusammenpasst. Chakra-Eins-Typen sind in der Lage, ein System geduldig zu untersuchen, ohne dabei zu ermüden, und sie können sich tief auf Prozesse einlassen, die zu keinem aufregenden Höhepunkt führen.

Diese Liebe zur Beständigkeit und Sicherheit bewirkt ihre enge Bindung an die Wärme und Sicherheit Ihres Zuhauses. Sie sind stark familienorientiert, und ihre Gefühle für die Familie und ihre Heimat sind normalerweise sehr eng miteinander verbunden. Eine Wohnung zu mieten reicht ihnen nicht, und flüchtige Beziehungen sind nicht ihr Ding. Vielmehr streben sie nach einem Zuhause, das ihnen und ihren Nachkommen gehört. Das kann so weit gehen, dass sie sich sogar ein eigenes Land wünschen. Alles, was sich anfühlt, als könne es sich bis in die Unendlichkeit erstrecken, erscheint ihnen als durchaus angemessen.

Die Bindung dieses Typs an das Land – Heimat, Haus und Territorium – ist so tief, wie sie nur sein kann. Er ist fast immer an einen bestimmten Ort gebunden. Wenn er diesen Ort aus irgendeinem Grund verlassen muss, bekommt er ein sehr nostalgisches Verhältnis dazu. Für ihn ist es in Ordnung, für immer an einem Ort zu leben. Das quälende Fernweh, das andere Typen dazu bringt, ständig weiterzuziehen und neue Häuser oder Orte auszuprobieren, ist ihm fremd. Der Typ-Eins-Philosoph Immanuel Kant beispielsweise entfernte sich sein ganzes Leben lang nicht weiter als 16 Kilometer von seiner Heimatstadt Königsberg.

Erschaffer mögen keine Abenteuer und wehren sich mit Händen und Füßen gegen extreme Veränderungen in ihrem Leben. Sie wünschen sich genau das Gegenteil, nämlich dass alles immer solide und stabil bleibt und das Leben einen möglichst undramatischen Verlauf nimmt. Deshalb sind sie auch in finanziellen Dingen eher konservativ und scheuen riskante Entscheidungen. Sie neigen dazu, sich eine sichere Zukunft aufzubauen.

Wurzelchakra-Typen sind alles andere als experimentierfreudig. Wenn sie religiös oder spirituell sind, neigen sie zu etablierten Religionen und Traditionen mit einer langen Geschichte wie dem Buddhismus oder Christentum oder zu anderen Systemen, die entsprechend institutionalisiert sind und ein festes Dogma haben. Sie finden Trost in Gebeten und Meditationen, die seit Tausenden von Jahren auf genau die gleiche Weise durchgeführt werden. Sie betrachten lange, tief verwurzelte Traditionen als respektabel, was sie sehr zu schätzen wissen.

Aus diesem Grund mögen die Chakra-Eins-Typen auch keine schockartigen Neuerungen. Sie sind zwar an neuen Technologien interessiert, aber sie ertragen nichts, was ihr Leben durcheinanderbringt. In historischen Anekdoten, in denen es um Wissenschaft oder Kultur geht, treten sie tendenziell als diejenigen auf, die jede neue Entdeckung oder Ideen rundweg ablehnen. Sie vergleichen alles, was ihnen über den Weg läuft, mit ihren traditionellen Ansichten und Überzeugungen. Was sich nicht mit dieser Tradition vereinbaren lässt, kann ihrer Meinung nach nicht richtig sein. Sie bevorzugen eine langsame Veränderung und sind neuen Möglichkeiten gegenüber misstrauisch. Es kann allerdings sein, dass sie eine Innovation testen und nach ein paar Jahren akribischer Prüfung allmählich in ihr System einschleusen.

Weil sie überzeugte Verfechter von Gesetzen sind, halten sich Erschaffer stets bereitwillig daran und sind glücklich, wenn andere es ihnen gleichtun. Dies führt zu einer allgemeinen Haltung des Respekts und der Ehrenhaftigkeit, die sie sehr schätzen. Als hochmoralische Wesen wissen die Chakra-Eins-Typen auch gute Manieren und Höflichkeit zu schätzen. Sie spüren, dass sich Menschen umso mehr mit der Schönheit einer höheren Ordnung verbinden können, je mehr sie einander höflich und freundlich behandeln.

Weil Erschaffer leben, um etwas aufzubauen, treten sie auch gern größeren Gemeinschaften bei, um mit anderen zusammen etwas aufzubauen. Sie sind keine Individualisten und halten immer Ausschau nach Strukturen, von denen sie ein Teil sein können: Familien, Gemeinschaften, Nationen und Religionen. Deshalb sind sie auch die größten Bewahrer der Tradition und die Wächter der Weisheit, des Wissens und der Errungenschaften unserer Ahnen. Sie bewahren sowohl ihr eigenes Familienerbe als auch nationale und religiöse Traditionen. Ihnen gefällt die Vorstellung, eine Vergangenheit zu haben, auf der ihr gegenwärtiges Leben aufbaut, und sie spüren, dass ihre Vorfahren im Geist bei ihnen sind. Sie können sehr nostalgisch werden und behaupten dann, dass früher »alles besser war«.

Ihre Suche nach Sicherheit und Stabilität bringt die Chakra-Eins-Typen dazu, Gemeinschaftswesen zu werden, die gern in einer größeren Gruppe leben und arbeiten. Wenn sie sich jedoch gezwungen sehen, fernab von ihrer vertrauten Umgebung zu leben, oder wenn sie ihr Leben mit einem unsteten Typ teilen müssen, fühlen sie sich möglicherweise zunehmend unwohl.

Wenn sie in eine instabile oder sich verändernde Umgebung geraten, können sie psychosomatische Krankheiten entwickeln, denn sie geraten aus dem Gleichgewicht, wenn sie mit tief greifenden Veränderungen oder mehr als einer Veränderung auf einmal konfrontiert werden. Sie sind darauf angewiesen, dass ihre Routine erhalten bleibt. Sie brechen auch früher oder später zusammen, wenn sie unter einem großen Leistungsdruck stehen.

Stärken und Potenzial

Weil Erschaffer langfristige Prozesse sehr zu schätzen wissen, bieten sie sehr gute Voraussetzungen für Beziehungen und Partnerschaften. Sie sind zutiefst loyal und vertrauenswürdig. Auf der anderen Seite sind sie alles andere als aufregende Liebhaber, und wer auf der Suche nach einem spannenden Liebesleben ist, sollte dies nicht ausgerechnet von ihnen erwarten. Was das Fehlen einer gewissen Spannung jedoch weitgehend kompensiert, ist die Beständigkeit, die sie in ihre Beziehung einbringen und die dem jeweiligen Partner das Gefühl gibt, es jeden Tag mit derselben Person zu tun zu haben. Weil sie treu sind, ist es für sie ein Leichtes, sich auf eine lebenslange Beziehung einzulassen, und mit der Erfahrung von Ehe und Partnerschaft sind sie voll und ganz zufrieden.

Ein anderer Zug der Chakra-Eins-Typen ist ihre außerordentliche Geduld. Im Gegensatz zu anderen Typen können sie sehr lange auf eine Belohnung warten. Sie haben Vertrauen in lange und allmähliche Prozesse, sodass diese Eigenschaft ganz selbstverständlich für sie ist. Sie ziehen systematische und zuverlässige Bemühungen schnellem Flickwerk und windigen Versprechungen vor. Das macht sie zu wertvollen Unterstützern, wenn Freunde und Angehörige auf lange Sicht ein schwieriges Problem lösen müssen. Weil sie in der Regel sanft und entspannt sind, vermittelt ihre Anwesenheit den Menschen in ihrer Umgebung ein Gefühl von Frieden. Sie wirken ausgleichend auf nervöse und hitzige Menschen. Und zudem verfügen Erschaffer dank der Tatsache, dass sie Detailversessenheit, Fleiß und technisches Verständnis in sich vereinen, auch über eine ausgeprägte praktische Intelligenz.

Herausforderungen

Chakra-Eins-Typen sind alles andere als temperamentvoll. Sie neigen vielmehr zu einer gewissen Trägheit, manchmal sogar zu Apathie und Lethargie. Hier verschwimmt die Grenze zwischen Entspanntheit oder Bedächtigkeit und Antriebslosigkeit. Ihre innere Ruhe kann außerdem schnell in ein »Zuviel des Gleichmaßes« umschlagen – beispielsweise wenn sie 30 Jahre lang täglich zur gleichen Zeit aufwachen oder jahrzehntelang am selben Arbeitsplatz verharren oder jeden Tag zur gleichen Zeit ein Nickerchen machen oder die Wochenenden über einen langen Zeitraum mehr oder weniger genau gleich verbringen. Solche eingefahrenen Gewohnheiten können diesen Typ sehr viel schneller altern lassen als andere, weil er keine natürliche Verjüngung durch Veränderung erfährt. In gewisser Weise scheinen diese Typen gern alt zu werden.

Erschaffer erleben selten extreme Stimmungen oder Gemütsverfassungen wie extremes Glück oder extreme Traurigkeit. Sie sind gefestigt – fast auf ewig im »Alles ist gut«-Modus – und daher ziemlich unspektakulär im Umgang. Schwankungen beschränken sich bei ihnen weitgehend auf ein Hin und Her zwischen Lethargie und Fleiß. Sie können über einen langen Zeitraum sehr ausdauernd sein, dann aber auch langsamer werden, weil ihre Kapha-Tendenz sie absacken lässt. Diese Tendenz, sich gehen zu lassen, macht sie anfällig für Erschöpfung, Übergewicht, eine träge Verdauung, Verstopfung oder körperliche Unbeweglichkeit und Durchblutungsstörungen.

Essen ist für Wurzelchakra-Typen sehr wichtig – weniger wegen des Genusses als wegen seiner erdenden und satt machenden Wirkung. In der Regel hangen sie sehr an ihren Besitztümern und werden nervös, wenn sie das Gefühl haben, dass ihnen etwas davon weggenommen werden könnte. Sie sind auch sehr in der Vergangenheit verhaftet und neigen dazu, darin stecken zu bleiben. Ihr Besitzanspruch – nicht nur gegenüber materiellen Objekten, sondern auch gegenüber der Familie, einem Territorium und einer Nation – kann aggressiv werden und sich in einem geradezu animalischen Beschützerinstinkt äußern. Aufgrund ihrer Identifikation mit einer

Kerngruppe wie der Familie oder der Nation ist es für sie ein Leichtes, in einem geschlossenen Kreis zu bleiben und alle anderen zu ignorieren.

Die dauerhafteste negative Emotion dieses Typs ist eine permanente Sorge, die in Angst ausarten kann. Weil die Erfahrungen, die sie im Leben machen, davon abhängig sind, ob sie spüren, dass sie festen Boden unter den Füßen haben, verlieren sie leicht ihr Gleichgewicht, wenn die Dinge außer Kontrolle geraten. Es irritiert sie, sobald sie das Gefühl haben, dass ihre Strukturen auch nur ein wenig bedroht sind. Als zutiefst beunruhigend empfinden sie auch jeden Gedanken an ihre künftige Sicherheit. Erschaffer haben tendenziell keinen großen Sinn für Humor und sind keine zu Späßen aufgelegte Menschen. Sie neigen vielmehr dazu, allzu ernst und sogar rigide zu werden, wenn es darum geht, dass sich auch andere an die Regeln, Gewohnheiten und Rituale eines Moralkodex zu halten haben. Für sie gibt es nur eine »richtige Art und Weise«, alles zu tun. Normalerweise ist das die Art und Weise, die sie übernommen haben; eine konventionelle, allgemein akzeptierte Verhaltensweise. Sie sind kaum bereit, ungewöhnliche Seinsweisen zu tolerieren. Weil sie Recht und Gesetz mit Harmonie verbinden, befolgen sie machmal Gesetze blindlings und stellen nicht einmal unsinnige Befehle infrage. Damit laufen sie Gefahr, selbst barbarische Gesetze zu befolgen, nur, weil sie Respekt vor Hierarchien und Autoritäten haben.

Weil Wurzelchakra-Typen am Gewohnten kleben, können sie an sehr unglücklichen Umständen festhalten, etwa an einer gescheiterten Ehe oder einer beklemmenden Arbeitssituation, ohne die Möglichkeit einer Veränderung zu erwägen. In solchen Situationen sind sie manchmal deterministisch und akzeptieren ihre Lebensumstände, als hätten sie keine andere Wahl. Doch in Wahrheit haben sie Angst vor Veränderungen. Ihr Fleiß und ihre Detailversessenheit bewirken, dass sie sich leicht in Trivialitäten verlieren und zu der Überzeugung gelangen, dies sei es, worum es im Leben gehe. Dadurch kann es dazu kommen, dass sie letztlich in einer eindimensionalen und grauen Erfahrungswelt gefangen sind.

Eines der größten Probleme, vor die sich dieser Typ gestellt sieht, ist die Neigung, für seine Strukturen zu leben. So wie die Ordnung der Dinge auf den Kopf gestellt wird, wenn wir leben, um zu essen oder zu arbeiten, stürzen sie sich manchmal in die Arbeit, um einen perfekten Boden für alles zu bereiten, nehmen sich aber nie die Zeit, ihr Leben wirklich zu genießen. Doch welchen Sinn hat ein Leben, das nur darin besteht, für die Sicherheit der eigenen Familie zu sorgen, das eigene Haus wohnlich zu machen und dafür zu sorgen, dass die Zukunft sicher ist?

Schattenselbst

Erschaffer mögen wie gesagt keine Veränderung. Es ist, als verstünden sie nicht, warum das Göttliche oder die höhere Realität eine sich ständig verändernde Welt erschafft, obwohl es oder sie doch auch stabile, unveränderliche Formen hätte hervorbringen können, die ewig Bestand haben. Sie möchten, dass die Wirklichkeit auf ewig stabil und fest ist und sich ständig wiederholt. Wenn eine Veränderung in ihrer Wirklichkeit stattfindet, erstarren sie – fast wie ein Tier im Scheinwerferlicht eines sich nähernden Fahrzeugs. Deshalb bezeichne ich ihr Schattenselbst als »erstarrtes Selbst«.

Erschaffer fühlen sich in der Welt der Details besonders sicher. Sie klammern sich an sie, weil sie sich dadurch besser geerdet fühlen. Sie klammern sich auch an ihr Gefühl der Zugehörigkeit zu bestimmten festen Strukturen, etwa zu einer Familie, bestimmten Institutionen oder Religionen. Im Prinzip kämpfen sie zeitlebens gegen das Leben und versuchen, Veränderung um jeden Preis zu verhindern. Der Tod ist für sie die ultimative Veränderung, und sie wissen nicht, wie sie damit umgehen sollen. Dieses Ringen führt dazu, dass sie eine bestimmte Art des Umgangs mit Schwäche entwickeln – eine Art Rache am Leben. »Wenn sich das Leben ändert, werde zumindest ich mich nicht ändern. Ich erstarre.« Wenn sie das Leben nicht vollständig unter ihre Kontrolle bringen können, können sie zumindest sich selbst kontrollieren.

Dafür formen sie sich zu einer Persönlichkeit mit vielen Mustern und Programmen. Sie entsprechen nicht nur ihrer Konstitution, sondern sind auch ihre eigene Kreation, welche die einzige Art darstellt, wie sie den

Kampf gegen das Leben gewinnen können. Wenn sie erstarren, erden sich die Chakra-Eins-Typen so sehr, dass sie sich nicht mehr bewegen können und immun gegen alle Reize werden. Dabei minimieren sie ihre Emotionen, Gefühle und Erfahrungen und unterdrücken sowohl ihr inneres als auch ihr äußeres Erleben. Natürlich sind sie sehr stolz darauf, auf diese Weise geerdet zu sein. Sie haben das Gefühl, dass ihre Fähigkeit, das Leben auf diese Weise zu bewältigen, eine höchst wünschenswerte Eigenschaft ist. Tatsächlich aber handelt es sich dabei zumindest teilweise nur um eine Form von Angst.

Die psychologische Aufgabe des ersten Chakra-Typs besteht darin, Veränderungen von Gefahr unterscheiden zu lernen. Veränderungen sind meistens nicht gefährlich. Doch diese – für andere Typen offensichtliche – Tatsache zu erkennen, kostet sie eine Menge Anstrengung. Sie müssen lernen, nicht zu erstarren, indem sie sich klarmachen, dass sie sich selbst verändern können und dass sie mit einer unveränderlichen Realität nicht wirklich glücklich wären. Sie müssen außerdem aufhören, sich an Details zu klammern, und erkennen, dass Details in den meisten Fällen lediglich eine Art Sicherheitsnetz sind. Es ist gut zu wissen, wie man mit Details umgeht, aber das bedeutet nicht, dass man seine Welt in endlosen Informationsfetzen ersticken sollte.

Höheres Potenzial und Bestimmung

Weil sie aus dem universellen Bereich von Recht und Ordnung kommen, wo die Gesetze des Universums gelten und alles in Frieden erhalten, sind die Erschaffer andererseits diejenigen, die uns eine richtige Lebensweise lehren. Sie führen uns auf den Weg des Gleichgewichts und der Gesundheit und erinnern uns daran, dass ohne eine sichere Basis kein gesundes Leben wachsen und gedeihen kann. Sie liefern uns einen Strategieplan für eine gesunde und ethische Gesellschaft und zeigen uns individuelle Wege in ein Leben, das in Übereinstimmung mit planetaren und kosmischen Rhythmen geführt wird. Sie enthüllen uns die verborgenen Gesetze, die unseren Körper, unseren Geist, unsere Beziehungen und unsere Gemeinschaften in einem dauerhaften Zustand des Friedens und der Harmonie halten.

In der Gegenwart von Wurzelchakra-Typen werden wir ruhiger. Sie geben uns ein Gefühl der Verankerung und Stabilität, weil sie mit der grundlegenden Vernunft einer höheren Ordnung in Verbindung stehen. Sie vermitteln uns die große Bedeutung stabiler Strukturen wie sinnvoll strukturierter Zeitpläne oder ein regelmäßiges Einkommen. Diese Strukturen sind wie Kanäle und Gefäße, durch die alles in unserem Leben mit Leichtigkeit fließen kann. Sie geben uns nicht nur ein grundlegendes Gefühl der Sicherheit, sondern auch der besseren Gesundheit. Das Leben kann manchmal chaotisch erscheinen. Aber wenn es von Strukturen gestützt wird, können wir allen Turbulenzen standhalten.

Erschaffer zeigen uns die Bedeutung der inneren und äußeren Ordnung als Ausdruck von Perfektion und Harmonie. Und sie machen uns deutlich, dass wir diese Ordnung dringend brauchen. Machen Sie sich klar, wie viel entspannter unser Verstand, unsere Emotionen und unser Körper sein könnten, wenn wir alle unser Leben in Ordnung bringen würden. Weil das Leben von Natur aus zerstörerisch ist, bleibt uns eigentlich nur, alles in Ordnung zu bringen, was in unserer Verantwortung liegt. Dadurch, dass wir Ordnung in unser Leben bringen, können wir auch Selbstbeherrschung erlangen. Aus dieser Perspektive betrachtet, sind Strukturen und Ordnung nicht nur funktional, sondern auch spirituell wirksam.

Außerdem ermuntern uns die Erschaffer, auch Einzelheiten wertzuschätzen. Details tragen, so lästig sie auch sein mögen, zur Schönheit des Lebens bei und unterstützen es. Wenn Ihr Haus sauber ist, bietet es Raum für ein harmonischeres Leben. Hinzu kommt, dass sich viele kleine Dinge, wenn sie vernachlässigt werden, zu großen Problemen auswachsen können. Eine Struktur, an deren Pflege wir besonders erinnert werden, ist unser physischer Körper, der eine gesunde Lebensweise und Ernährung so wie genügend Ruhe braucht. Die Sachlage ist einfach: Wenn unser Körper schwach wird, spielt es keine Rolle, wie groß unsere Ambitionen sind. Wo immer wir auch hingehen, unsere körperlichen Probleme holen uns ein und vereiteln die Umsetzung dieser Ambitionen.

Erschaffer zeigen uns das Positive an der Routine, die uns ein Gefühl für den sich kreislaufartig wiederholenden Rhythmus vermitteln kann. Routine mag uns langweilig vorkommen, als etwas, dem wir uns gern entziehen würden, aber tatsächlich ist sie sehr wichtig. Möchten Sie wirklich jeden Morgen Ihren Tagesablauf neu erfinden und sich Ihr Leben immer und immer wieder neu aufbauen müssen?

Erschaffer ermuntern uns auch, unsere Trägheit zu überwinden und Eigenschaften wie Fleiß, Einsatzbereitschaft und Geduld zu kultivieren, die zu dauerhaften Erfolgen in unserem Leben führen. Außerdem erinnern sie uns daran, dass unsere Einsatzbereitschaft nicht nur unserem eigenen Vorteil dient, weil unsere Bemühungen – genau wie die aller anderen – einen Dienst an der Gemeinschaft und der ganzen Welt darstellen. Selbst die Tatsache, dass wir Geld verdienen müssen, worüber wir uns manchmal beschweren mögen, führt dazu, dass wir nach Möglichkeiten suchen, unserer Gemeinschaft zu dienen.

Eines der wichtigsten Geschenke des Wurzelchakra-Typs an uns besteht darin, uns die allgemeine Bedeutung der Gemeinschaft sowie die Rolle des Individuums im Zusammenspiel mit einem größeren Ganzen deutlich zu machen. Wurzelchakra-Typen wecken die Sehnsucht nach einer Gemeinschaft in uns, die auf ethischen Beziehungen beruht und Tugenden wie gegenseitigen Respekt, Gerechtigkeit, Ehre und Rechtschaffenheit als Leitlinien pflegt. Sie zeigen uns, welchen Wert Selbstbeherrschung für die soziale Stabilität hat, und bringen uns zu den Werten einer traditionellen Gesellschaft zurück: Würde, Bescheidenheit, Respekt, Loyalität und Achtung vor einer gesunden Hierarchie.

Dieser Typ kann die Liebe zu bestimmten Kreisläufen in uns wecken und über die Schönheit von Ritualen und Bräuchen eine Verbindung zu den größeren Kreisläufen des Lebens herstellen. Es gibt wichtige Zyklen sowohl in unserem Leben als auch in natürlichen Prozessen, und wann immer wir ein Ritual oder eine Zeremonie durchführen, können wir innehalten und uns enger mit den größeren Rhythmen verbunden fühlen, die im Land, auf dem Planeten und im Kosmos zu finden sind.

Erschaffer erinnern uns daran, unsere Wurzeln zu ehren. Sie lehren uns Respekt vor der Familie, in die wir geboren wurden, vor dem Staat, der unsere größere Gemeinschaft ist, und vor dem Land, das uns Nahrung und Unterstützung gibt. Ganz allgemein lehren sie uns, dass es uns nur nützen und stärken kann, alle uns tragenden sichtbaren und unsichtbaren Strukturen in Ehren zu halten. Es liegt eine ganz eigene Schönheit in der Verbindung zu unserem Land, und es bereitet Freude, immer wieder zu denselben Seen, Bäumen, Häusern und Verwandten zurückzukehren. Sie führen uns auch die Bedeutung einer Verbindung zur Vergangenheit vor Augen, einschließlich der weit zurückliegenden Vergangenheit. Obwohl sich das Lebenstempo heute rasant beschleunigt hat und wir oft glauben, dass nur der Fortschritt zählt, gewinnen wir Kraft aus dem Bewahren früherer Traditionen, aus alter Weisheit und dem Wissen, das Menschen im Laufe der Jahrhunderte angesammelt haben.

Gleichgewicht erlangen

Als Chakra-Eins-Typ können Sie mehrere Veränderungen an Ihrer Lebensweise vornehmen, um die in Ihrer Konstitution liegenden Extreme auszugleichen:

- Vermeiden Sie zu viele Ruhepausen. Widerstehen Sie der Versuchung, Mittagsschläfchen zu halten. Auch wenn Sie das Gefühl haben, dass Ihnen ein Nickerchen zwischendurch guttut, kann es anschließend schwierig für Sie sein, wieder in Gang zu kommen, weil diese Schläfchen das Kapha-Element fördern.

- Lockern Sie Ihre Routine mit ein paar Körperübungen oder anderen Unterbrechungen auf. Versuchen Sie es beispielsweise mit fünf Minuten Meditation oder ein wenig körperlicher Aktivität nach einer Stunde Schreibtischarbeit. Damit können Sie verhindern, dass Sie zu sehr in einem Arbeitsprozess versinken. Hören Sie ab und zu ein wenig belebende Musik – keine klassische oder stark strukturierte Musik, sondern Stücke, die Sie aufheitern und bei Laune halten.

- Bauen Sie ein paar dynamische Körperübungen, etwa Yoga- oder Aerobic-Übungen, in Ihren Tag ein.

- Lassen Sie sich ab und zu gezielt auf ein »Abenteuer« ein, das Ihre Routine ganz bewusst unterbricht oder für Aufregung sorgt. Abenteuer und klug ausgewählte Freizeitaktivitäten können Sie daran erinnern, dass es im Kontinuum der Zeit nicht nur Vergangenheit und Zukunft gibt, sondern auch die Gegenwart.

- Entwickeln Sie eine Distanziertheit, die Ihnen hilft zu erkennen, dass die Strukturen im Leben nur dazu dienen, etwas anderes zu ermöglichen, und nicht der Lebenszweck an sich sind. Die Familie beispielsweise ist kein Lebenszweck, sondern eher eine Unterstützung, die dafür sorgt, dass Sie sich sicher fühlen und sich auch anderen Dingen zuwenden können.

- Finden Sie Wege aus Ihrer Kerngruppe – Ihrem Zuhause, Ihrer Familie, Ihrer Gemeinschaft oder Nation. Ein möglicher Weg besteht darin, einer größeren Sache zu dienen. Suchen Sie nach Systemen, die Ihrer Mühe wirklich wert sind und die sich langfristigen Zwecken und edlen Werten verschrieben haben. Dies wird Sie davon abhalten, sich in kleinen Details zu verlieren, die keinen Bezug zu einem größeren Kontext haben.

- Verbringen Sie Zeit in der Gesellschaft fröhlicher und aufgeweckter Menschen. Wenn Sie sich ausschließlich oder hauptsächlich mit Menschen Ihres eigenen Typs umgeben, kann das Ihre Tendenz zu Extremen wie Schwerfälligkeit, übermäßigem Ernst oder Detailversessenheit außerordentlich verstärken.

Erfüllung finden

Es gibt verschiedene Wege, die Sie als Chakra-Eins-Typ beschreiten können, um das Potenzial Ihrer Konstitution zu verwirklichen:

- Genießen Sie Ihre friedliche Routine, Ihren gefestigten Lebensstil und Ihre soliden Strukturen, ohne sich dafür zu rechtfertigen. Würdigen Sie Ihre Stärken und streben Sie nach einem Leben, das ein kontinuierlicher Aufbauprozess ist.

- Fragen Sie sich, ob Sie zu stark unter dem Einfluss von Familienmitgliedern oder Freunden stehen, die einem anderen Typ angehören und Sie vielleicht überreden wollen, »abenteuerlustiger« zu sein. Das mag zwar von Zeit zu Zeit für die Wiederherstellung Ihres Gleichgewichts hilfreich sein, aber achten Sie darauf, dass dieser Rat nicht auf Ressentiments gegenüber Ihrem Wesen basiert.

- Statt den Reiz infrage zu stellen, den Strukturen auf Sie ausüben, sollten Sie sich fragen, welche Art von Strukturen Sie am glücklichsten machen. Klammern Sie sich nicht an eine Struktur, die nicht gut funktioniert, nur, weil sie Ihnen am geläufigsten ist. Suchen Sie vielmehr nach der, die am besten zu Ihnen passt.

- Fallen Sie nicht der heutigen Tendenz anheim, sich außerhalb etablierter Strukturen selbstständig zu machen. Das könnte Sie sehr stark belasten. Wenn Sie sich für etwas weniger strikt Organisiertes einsetzen möchten, sollten Sie sich bei einer Firma bewerben, die von einem Vollblutunternehmer geleitet wird.

- Erwerben Sie bewährtes, praktisches Wissen, das Teil eines bekannten Systems ist. Institutionalisiertes Wissen enthält eine breite Palette an Informationen und Weisheiten, die Sie nutzen können, um Ihrem Leben eine Struktur zu geben.

- Stellen Sie sicher, dass Sie ein regelmäßiges Einkommen haben. Finanzielle Risiken und Zeiten ohne Einkommen sind nichts für Sie.

- Machen Sie ausfindig, wie Sie kollektive Strukturen schaffen und unterstützen können, und engagieren Sie sich dafür. Übernehmen Sie eine Rolle, in der Sie den Boden für eine Initiative bereiten, Regeln für das Verhalten und für Interaktionen festlegen oder Arbeitsprozesse für andere organisieren können.

- Wählen Sie einen spirituellen Weg, der *Prana*-Übungen oder Übungen zur Stärkung der Lebenskraft beinhaltet. Aktivitäten wie Atemübungen, Tai-Chi, Qigong, Fasten oder Kundalini-Übungen fördern eine pulsierende Energie, die Sie durchfließt und Ihrer konstitutionsbedingten Behäbigkeit entgegenwirkt.

- Suchen Sie sich eine spirituelle Gemeinschaft, die Sie unterstützt. Seien Sie kein Einzelgänger. Wählen Sie einen geordneten spirituellen Pfad, der bewährt und gut bereitet ist, denn diese Art von Verbindung zu einer Traditionslinie oder einer langen Reihe von früheren Praktizierenden wird Sie beruhigen. Auf der anderen Seite sollten Sie sicherstellen, dass Ihr Weg spannend genug bleibt, um Sie zu ein paar Sprüngen in die Selbsttranszendenz zu ermutigen. Gelegentliche Rückzüge zur Förderung Ihrer Spiritualität können Ihnen Gelegenheit bieten, solche Sprünge zu wagen.

Sind Sie eine Chakra-Eins-Persönlichkeit?

Der folgende Selbsttest hilft Ihnen zu beurteilen, wie viel Prozent des ersten Chakra-Typs Sie in sich haben. Achten Sie darauf, dass dieser Moment der Selbstbeurteilung entspannt und spielerisch verläuft. Versuchen Sie, das Vorhandensein von Hinweisen auf diesen Typ nicht in Bezug auf andere Typen zu bewerten. Prüfen Sie einfach, wie sehr Sie die Eigenschaften des Chakra-Eins-Typs in Ihrer Seinsweise, Ihrer Wahrnehmung der Welt und Ihren natürlichen und unmittelbaren Vorlieben erkennen. Versuchen Sie, kein intellektuelles Urteil zu fällen. Vertrauen Sie einfach darauf, dass sich etwas in Ihnen mühelos selbst erkennt.

Wenn es Ihnen schwerfällt, diesem Chakra-Typ einen Prozentsatz zuzuweisen, dann lesen Sie die folgenden Aussagen und überlegen Sie, wie stark Sie sich damit identifizieren können. Wenn Ihre Antwort auf alle Fragen jeweils die erste ist, weist das darauf hin, dass Sie sich sehr stark mit diesem Typ identifizieren. Wenn all Ihre Antworten der vierten Variante entsprechen, ist das nicht der Fall. Ziehen Sie bei der Einschätzung, ob Sie zu diesem Typ gehören, daher auch diese Antworten zurate. Sobald Sie diesem Typ einen Prozentsatz zugeordnet haben, schreiben Sie ihn auf, damit Sie ihn mit Ihren anderen Selbsteinschätzungen vergleichen können. Das wird Ihnen bei der Bestimmung Ihrer Drei-Typen-Persönlichkeitsstruktur helfen.

- Die Welt bietet die Möglichkeit, etwas Solides aufzubauen, indem wir fleißig und geduldig für Stabilität sorgen, den Boden bereiten und inneren Frieden herstellen.

  1. Damit identifiziere ich mich sehr.
  2. In gewissem Maße.
  3. Ein wenig.
  4. Überhaupt nicht.

- Ich beschäftige mich gern mit Details – mit Kalkulationen und Zahlen, Materialien und genauer Planung, detaillierten Informationen und Listen.

  1. Das tue ich sehr gern.
  2. Ziemlich gern.
  3. Vielleicht ein wenig gern.
  4. Überhaupt nicht gern.

- Ein stets festgelegter und hochgradig vorhersehbarer Tagesablauf beruhigt mich sehr und gibt mir ein Gefühl von Harmonie. Ich mag diese ständige Wiederholung, und wenn sie unterbrochen wird, fühle ich mich ziemlich unwohl.

  1. Stimmt genau.
  2. Stimmt in gewissem Maße.
  3. Da ist etwas Wahres dran.
  4. Stimmt gar nicht.

- Ich schwanke ziemlich oft zwischen Fleiß/Selbstdisziplin und Abgeschlagenheit/Trägheit hin und her.

  1. Stimmt genau, und zwar täglich.
  2. Könnte stimmen.
  3. Ist selten der Fall.
  4. Ist nie der Fall.

- Ich bin gern Teil einer größeren Einheit, etwa einer Traditionslinie, einer Familie, einer Gemeinschaft oder einer Nation. Das fühlt sich gesund und hilfreich an.

  1. Dergleichen spielt für mein Wohlbefinden eine wesentliche Rolle.
  2. Das könnte stimmen.
  3. Das trifft nur bis zu einem gewissen Grad zu.
  4. Das trifft überhaupt nicht zu.

KAPITEL 2

ZWEITES CHAKRA – SAKRALCHAKRA
Die Künstler

Die Künstler

Weltweit: etwa 7 Prozent der Bevölkerung

Öffentliche Wirkungsstätten: Freizeit und Unterhaltung, Feste und Feiern, Kunst und Natur

In der Regel zu finden unter: Musikern, Künstlern, Komikern, Schauspielern, Tänzern, Modedesignern, Reiseleitern

Dosha, Konstitution: Pitta/Vata (Feuer/Luft)

Dominiert von: Gefühlszentrum, Impulsen, Sinnen

Schattenselbst: der oder die Flatterhafte, der oder die nichts gibt

Zeitzone: der jeweilige Augenblick

Traditionelles Tier: Schmetterling

Berühmte Persönlichkeiten: Sappho, Vincent van Gogh, Arhur Rimbaud, Rainer Maria Rilke, Yves Klein, Frida Kahlo, Oscar Wilde, Séraphine Louis, Andy Kaufman, Jim Morrison, Jim Carrey, Roberto Benigni, Will Ferrell, Rudolf Nurejew, Jimi Hendrix, Janis Joplin, Kurt Cobain, Amy Winehouse, Iris Apfel

Es mag ein wenig komisch wirken, dass der Chakra-Zwei-Typ unmittelbar auf den Chakra-Eins-Typ folgt. Eine passender erscheinende kosmische Ordnung würde den dritten Typ auf den ersten folgen lassen, weil beide ein paar wesentliche Eigenschaften gemeinsam haben. Erschaffer und Zielstrebige sind zeitgesteuert. Künstler hingegen leben ganz im Augenblick, ohne Vorsätze, Gedanken an die Zukunft und Sorgen. Sie leben für das reine Vergnügen im Hier und Jetzt.

Dennoch entbehrt diese Anordnung vielleicht nicht einer gewissen Logik. Chakra-Zwei-Typen neigen dazu, andere zu überraschen und das Unerwartete zu tun. Manchmal können sie sogar zerstörerisch sein. Ja, manchmal sind Künstler so sehr neben der Spur, dass andere Typen leicht von ihnen genervt sind. Sie akzeptieren Gesetze nicht per se und weigern sich, sich daran zu halten. Sie halten sich nicht an allgemeine Regeln und Vorschriften und weigern sich strikt, damit konform zu gehen. Daher kann es durchaus einen Sinn ergeben, den buntesten aller sieben Typen lächelnd zwischen den sehr ernsthaften Chakra-Eins- und den Chakra-Drei-Typen eingezwängt zu finden. Vergessen Sie also Konfuzius und die Zehn Gebote. Jetzt ist es an der Zeit, das Gesetz zu brechen.

Wesen

Das zweite Chakra, das Sakralchakra, liegt im Hüftbereich zwischen den Genitalien und dem Nabel. Es trägt den Wesenskern des Impulses in sich. Denken Sie einen Moment an Impulse, die Sie spüren, an Zeiten, in denen Sie plötzlich »Lust haben«, etwas zu tun, in denen Sie sich gedrängt fühlen, spontan zu handeln. Manchmal überraschen Sie sich vielleicht selbst mit einem untypischen Verhalten oder einem für Sie ungewöhnlichen Wunsch. Versuchen Sie, einen Moment lang mit dem Ort in Verbindung zu treten, von dem all Ihre Impulse und Sehnsüchte ausgehen, dem zweiten Chakra.

Dort finden Sie die Kraft des Kosmos und des Lebens, die plötzliche Veränderungen, Eruptionen und schnelle Bewegungen freisetzt. Am einfachsten erkennbar ist diese Kraft an den intensiven Trieben der Begierde und der Sexualität. Ganz allgemein jedoch umfasst sie alles im Kosmos, was unerwartet, vulkanisch und stürmisch ist. Sie wird als ein Element empfunden, das in ein System – manchmal das eigene – eindringt und dort für Unordnung sorgt. Doch dadurch wird etwas Neues ins Leben gebracht.

Denken Sie einmal darüber nach. Selbst das Erscheinen des Lebens selbst war eine Art Wendung im kosmischen Drama. Zunächst bestand das Universum nur aus Meteoriten, Planeten und Gestein. Dann – plötzlich – nahmen Eidechsen, Giraffen und Nilpferde Gestalt an, viele von ihnen eine eher seltsame, manche sogar eine lustig wirkende. Im Laufe der Zeit (und ohne ersichtlichen Grund) betraten neue Arten die planetare Bühne – farbenprächtige, einzigartige und manchmal erstaunlich schöne.

Den gleichen Ausbruch des Lebens können Sie in sich spüren, wenn Sie von unkontrollierten Begierden überwältigt werden, wenn sich ein Gedicht oder eine Melodie in Ihrem Kopf formt oder wenn Sie sich in einem Moment verlieben, in dem Sie das am wenigsten erwartet hätten. Sie spüren diesen Lebensimpuls, wann immer die Grundfarben Ihrer täglichen Routine von stärkeren Farben der Erregung und des Nervenkitzels aufgehellt werden, wann immer sich der einfache Geschmack des Lebens mit einer intensiven Süße oder Schärfe mischt, wann immer die gewöhnlichen Gefühle des Lebens von Sinnlichkeit oder Ekstase überwältigt werden. Manche können vielleicht nicht einmal zwischen Gefühlen, Emotionen und Empfindungen unterscheiden.

Diese Triebe, die als etwas definiert werden, das zwischen Körperbewusstsein und empfänglichem oder reagierendem Bewusstsein liegt, scheinen so schnell wieder zu verschwinden, wie sie ausgebrochen sind – und das mit der gleichen Intensität. Wie Schmetterlinge tauchen sie in prächtigen Farben auf, flattern fröhlich um Ihre Gartenblumen – und sterben dann schnell. Wie Frühlingsblumen bedecken sie die Erde mit strahlender Schönheit – und verschwinden wieder. Dies ist das Wesen des Sakralchakras, ein Aufblitzen des kreativen Kicks, der bewirkt, dass Sie sich stark und lebendig fühlen, dann aber wieder verschwindet, ohne eine Spur zu hinterlassen. Woher kam er? Wohin ist er gegangen? Diese Welt der Impulse und Gefühle ist in der Tat seltsam. Es ist die Welt, aus der die Chakra-Zwei-Typen stammen. Zum Glück haben wir sie, die Künstler, die uns durch diese subtile Welt der spontanen Gefühle führen.

Konstitution

Stellen Sie sich nun vor, wie sich diese Welt der Impulse und Gefühle in einer Person manifestiert, und zwar mit all ihren wesentlichen Elementen: die Dominanz des Impulses, das eruptive und stürmische Wesen, die sinnlichen Neigungen, die tiefen Leidenschaften und die Unruhe. Nach dem ayurvedischen System wäre die Konstitution dieser Person eine Mischung aus Pitta und Vata, aus Feuer und Luft. In ihrem Kern ist diese Persönlichkeit feurig, leidenschaftlich und explosiv, aber nicht mit dem lodernden Feuer des dritten Typs. Hier ist es mehr ein Aufflackern – ein kurzer Ausbruch einer hellen Flamme, die mit plötzlicher Intensität brennt und dann schnell wieder verschwindet. Es ist das Vata, das (Luft)-Element, das diese Schnelligkeit, diese Leichtigkeit und eine sich ständig verändernde Struktur hinzufügt.

Die Kombination von Pitta und Vata bewirkt, dass Chakra-Zwei-Persönlichkeiten intensiv, aber gleichzeitig leichtfüßig auftreten. Menschen dieses Typs sind normalerweise eher dünn – nicht, weil sie nicht gern essen, sondern weil sie ihrem Wesen nach zu schnell und feurig sind, um Gewicht zuzulegen. Während die Wurzelchakra-Typen langsam gehen und sich schwerfällig bewegen, haben die Sakralchakra-Typen einen geradezu leidenschaftlichen Gang und bewegen sich so schnell, als würden sie fliegen. Sie sind extrem körperbetont. Jeder kann sehen, dass sie sehr »in ihrem Körper« sind und das genießen. Sie berühren, umarmen und streicheln gern und suchen immer nach Möglichkeiten, das zu tun.

Der allgemeine Eindruck von Chakra-Zwei-Typen ist, dass sie »überall« sind. Wenn sie einen Raum betreten, stürmen sie hinein, verstreuen oft alles, was sie bei sich haben, und lassen alle wissen und spüren, dass sie jetzt »hier« sind. Sie sind sehr aufgeweckt und kontaktfreudig und leicht an ihren großen, weit geöffneten Augen und ihrem intensiven Blick zu erkennen.

Einflussbereich

Künstler stellen mit nur etwa sieben Prozent keinen großen Teil der Weltbevölkerung dar. Sie wirken wie die Würze der menschlichen Existenz, und das aus gutem Grund. Wenn unsere Welt und Kultur von ihnen regiert werden würde, hätte das zur Folge, dass wir alle im Hier und Jetzt leben, alles in vollen Zügen genießen, uns weigern, zu viel zu arbeiten, und erst um die Mittagszeit aufstehen. Das mag kein gutes Rezept für eine funktionierende Gesellschaft sein, aber es würde zu einer sehr viel freudvolleren führen.

Ich spreche hier nicht nur von Dichtern, Musikern und Sängern. Der Begriff »Künstler« meint eine allgemeine Lebensperspektive. Er bezeichnet jemanden, der das Leben als Kunstwerk sieht, als Leinwand, auf der das Zusammenspiel von Farben, Klängen und Texturen eine Plattform für ein riesiges Spektrum möglicher Gefühle und Erfahrungen schafft.

Der Wunsch der Künstler nach Hochgefühlen führt dazu, dass sie außergewöhnliche Erfahrungen suchen, was sie zu Abenteurern macht. Beispielsweise betreibt dieser Typ oft irgendeine Extremsportart. Im Gegensatz zu den Chakra-Drei-Typen, die sich auf riskante Aktivitäten einlassen, weil sie Preise gewinnen oder die Besten auf ihrem Gebiet sein wollen, machen die Chakra-Zwei-Typen so etwas, weil sie gern auf dem Vulkan tanzen, dem Tod ein Schnippchen schlagen und sich einfach lebendiger fühlen wollen. Manche von ihnen kommen bei diesem Versuch sogar ums Leben, aber dieses Risiko scheint ihnen nichts auszumachen. Sie werden von einem Impuls getrieben, der ihnen sagt, dass sie es tun »müssen«.

Sie springen beispielsweise in großer Höhe aus einem Flugzeug, um den Naturgesetzen zu trotzen oder zu erleben, wie es sich anfühlt, ein Vogel oder eine Rakete zu sein. Der österreichische Fallschirmspringer und Basejumper Felix Baumgartner, bekannt als der »Teufelskerl, der aus dem Weltraum fällt«, raste 2012 im freien Fall aus 39 Kilometern Höhe zur Erde, und zwar schneller als der Schall. Er sagte der britischen Zeitung *Daily Mail*: »Wenn du den Druck aus der Kapsel lässt, denkst du: ›Jetzt wird's ernst.‹ Du spürst es in deinem Magen und in jedem Teil deines Körpers, dass sie nicht da sein wollen. Aber«, fügte er hinzu, »die Aussicht war erstaunlich.«

Sakralchakra-Typen sind eher Sprinter als Marathonläufer. Sie haben nicht genug Energie für langwierige Prozesse, weil sie schnell gelangweilt sind. In ihrer Denkweise kommt die Wahrnehmung einer Zukunft kaum vor, sodass sie sich keine langfristigen Aktivitäten vorstellen können. Sie beschäftigen sich nur mit kurzfristigen Projekten und Aufgaben. Deshalb können sie spontan gute Gedichte schreiben, schöne Melodien komponieren und eindrucksvolle Bilder malen. Sie glänzen bei kurzen, intensiven Aktivitäten. Aber wenn die Dinge zu schwierig werden, verlieren sie das Interesse. Ihre Freude an der Kreativität ist eng mit dem Gefühl verbunden, an dem Fest namens Leben teilzunehmen. Es gibt unter den Chakra-Zwei-Typen zwar bemerkenswerte Musiker und Maler mit relativ kontinuierlichen, lang anhaltenden Karrieren, aber selbst bei ihnen zeigt sich eine Mischung aus Hingabe an den Prozess und einer Aversion gegen alles, was sich allzu ernsthaft zu einer Zukunft formt.

Das Schmetterlingselement ist bei manchen Künstlern zu stark ausgeprägt. Der berüchtigte Klub 27 besteht aus Musikern (besonders Rockstars), Künstlern und Schauspielern, denen offenbar ein selbstzerstörerischer Impuls gemeinsam war, der bereits im jungen Alter von 27 Jahren zum Tod führte. Die unselige Liste seiner Mitglieder ist ziemlich lang und schließt unter anderem Jimi Hendrix, Janis Joplin, Jim Morrison, Kurt Cobain und Amy Winehouse ein, die alle ohne Zweifel Chakra-Zwei-Typen waren. Sie betraten die Weltbühne wie ein Lichtblitz, erschütterten sie mit der immensen Energie ihrer Jugend und Rebellion und brannten dann aus wie ein Feuer, das sich selbst verzehrt – alles in 27 unvergesslichen Jahren.

Selbstverständlich enden nicht alle Chakra-Zwei-Persönlichkeiten auf so tragische Weise, aber sie werden tendenziell nicht sehr alt. Viele von ihnen brennen ihre Lebensenergie schon in einem frühen Stadium ihres Lebens ab wie beispielsweise der französische Dichter Arthur Rimbaud. Doch scheinen sie sich nicht sonderlich darum zu kümmern, denn sie sehen dem Tod mit Furchtlosigkeit und Neugier entgegen. Der Tod ist für sie fast so etwas wie ein Gipfelerlebnis. Sie scheinen regelrecht mit dem Tod zu flirten und sich auf verhängnisvolle Weise von ihm angezogen zu fühlen.

Rolle in der Geschichte der Menschheit

Traditionell sind es die Sakralchakra-Typen, die den Geist des Feierns in die Welt bringen. Anfangs haben sich Menschen zu Stämmen zusammengetan, um starke Verbündete in ihrem Überlebenskampf zu haben. Doch sobald sie sich in ihren Höhlen einigermaßen sicher fühlten, schlugen die Chakra-Zwei-Typen vor, die Wände zu bemalen. Nachdem sie gelernt hatten, wie man sich gegenseitig mit Trommeln vor Gefahren warnt, waren es die Chakra-Zwei-Typen, die diese Rhythmen aufnahmen und die anderen Höhlenbewohner aufforderten zu tanzen, zu singen und Musik zu machen. Dank ihrer bildete sich ein Stammesbewusstsein, welches das Leben feierte und auf die nächste Ebene hob. Dann förderte die Entdeckung psychoaktiver pflanzlicher Wirkstoffe die Entwicklung eines magischen Denkens, indem sie die Natur von einem gefährlichen und doch nützlichen Wurzelchakra-Raum in eine bunte Bühne verwandelten, die Sakralchakra-Typen mit Gottheiten bevölkern konnten, die mit dem Stamm interagierten und Möglichkeiten für Anbetung, Rituale und Feiern boten.

So wurden die Natur und das Leben dank der Künstler zu einem angenehmen Erlebnis. Sie führten Fruchtbarkeitsriten und jahreszeitliche Feste ein. Sie brachten auch die Spannung des Geschichtenerzählens zu den Lagerfeuern des Stammes, indem sie Sagen sponnen – manchmal furchterregende, manchmal lehrreiche und manchmal schöne und fantasievolle Geschichten über den Ursprung der Schöpfung. Sie sorgten für Denkanstöße, indem sie lebhafte Bilder in einer Sprache heraufbeschworen, die bisher nur für den nüchternen Austausch von Informationen verwendet worden war.

Als sehr sinnliche Menschen vermittelten die Künstler ein Bewusstsein für die Freude am physischen Körper. Chakra-Eins-Typen haben nur einen Sinn für das Physische, wenn es um vorsichtiges Erden geht. Sie genießen es nicht, in ihrem Körper zu sein, und empfinden ihn nicht als Quelle der Lust. Künstler hingegen sind in ihrem Umgang mit dem Körper – besonders mit dem nackten Körper – wie Kinder. Sie lieben es, mit dem ganzen Körper zu fühlen, ihn im Tanz zu wiegen und ihn zu erregen, um sich mit Mutter Erde zu verbinden und mit ihr eins zu werden.

Weltsicht

Für Chakra-Zwei-Typen ist das Leben ein Spiel der Energien. Die Erde kommt ihnen wie ein riesiger Vergnügungspark mit vielen Attraktionen und Experimentiermöglichkeiten vor. Die Attraktionen sorgfältig unter die Lupe zu nehmen, auf Nummer sicher zu gehen und dafür zu sorgen, dass sie die »richtigen Entscheidungen« treffen, ist nicht ihr Ding. Vielmehr versuchen sie, das Leben zu verstehen, indem sie in den Geist des Experimentierens eintauchen. Sie spüren, dass das Leben dafür geschaffen wurde, Erfahrungen zu machen, und dass wir als Menschen das Leben regelrecht verschlingen, alles in uns aufnehmen und jeden Tag nutzen sollen. Für sie ist das Leben eher eine Reise, auf der man Momente des Lachens und Weinens, der Kicks und Enttäuschungen erfahren kann, kein absichtsvolles Unterfangen mit einem klar umrissenen Endergebnis.

Chakra-Zwei-Typen nehmen das Leben nicht allzu ernst. Für sie hat das Leben etwas Komisches, und Gott ist für sie, wenn er denn existiert, eine Art Spaßvogel. Sie glauben nicht, dass wir, wenn es so etwas wie einen göttlichen Willen gibt, hier sind, um allzu hart zu arbeiten, sondern eher, um das Leben zu spüren und zu genießen. Worauf sonst, meinen sie, kommt es an?

Künstler werden vom Gefühlszentrum dominiert. Sie wissen aber, dass es nicht reicht, das Leben nur zu spüren. Sie erfahren das Leben sehr intensiv und fühlen alles so stark wie möglich – Glück und Lust, aber auch Schmerz. Wenn Sie weinen, raten sie Ihnen, richtig zu weinen, mit aller Macht. Machen Sie ein Drama daraus, ein Theaterstück voller Tränen und

Traurigkeit! Sie sind immer auf der Jagd nach neuen Gefühlen und Empfindungen außerhalb des Spektrums der vertrauten menschlichen Erfahrung. Sie erkunden nicht nur die äußere, sondern auch die innere Welt jener flüchtigen Substanzen namens »Gefühle«.

Künstler sind stets auf der Suche nach ekstatischen Zuständen. Das Wort »Ekstase« leitet sich von einem altgriechischen Wort ab, das »Selbstvergessenheit« bedeutet. In Ekstase zu sein bedeutet also, dass man sich in einem Zustand befindet, in dem man sich selbst verliert. Für Chakra-Zwei-Typen beginnt genau hier das Leben. Sie tanzen nicht nur, sie werden zum Tanz. Sie singen nicht nur, sie werden zum Lied. Sie haben nicht nur einen Orgasmus, sie werden zum Orgasmus. Sie verlieren sich in der Erfahrung. Künstler sind mit einer sehr hohen Empfindungsfähigkeit ausgestattet. Für sie haben Gefühle etwas mit Intensität, Leidenschaft, Energie, Vitalität und Absolutheit zu tun. Als Experten im Sammeln von Erfahrung blicken sie mitleidig auf diejenigen, denen es schwerfällt, feurige Energien zu spüren, überwältigende Sinnlichkeit auf sich wirken zu lassen und immense Schönheit zu würdigen.

Sie erkennen Chakra-Zwei-Typen an ihrer Fähigkeit, Dinge direkt, explizit und körperlich zu erfahren. Sie tun sich gern hervor, schließlich sind sie Schauspieler. Erinnern Sie sich an den Film, in dem Harry und Sally in einem Restaurant sitzen und darüber diskutieren, ob Frauen einen Orgasmus glaubhaft vortäuschen können? Sally – eindeutig ein Chakra-Zwei-Typ – vertritt ihren Standpunkt, indem sie einen Orgasmus so überzeugend vortäuscht, dass alle anderen Gäste geschockt verstummen. Dann ruft eine Frau den Kellner und flüstert ihm zu: »Was sie hat, will ich auch.« Wenn ein Chakra-Zwei-Typ wie Sally etwas so stark erlebt, fällt es anderen auf, und sie fragen sich: »Wie macht er/sie das?«

Die Fähigkeit der Sakralchakra-Typen zur direkten Erfahrung beeinflusst und prägt auch ihre Spiritualität. Aber sie lassen sich nicht durch konventionelle und introvertierte Meditationshaltungen einschränken. Ihre spirituelle Erfahrung ähnelt immer einem Feuerwerk und Gipfelerfahrungen. Sie wollen in der Meditation explodieren. Wenn sie religiöse oder spirituelle Neigungen haben, ist Gott für sie nichts Abstraktes, sondern in der Natur und ihren Kräften vorhanden. Gott ist in der Schönheit, in der Tiefe unserer sinnlichen Erfahrungen und in der orgastischen Explosion des Körpers. Sakralchakra-Typen fühlen sich besonders spirituell, wenn sie es schaffen, ihre Sinne voll und ganz zu nutzen, wenn sie auf der Ebene der Sinne weit offen sind und alles empfangen. Weil sie keine abstrakten oder konzeptionellen Menschen sind, sondern das Leben lieben, finden sie die Ewigkeit auf ganz natürliche Weise in der Welt, in jeder Blume und jeder Wolke. Aber sie sind auch Freunde der Freiheit. Sie finden Gott daher auch in Grenzerfahrungen und in Momenten, in denen sie spüren, dass alles möglich ist und es keine Zwänge gibt.

Natürlich ist der romantische Ansatz der Künstler, die nach intensiven Erfahrungen suchen und vor allem darauf aus sind, ständig Aufregendes zu erleben, ziemlich problematisch. Sie sind begeisterte Liebhaber, ziehen jedoch die Stufe der ersten Verliebtheit der eigentlichen »Liebe« vor, dem allmählichen und oft ermüdenden täglichen Aufbauen einer Beziehung. Allein schon der Klang von Worten wie »Beziehung« oder »Partnerschaft« kann sie ziemlich lustlos machen – so lange Wörter mit so vielen Silben!

Wie auch immer, Künstler fühlen sich nur lebendig, wenn sie Gipfelerfahrungen machen und das ultimative Vergnügen haben – wenn sie es schaffen, das beste Essen, die beste Musik oder die beste Landschaft zu genießen. Ihnen wird langweilig, wenn nichts mehr ihre Sinne anregt und sie zu dem Schluss kommen, dass das echte Leben offenbar anderswo stattfindet.

Allgemeine Charakteristika

Als Kinder hatten wir alle die Gelegenheit, Sakralchakra-Typen zu sein: verrückte, fröhlich-weinende Kleinkinder, die heftig schluchzen, weil ihnen gerade ein Luftballon weggeflogen ist, und in der nächsten Sekunde wieder erstaunlich fröhlich sind, weil sie einen neuen bekommen haben. Chakra-Zwei-Typen kommen diese kindlichen (aber auch kindischen) Neigungen niemals abhanden. In gewisser Weise sind sie im Guten wie im Schlechten ewig jung, für immer Kinder.

Viele von uns waren auch als Teenager Sakralchakra-Typen – und einige von uns vielleicht noch in ihren Zwanzigern, in denen wir sehr intensiv mit den Energien des Lebens experimentierten. Wir waren abenteuerlustig, gingen Risiken ein und waren extrem romantisch, manchmal sogar auf eine selbstmörderische und gequälte Weise (»Sie hat mich verlassen! Ich will sterben!«). Alles war überlebensgroß, alles war ganz wunderbar oder ganz schrecklich. Jedes Mal, wenn wir frisch verliebt waren, schien die gesamte Welt hell erleuchtet. Und wenn die Liebe dann verblasste, kam es uns vor, als würde die Welt zusammenbrechen. Wir waren sehr launisch, schwelgten in endlosen Höhen und Tiefen, waren wütend und nachtragend, liebevoll und fröhlich. Und jede Stimmungsänderung fühlte sich so bedeutungsvoll an, dass wir selbst unsere schrecklichsten Momente heimlich genossen. Sogar ein trauriges Gefühl erzeugte eine seltsame Erregung, solange es grell und intensiv gefärbt war.

Außerdem sind Chakra-Zwei-Persönlichkeiten permanent übererregt. Sie *müssen* aufgeregt sein. Wenn sie sich nicht aufregen, fürchten sie, nicht mehr am Leben zu sein. Deshalb reagieren sie so stark auf alle Dinge und deshalb müssen für sie alle Erfahrungen entweder schrecklich oder wunderbar sein. Mit irgendwelchen Mittelwegen geben sie sich nicht zufrieden. Sie sind gern launisch und wollen gar nicht ausgeglichen sein, denn ausgeglichen zu sein ist für sie gleichbedeutend mit »tot«. Das ist der Künstler in ihnen, der das Drama verstärken und übertreiben will.

Dieses Verhalten kann andere Typen leicht auf die Nerven gehen. Wenn Ihnen beispielsweise Menschen dieses Typs zuhören, geben sie Ihnen das Gefühl, dass das, was Sie tun, extrem aufregend ist, selbst wenn Sie eine eher langweilige Aufgabe beschreiben. Ihre Begeisterung ist wie die Sonne, die auf alles scheint. Und wo sie scheint, bringt sie Licht und Wärme. Dann wandert sie weiter und schickt ihre Strahlen woandershin.

Das Gedächtnis eines Sakralchakra-Typs ist eher ein Kurzzeitgedächtnis. Anders als Typen, die Wissen sammeln und speichern, vergessen sie schnell, weil sie dazu neigen, im Moment zu leben. Wie Schmetterlinge leben sie eher im Hier und Jetzt, denn genau darauf sind ihre Gehirne ausgelegt. Sie sind wie Kinder – süß, aber schrecklich verantwortungslos. Weil sie ganz im Moment leben, denken sie, wenn gerade alles schrecklich ist: »Das war's! So ist das jetzt für immer! Es wird nie wieder gut!« Dann verändern sich die Dinge zum Besseren, und sie denken: »Das ist es! Es wird nie wieder etwas schiefgehen!« Sie vergessen, was sie noch einen Moment zuvor beunruhigt hat, und nur diejenigen, die mit ihnen gelitten haben, während sie verzweifelt waren, erinnern sich an ihre vorherige Verfassung.

Künstler lernen mit dem Körper, nicht mit dem Verstand. Selbst wenn sie sich einen hochintellektuellen Vortrag anhören, lernt ihr Körper. Sie »fühlen« sich in Dinge ein und denken kaum. Das macht es ihnen möglich, hochwertige Materialien wirklich zu würdigen, und sie sind bereit, eine Menge Geld für schöne Kleidung und Gegenstände auszugeben. Diese Tendenz wird von der Tatsache unterstützt, dass sie nicht nur nach Wohlgefühl, sondern auch nach Komfort suchen. Mit einer außerordentlichen Sensibilität bewundern sie alles, was ästhetisch ist – die Natur, ein Kunstwerk, ein Musikstück. Das ist auch eine hochgradig poetische und künstlerische Inspiration für sie. Manchmal jedoch werden sie aufgrund ihrer Unruhe und Unordentlichkeit von anderen als nachlässig oder sogar als ungepflegt empfunden.

Chakra-Zwei-Typen sind immer humorvoll und lachen gern. Dazu gehört auch eine feine Ironie, die dazu führt, dass sie über sich selbst lachen können. Diese Leichtigkeit und dieser Humor werden von anderen Chakra-Typen sehr geschätzt. Fast alle großen Komiker sind Chakra-Zwei-Typen. Sie tun etwas für uns, das wir nicht für uns selbst tun könnten, weil wir nicht wissen, wie. Sie können unsere bitterernste Welt als lustig, ja sogar als lächerlich wahrnehmen. Sie sind sofort in der Lage, die Unordnung in der Ordnung zu sehen. Roberto Benignis bittersüßer Film *Das Leben ist schön* zeigt dies an einem Vater, der sein Kind in einem Konzentrationslager aufmuntert, indem er sich über die schrecklichen Ereignisse lustig macht, die um sie herum stattfinden. Künstler neigen dazu, einen Aspekt der göttlichen Komödie zu erkennen, der unser dramatisches Leben irgendwie ins Gleichgewicht bringt. Wie Voltaire einst schrieb: »Gott ist ein Komödiant und spielt vor einem Publikum, das sich nicht zu lachen traut.« Aber Chakra-Zwei-Typen fürchten sich nicht zu lachen. Vielmehr helfen sie uns, unsere Anspannung loszulassen und das Komische in allem zu sehen.

Künstler lieben auch leidenschaftlich die Freiheit. Sie gehören ausschließlich sich selbst und sind wie wilde Pferde nur schwer zu zähmen. Sie unterwerfen sich keiner Struktur, weil sie die Veränderung lieben und gern unabhängig sind. Sie haben auch nichts dagegen, ab und zu das Gesetz zu brechen, und zwar aus demselben Grund. Wo ein Chakra-Eins-Typ gehorsam umkehrt, wenn ein »Kein Durchgang«-Schild das verlangt, wird ein Chakra-Zwei-Typ davon fasziniert sein und herausfinden wollen, was auf der anderen Seite zu finden ist. Von Zeit zu Zeit haben sie einfach das Bedürfnis, etwas Verbotenes zu tun.

Sakralchakra-Typen sind vergnügungssüchtig und können in der Regel als die größten Genießer des Lebens betrachtet werden. Sie sind sehr leidenschaftlich und wollen das Leben feiern, indem sie es bis auf den letzten Tropfen auskosten. Sie verfügen über ein hohes Maß an Sinnlichkeit und Erotik, weil in ihrer Genitalregion, in der das zweite Chakra liegt, von Natur aus viel feurige Energie vorhanden ist. Das macht sie zu ziemlich guten Liebhabern und sorgt dafür, dass sie generell von der Sexualität begeistert sind. Manchmal ist ihre Sexualität unkonventionell und wild, und sie gehen weniger akzeptierte sexuelle Wege.

Viele Künstler sind Morgenmuffel. Wenn sie niedergeschlagen aufwachen, brauchen sie ihre Zeit, um in den Tag zu starten. Außerdem mögen sie nichts, was sich nach Routine anfühlt. Deshalb geht es ihnen am Nachmittag und Abend oft viel besser. Häufig sind sie regelrechte Nachteulen. Wenn sie völlig hemmungslos sind, gehen sie sehr spät schlafen, nachdem sie durch die Klubs gezogen sind und getanzt und getrunken haben, und manchmal wachen sie am nächsten Tag erst um die Mittagszeit wieder auf. Ganz allgemein mögen sie Feiern und Partys und sind leidenschaftliche Tänzer.

Sie lieben es auch zu reisen, vor allem wenn die Reise ein unbekanntes Abenteuer verspricht. Sie schätzen das Gefühl, sich frei von Ort zu Ort bewegen zu können, und haben eine Aversion gegen die Vorstellung, sich zu lange niederzulassen. Chakra-Zwei-Typen brauchen immer irgendeine Art von schneller Bewegung, um das zu durchbrechen, was sie als Gefahr der überall lauernden Stagnation empfinden.

Als Eltern legen Chakra-Zwei-Typen nicht die gleiche verantwortungsvolle Geduld an den Tag, über die andere Eltern von Natur aus verfügen. Mit ziemlicher Sicherheit sind sie nicht die aufmerksamen Eltern, an die man sich wenden kann, wenn man einen ernsthaften Rat braucht. Sie haben jedoch einen großen Vorzug gegenüber anderen Eltern: ihr lustiges und kindliches Wesen. Das macht es ihnen möglich, auch in der schwierigen Phase der Adoleszenz Verbindung mit ihren Kindern aufzunehmen. Weil sie in vielerlei Hinsicht nie alt werden, sind sie Eltern, mit denen man auch noch gern zusammen ist, wenn sie 70 sind.

Stärken und Potenzial

Sakralchakra-Typen sind ziemlich furchtlos. Sie probieren gern Dinge aus und scheuen sich nicht, dabei Risiken einzugehen. In Zeiten des Wandels legen sie eine große Flexibilität an den Tag und sind bereit, die Vergangenheit zu überwinden und loszulassen, während andere genau damit Probleme haben.

Sie sind bunte, unterhaltsame und interessante Wesen – und sie finden viele Dinge interessant. Ihr hohes Maß an natürlicher Freude, Fröhlichkeit und Enthusiasmus macht sie attraktiv und einfach im Umgang. Es ist ein Vergnügen, sich mit ihnen zu unterhalten. Sie können sich sehr für das begeistern, was Sie sagen – auch wenn sie fünf Minuten später nicht mehr wissen, was es eigentlich war. Sie wenden sich Ihnen mit ihrem gesamten natürlichen Reservoir an Leidenschaft zu und geben Ihnen das Gefühl, dass Sie beide die einzigen Menschen auf der Welt sind. Weil sie wissen, wie man das Leben genießt, kann es sehr viel Spaß machen, mit ihnen zusammen zu sein.

Außerdem sind Sakralchakra-Typen sehr empfänglich für Schönheit und die Natur. Sie sind mit einer hoch entwickelten Körperintelligenz ausgestattet, die es ihnen ermöglicht, über den Körper zu erkennen, was richtig und was falsch für sie ist. Diese Intelligenz verleiht ihnen die Fähigkeit, mit ihren Sinnen so tief zu fühlen, wie es kein anderer Typ kann.

Herausforderungen

Chakra-Zwei-Typen können ziemlich geltungssüchtig und bis zu einem gewissen Grad narzisstisch sein. Aus ihrer Sicht dreht sich alles, einschließlich anderer Menschen, um ihre Gefühle. Wie sie sich fühlen, ist ihnen am wichtigsten, und die Menschen um sie herum sind nur eine Erweiterung ihrer eigenen Begeisterung.

Künstler können unerträglich intensiv sein. Sie sind zwar stets lustig und locker, aber manchmal wird es einfach zu viel, sie um sich zu haben. Den meisten anderen Typen sind sie zu enthusiastisch, zu gesprächig und zu schnell, als könnten sie ihre überbordende Energie einfach nicht zügeln. Andere Typen wollen oft, dass sie von Zeit zu Zeit einen Gang herunterschalten.

Die Tatsache, dass sie keine Kontinuität kennen, kann einen wahnsinnig machen. Zwar können Chakra-Zwei-Typen Ihnen das fantastische Gefühl geben, dass Sie einzigartig auf dieser Welt sind, aber vergessen Sie nicht, dass sie auch anderen genau das gleiche Gefühl geben. Das macht sie oft zu enttäuschenden Liebespartnern, denen Sie schon am nächsten Morgen anmerken, dass Sie die längste Zeit einzigartig in ihrer Welt waren. Wenn sie sagen, dass ihre Liebe ewig dauern wird, meinen sie das *in diesem Moment* wirklich. Doch sie machen sich keine Gedanken über die Zukunft und verstehen daher nicht, warum Sie sich anschließend betrogen fühlen. Aus diesem Grund sind sie in Beziehungsdingen oft eher unstet. Sie verlieben sich gern, aber es fällt ihnen schwer, eine Beziehung zu vertiefen und zu verstehen, dass eine Beziehung dadurch wächst, dass man gemeinsam Hindernisse überwindet. Gemeinsam ausgefochtene Kämpfe erkennen sie nicht als eine Form der Liebe an.

Als charmante Darsteller, die gern eine gute Show abliefern, neigen Künstler dazu, sich auch im wirklichen Leben wie auf der Bühne zu fühlen, und sind daher oft nicht authentisch. Sie neigen dazu, impulsiv und voreilig zu sein, und das macht sie manchmal unzuverlässig. Sie folgen einem Impuls nach dem anderen. Sie wissen zwar, wie man Dinge anfängt, aber nicht, wie man sie zu Ende bringt. Auch erkennen sie nicht, dass Projekte im wirklichen Leben einen langen Atem brauchen – auch dann, wenn die Inspiration verblasst und die anfängliche Begeisterung nachlässt.

Außerdem können sie wegen ihrer Übererregung energetisch ausbrennen. Sie sind anfällig für Süchte und Obsessionen, für Sex, Extremsport, Drogen und mehr. Sie wollen grundsätzlich stets mehr von allem, weil ihnen das ein gutes Gefühl gibt. Ihre überbordende Energie führt oft zu einer ungesunden und dekadenten Lebensweise. Sie trinken und rauchen gern und lieben es, von einem Lokal zum anderen zu ziehen, sowie alles, was einen chaotischen Lebensstil ausmacht. Gefahren reizen sie. Sie können selbstzerstörerisch und abscheulich sein und Dinge tun, die unerhört und skandalös sind. Das heißt aber nicht, dass sie ihre Impulse nicht zügeln oder überwinden könnten, sondern nur, dass sie sich deutlich mehr anstrengen müssen als andere Typen, um attraktive Alternativen zu all diesen Gefühlsverstärkern zu finden.

Sakralchakra-Typen neigen dazu, zu viel Geld auszugeben, sind aber oft fauler als andere Typen. Sie sind keine Freunde harter Arbeit und es fällt ihnen schwer, sich verbindlich in Projekten und Strukturen zu engagieren. Sie ziehen es vor, im Möglichen statt im Tatsächlichen zu leben.

Künstler wissen, was es heißt zu genießen, aber auch, was es heißt, am Boden zerstört zu sein. Wenn sie sinken, tun sie das wirklich im freien Fall. Depressionen, Melancholie und Launenhaftigkeit sind ihnen sehr vertraut. Das Problem ist, dass sie diese Höhen und Tiefen mögen. Sie wollen gar keine Ebene erreichen, auf der pure Entspannung herrscht. Wenn ihre Beziehungen dort angelangt sind, brechen sie manchmal extra einen Streit vom Zaun und knallen die Türen, um ein Drama zu schaffen und neues Feuer zu legen.

Chakra-Zwei-Typen sind sehr stolz darauf, besser als alle anderen zu wissen, wie man den Augenblick lebt. Weil sie wissen, was reiner Genuss ist, schauen sie auf andere herab, die davon keine Ahnung haben. Was sie jedoch nicht erkennen, ist, dass ihnen das wirkliche Leben durch die Finger gleitet. Schließlich offenbaren sich große Teile des Lebens nur, wenn man sich für etwas einsetzt, seriös wird und etwas für die Zukunft aufbaut.

Schattenselbst

Wenn es etwas gibt, das Künstler hassen, dann ist es Anstrengung. Sie sind definitiv die faulsten Menschen auf der Welt und leiden in der Regel an einem Peter-Pan-Syndrom – sie wollen nie erwachsen werden. Deswegen bezeichne ich ihr Schattenselbst als »der oder die Flatterhafte, der oder die nichts gibt«. Auch wenn sie schon 50 oder 60 Jahre alt sind, möchten sie am liebsten kleine Kinder sein, die zwischen den Erwachsenen herumrennen, denen sie die ganze Arbeit überlassen. Wie kleine Kinder wollen sie einfach Spaß haben und verantwortungslos, selbstsüchtig und ungebunden bleiben. Sie machen sogar aus ihrer Faulheit eine Lebensphilosophie.

Chakra-Zwei-Typen wollen nur Spaß und Vergnügen und wehren sich mit aller Macht gegen das Erleben von Schmerz. Schmerz ist ein seltsames Phänomen, das sie um jeden Preis vermeiden wollen, indem sie die Kraft ihrer kompensatorischen Mechanismen – starke Gefühle und Begeisterung – nutzen. Sie sorgen dafür, dass sie sich die ganze Zeit erregt und »super« fühlen, und versuchen ständig, ihre Stimmung auf hohem Niveau zu halten, indem sie sich selbst davon überzeugen, dass sie keinen Schmerz spüren.

In Wirklichkeit jedoch leben sie in großer Angst – einer tiefen Furcht davor, buchstäblich zu sterben, wenn sie sich einer Sache verschreiben. Deswegen lassen sie sich auf nichts allzu Ernstes ein, denn sie glauben, dies könnte das Ende ihrer Freiheit und ihr eigenes Ende bedeuten. Sie verbringen also ihr ganzes Leben damit, von Ort zu Ort zu springen, ihren Charme und ihr Lachen zu versprühen und zu versuchen, ihre Inkompetenz mit Schönheit zu überdecken. Dies hält alle, auch sie selbst, davon ab zu bemerken, was wirklich los ist, nämlich dass hinter ihrer Unfähigkeit, längere Zeit still zu sitzen, große Ängste lauern. Sie fürchten sich vor dem

Leben als Erwachsene, einem Leben, in dem sie eines Tages etwas aufbauen müssen. Feste Strukturen bedeutet schließlich, keine Wahlmöglichkeiten zu haben, und das ist für sie schlimmer als der Tod.

Ihre Lösung besteht darin, so zu tun, als wären sie Erwachsene. Sie sehen aus wie Erwachsene. Sie tun, was Erwachsene tun. Doch das ist alles nur Fassade. Sie möchten in den Genuss aller Vorteile kommen, die nur diejenigen genießen können, die Verpflichtungen eingehen. Aber sie geben nichts. Beispielsweise wollen sie tiefe Liebe spüren, aber nie eine Verpflichtung eingehen. Oder sie wollen die Früchte harter Arbeit ernten, aber selbst untätig bleiben. Sie wollen nur die angenehmen Seiten des Lebens erfahren, aber ohne den Aufwand, der nötig ist, um sie zu erreichen und zu erhalten.

Künstler gehen mit dieser Schwäche um, indem sie alle mit ihrem Charme und ihrem Enthusiasmus blenden, während sie tief in ihrem Inneren tatsächlich ziemlich traurig sind. Sie sind »traurige Clowns«. Wenn das Lachen verklungen ist, wenn sie allein in einem dunklen Zimmer sitzen, spüren sie eine sich heranschleichende Traurigkeit, die sie natürlich fröhlich verleugnen. Sie tragen diese Traurigkeit in sich, weil sie tief in ihrem Inneren wissen, dass sie ein bedeutungsloses Leben führen. Weil sie wissen, dass sie den Lebenssinn, den andere erleben, nie genießen werden, haben sie letztlich das Gefühl, überhaupt nichts auf die Reihe zu bekommen.

Künstler schieben ihr Leben endlos hinaus. Das Leben findet immer irgendwann später statt: »Eines Tages mache ich das.« Sie erfinden ständig Ausreden, warum gerade nicht der richtige Zeitpunkt für ein echtes Engagement ist. Und sie hoffen, dass keiner merkt, dass der richtige Zeitpunkt niemals kommt.

Chakra-Zwei-Typen hoffen ständig, dass niemand etwas merkt. Beispielsweise erzählen sie allen, dass sie sie lieben, aber sie verschenken niemals wirklich ihr Herz. Sie wissen gar nicht, was das bedeutet, weil sie das Gefühl genießen, absolut ungebunden zu sein, und wirklich stolz darauf sind. Sie schätzen ihre Fähigkeit, Dinge hinter sich zu lassen und vollkommen zu vergessen. Sie interpretieren dies als Freiheit und sogar als eingebaute Form von Spiritualität und Transzendenz. Künstler sind stolz auf ihre Freiheit und sehen darin eine Möglichkeit, andere Schwächen auszugleichen. Daher empfinden sie jede Bedrohung ihrer Freiheit als sehr beunruhigend, weil dies ihre guten Gefühle mindert und ihnen Schmerz bereitet.

Um ihr Schattenselbst zu zügeln, müssen Künstler lernen, verpflichtendes Engagement und Tod auseinanderzuhalten. Engagement ist nicht Tod, sondern das, was dem Leben Sinn und Bedeutung gibt; ohne Engagement hat das Leben keinen Sinn. Sie müssen erwachsen werden, und das ist eine ziemliche Herausforderung für einen Peter Pan. Sie müssen auch lernen, Schmerz und Anstrengung zu akzeptieren. Sie müssen nicht nur lernen, wie man andere ermutigen kann, Anstrengungen zu unternehmen, sondern auch, sich selbst anzustrengen. Vor allem muss sich dieser Persönlichkeitstyp seiner inneren Traurigkeit stellen und dazu in einem ersten Schritt zugeben, dass er so etwas wie Traurigkeit überhaupt empfindet. Chakra-Zwei-Typen müssen aufhören, ihre Lebensweise ständig zu rechtfertigen. Es ist nicht die Gesellschaft mit ihrer Moral, die sie zugrunde richtet. Es ist eine innere Stimme, die ihnen sagt, dass etwas nicht stimmt – dass ihnen letztlich etwas fehlt.

Höheres Potenzial und Bestimmung

Sakralchakra-Typen bringen uns bei, unser betäubtes Gefühlszentrum zu wecken. Gefühle sind für unseren rational denkenden Geist schwer fassbar, und es bereitet uns Probleme, sie klar von unseren Emotionen zu unterscheiden. Das Gefühlszentrum ist unser Erregungszentrum – der Ort, aus dem wir unsere Ganzheit, Intensität, Leidenschaftlichkeit, unser Glück, unsere Freude und Lebendigkeit beziehen. Künstler leben in diesem Zentrum und strahlen es daher auf natürliche und ansteckende Weise aus.

Viele Bücher und Filme beschreiben Chakra-Zwei-Typen, die in einer übermäßig geordneten Welt ihre Rolle spielen, indem sie alles durcheinanderbringen. In all diesen Werken erkennen die Repräsentanten der geordneten Welt ihr unbewusstes Bedürfnis, über dieses vergessene Teil ihres Seins ein vollständigeres Leben zu erfahren. Nikos Kazantzakis' weltbekanntes Buch *Alexis Sorbas*, das später unter demselben Namen verfilmt wurde, ist ein gutes Beispiel dafür. Die Geschichte handelt von einem jungen englischen Autor, der geschäftlich nach Kreta kommt und einen ausgelassenen Chakra-Zwei-Bauern namens Sorbas kennenlernt, der ihm beibringt, wie man das Leben selbst unter den schwierigsten Umständen genießen kann.

Damit Künstler diese höhere Rolle in der Welt auch wirklich ausfüllen können, müssen sie jedoch lernen, einen Dienst an anderen daraus zu machen. Sie müssen ihre zunächst selbstsüchtige Energie in ein Angebot an andere verwandeln. Das ist vielleicht ihre größte Aufgabe. Wir alle kennen den Chakra-Zwei-Typ, der aus unserem Unterbauch nörgelt, wenn wir zu ehrgeizig oder überarbeitet sind oder wenn wir Dinge zu ernst nehmen. Dann hören wir eine innere Stimme, die fragt: »Ist das wirklich Leben? Vermisse ich nicht irgendetwas?« Das ist die Stimme des zweiten Chakras.

Sakralchakra-Typen repräsentieren die Ganzheit und die Leidenschaft, die uns erfüllen können, wenn wir Erfahrungen voll ausschöpfen und das Leben voll und ganz spüren wollen, weil wir nur einmal leben und diese Chance nutzen müssen. In dem Film *Der Club der toten Dichter* setzt sich ein unorthodoxer Englischlehrer mit Gymnasiasten an einem konservativen Eliteinternat auseinander und erschüttert ihr Leben mit Dichtkunst. Sein Mantra lautet *Carpe diem* (Nutze den Tag). Dieser Lehrer ist zweifellos ein Sakralchakra-Typ, der seine Aufgabe darin sieht, seine Schüler zu ermutigen, sich am Leben zu berauschen. Mit weniger gibt er sich nicht zufrieden. Wir können gar nicht oft genug daran erinnert werden, dass das Leben aufregend, abenteuerlich und voller Möglichkeiten ist. Leider verschleiert unsere Angewohnheit, uns selbst zu beschränken und uns mit möglichst wenig zufriedenzugeben, diese Tatsache immer wieder.

Chakra-Zwei-Typen verweisen uns auf die Intensität und den Segen des Augenblicks. Sie zeigen uns, dass es mehr als genug ist, einfach da zu sein, und dass es möglich ist, sich jederzeit mit dem Leben zu verbinden. Das Leben wird nicht nur daran gemessen, ob wir unsere Ziele erreicht haben oder nicht. In gewisser Weise ist es bereits vollkommen und erfüllt, wenn wir nur bereit sind, dies anzuerkennen.

Die Fähigkeit, Dinge wertzuschätzen, ist eine der schönen Eigenschaften von Chakra-Zwei-Typen. Weil sie weniger »beschäftigt« sind, können sie das Schöne erkennen und zulassen. Genau wie Kinder, die ihre Verbindung zum Wunder der alltäglichen Details noch nicht verloren haben, zu der Schönheit, die sie direkt vor ihrer Nase haben, besitzen Menschen dieses Typs die Fähigkeit, ihre Sinne zu erweitern – und uns zu ermuntern, das Gleiche zu tun. Sie sind hier, um uns zu zeigen, dass wir in jedem Stadium mitten ins Leben springen können und dass es dazu nie zu spät ist. Dies ist das Geschenk der ewigen Jugend: zu wissen, dass wir immer ein ungekünsteltes, lächelndes Kind in uns haben, egal, wie alt wir sind oder wie ernst wir werden.

Künstler erfüllen uns mit der Süße des Lebens durch Musik, Komik, Gedichte und Gemälde. Sie helfen uns, all dem Bitteren und Sauren, das wir tagtäglich erleben, entgegenzuwirken. Gleichzeitig geben sie dem Leben Würze – wie Chili der Schokolade –, um uns daran zu erinnern, dass das Leben sowohl süß ist als auch Pfeffer hat. Damit geben sie uns auch das Geschenk des befreienden Humors und des Lachens als unentbehrliche Eigenschaften, die unsere allzu ernsten Seelen beruhigen können.

Manchmal erscheinen uns Menschen dieses Typs – fälschlicherweise – als eindimensionale und oberflächlich-fröhliche »Clowns«. In Wirklichkeit jedoch sind sie Repräsentanten einer tiefgründigen Philosophie, die uns lehrt, dass uns unsere Sinne, Wahrnehmungen und Erfahrungen erheblich weiter bringen können als zum bloßen Vergnügen. Jenseits der sichtbaren Welt liegt ein Ozean der Gefühle. Wir nutzen nur einen winzigen Teil unserer Fähigkeit zu fühlen. Künstler bringen uns in Kontakt mit diesen Gefühlen. Manche sind so dunkel, wie sie aus dem Unterbewusstsein kommen, manche seltsam oder schockierend und manche unergründlich. Viele große Dichter, die die Grenzen unserer Gefühle erweitert haben, waren Sakralchakra-Typen.

Künstler weisen uns darauf hin, dass ein Gefühl, das einem als reine Sinnesreaktion erscheint, tatsächlich göttlich ist. Von ihnen stammt beispielsweise die Idee der heiligen Sexualität, die deutlich macht, dass etwas so Körperliches zu einer intensiven Transformation führen und den Geist erwecken kann. Sie sind in der Lage, sich der Lust ganz hinzugeben, statt sie zu verleugnen, und dadurch Transformation und Bewusstseinserweiterung zu erlangen. Während wir alle beim Tanzen ein gewisses Maß an Entspannung genießen können, tanzen Künstler auf eine Weise, die sie in den Himmel trägt, in einen Ozean der Glückseligkeit und in die Transzendenz.

Sakralchakra-Typen zeigen uns, wie wir unsere natürlichen Energien und die Wonnen des physischen Körpers annehmen können. Sie helfen uns, unser sexuelles Potenzial zu erkennen, indem sie uns sagen, dass wir nicht zu moralisch und rigide sein sollten. Immerhin sind manche Gesetze nur dazu da, gebrochen zu werden. Sie zeigen uns, wie wir mit der Natur und dem Reichtum der Erde verschmelzen können. Sie ermutigen uns zu einem »poetischen Geist«, um Schönheit, guten Geschmack und Eleganz schätzen zu können – nicht nur bei Autos und Kleidung, sondern auch in den selbstverständlichsten Details des täglichen Lebens.

Stellen Sie sich ein Leben ohne Dichter, Komiker und Musiker vor. Oder ein Leben ohne Feste, Partys, Wein und Schokolade; ohne Kunst und nur mit seelenloser, rein funktionaler Architektur. Stellen Sie sich eine Welt vor, in der sich alle nur in Grau und Schwarz kleiden und in der wir gefangen sind ohne die strahlenden Farben, die dieser Typ uns bringt.

Gleichgewicht erlangen

Es gibt mehrere Veränderungen Ihrer Lebensweise, die Sie als Chakra-Zwei-Typ vornehmen können, um die durch Ihre Konstitution bedingten Extreme auszugleichen:

- Verwenden Sie stimmungssteigernde Substanzen wie Drogen und Alkohol nur in Maßen und vermeiden Sie zu viele stimulierende Erfahrungen wie Sex und durchtanzte Nächte. Das Gefühl, dass Sie über eine endlos fließende, ja überfließende Energie verfügen, kann irreführend sein, und Sie sollten darauf achten, nicht auszubrennen.

- Wenn bestimmte Süchte oder Obsessionen Sie bereits fest im Griff haben, sollten Sie einen Reinigungsprozess durchmachen und sich von ihnen befreien. Versuchen Sie, gesunde Alternativen zu Stimulanzien wie Alkohol, Drogen oder Sex zu finden. Versuchen Sie nicht, einen »kalten Entzug« zu machen. Der eine Weg zur Ekstase muss durch einen anderen ersetzt werden, der tiefgründiger und raffinierter ist, nicht durch reine Routine. Versuchen Sie es mit gesunden Alternativen wie Kreativität, manchen Formen von spiritueller Trance, Tanzen, tief gehenden Naturerfahrungen, intensiven Prana-Übungen oder tantrischen Praktiken, die sexuelle Energie transformieren. Sie können Ihnen helfen, Ihre Energie zu kanalisieren, während sie gleichzeitig Ihre Liebe zu allem Sinnlichen nähren.

- Achten Sie darauf, dass Ihr Leben nicht außer Kontrolle gerät, sondern eher entspannend und geordnet bleibt. Widerstehen Sie der Versuchung, ein chaotisches Leben zu führen, das emotionale Stürme auslösen kann. Sorgen Sie dafür, dass es mindestens eine Sache in Ihrem Leben gibt, die sich nicht verändert und Ihnen Halt gibt.

- Lassen Sie sich nicht von Ihren selbstsüchtigen Tendenzen überwältigen. Finden Sie eine Möglichkeit, der Gemeinschaft einen Dienst zu erweisen, um so bedingungslose Liebe und Mitgefühl zu praktizieren. Lernen Sie, Ihr inneres Feuer in ein Geschenk an andere zu verwandeln.

- Gehen Sie mindestens eine langfristige Verpflichtung in Ihrem Leben ein – eine Beziehung, ein Kind, eine Arbeit oder einen spirituellen Weg. Übernehmen Sie Verantwortung für etwas, auch wenn dies Ihrer intuitiven Art zu leben widersprechen mag. Freiheit bedeutet nicht nur, für immer ungebunden zu sein.

- Üben Sie sich in Geduld und verfolgen Sie mindestens einen langfristigen Plan. Versuchen Sie, sich vorzustellen, dass Sie 90 Jahre alt werden, um sich einen Grund zu geben, in ein entspannteres Leben zu investieren.

- Achten Sie darauf, mit anderen Chakra-Typen Zeit zu verbringen. Suchen Sie sich einen »verantwortungsvollen Erwachsenen«, jemanden, der weise und fleißig ist. Seien Sie vorsichtig gegenüber Menschen, die Ihnen sagen, dass es Ihren natürlichen Energien zuwiderläuft, ernsthaft zu sein. Umgeben Sie sich mit Menschen, die unterstützend und empathisch sind und Sie gleichzeitig dazu inspirieren, ordentlich zu sein und Verantwortung zu übernehmen.

- Streben Sie nach geistiger Klarheit und lassen Sie sich nicht von Strömen unklarer Gefühle mitreißen. Versuchen Sie, in der Stille zu meditieren, besonders wenn Sie das Gefühl haben, zu sehr mit Ihren Höhen und Tiefen beschäftigt zu sein und ein gewisses emotionales Gleichgewicht zu brauchen. Vermeiden Sie eine ekstatische Spiritualität ohne Entspannung, weil Sie die aus dem Gleichgewicht bringen kann.

- Stehen Sie morgens nicht zu spät auf, weil zu langes Verweilen im Bett Depressionen oder zumindest eine leichte Melancholie verursachen kann. Lassen Sie morgendliche Aktivitäten möglichst nicht ausfallen. Versuchen Sie es stattdessen mit einer kleinen Ruhepause am Mittag zur schnellen Regeneration. Halten Sie einen Zeitplan ein – keinen, der beängstigend straff ist, sondern einen, der Ihnen einen allgemeinen Überblick verschafft, sodass Sie sich von seiner Struktur unterstützt fühlen und Ihr Tag nicht vollkommen beliebig verläuft.

Erfüllung finden

Im Folgenden finden Sie verschiedene Wege, die Sie als Chakra-Zwei-Typ beschreiten können, um Ihr Potenzial zu verwirklichen und zugleich Ihrer Konstitution treu zu bleiben. Genauso, wie es unvernünftig wäre, einen Vogel zu fangen und ihn zu zwingen, nicht herumzuhüpfen, wäre es nicht weise, einem Chakra-Zwei-Typ einen Lebensrhythmus aufzuzwingen, der zu langsam oder zu einschränkend ist.

- Halten Sie Ihren Körper in Bewegung. Wahrscheinlich ist es nichts für Sie, in ein Fitnessstudio zu gehen. Sie brauchen fröhlichere Trainingsarten. Versuchen Sie, jeden Tag eine halbe Stunde zu tanzen. Akzeptieren Sie die Unruhe in Ihrem Körper, aber lernen Sie, sie auf eine gesunde Weise zum Ausdruck zu bringen, damit sie sich nicht staut und in Aufgeregtheit oder gar Wut ausartet.

- Setzen Sie schöne Musik und Tanz ein, um Ihre Energie zu kanalisieren. Musik ist die Sprache der Seele, und manchmal kann das einfache Abspielen von Musik Ihr System wieder ausrichten.

- Achten Sie darauf, sich nicht einem Leben voller Verpflichtungen und Routinetätigkeiten zu unterwerfen, das Ihren Geist verdorren lassen könnte. Die Routine eines Familienlebens oder ein Beruf, der Sie zu stark fordert, sind vermutlich nichts für Sie. Suchen Sie sich Rahmenbedingungen, die Ihrer Freiheitsliebe und Ihrer Lebensfreude entsprechen – einen Rahmen, der Ihr Bedürfnis befriedigt, jederzeit wieder gehen zu können.

- Wählen Sie einen Beruf, in dem Sie unabhängig sind und der Ihnen genügend Raum für Kreativität und Eigeninitiative bietet. Sie müssen neue Ideen einbringen und Innovationen einführen können. Und dann lassen Sie diese von anderen weiterverfolgen und umsetzen. Finden und entwerfen Sie überraschende Elemente an Ihrem

Arbeitsplatz. Bereichern Sie den bestehenden Rahmen durch neue Gewürze und Farben.

- Suchen Sie nach Arbeitsmöglichkeiten in allen Bereichen der Kunst: Poesie, Malerei, Tanz, Gesang, Komposition, Schauspiel, Film, Comedy – alles, was Gefühle und ihren freien Ausdruck in den Mittelpunkt stellt. Modedesign kann auch eine für Sie passende Tätigkeit sein, weil Sie den Dingen gern Stil und Schönheit verleihen.

- Versuchen Sie es mit einer Lehrtätigkeit in Bereichen, in denen es darum geht, seinen Körper einzusetzen: Tantra, Yoga, Tai-Chi, Tanz, Akrobatik. Suchen Sie sich Aktivitäten, bei denen Sie die Natur und Abenteuer erleben, etwa als Reiseleiter.

- Erkunden Sie spirituelle Wege, die zu einer Erlebnisexplosion führen, nicht solche, die Mäßigung oder Selbstbeschränkung verlangen. Machen Sie extreme Erfahrungen, die Sie der Gotteserkenntnis oder Ihrem inneren Selbst in einer Explosion des Fühlens näherbringen, etwa durch Erweckung der Kundalini, Tantra, tranceartige und kathartische Übungen, ekstatisches Tanzen oder dynamische Meditation.

- Erhalten Sie sich ein Gefühl von Drama in Ihrem Leben und Ihren spirituellen Übungen. Seien Sie bereit, sich Gott oder dem Leben ganz zu unterwerfen, während Ihr Körper vollkommen ausgelastet ist. Kultivieren Sie einen Weg voller Pathos und poetischer und romantischer Gefühle.

- Beziehen Sie Ihren Körper und Ihre Sinne aktiv in alles ein, was Sie tun. Erhalten Sie sich Ihren Freiheitssinn auf jedem Weg, den Sie wählen, und sorgen Sie dafür, dass dieser Weg Ihrer Lebens- und Sinnenfreude entspricht. Es muss etwas sein, was das Leben würdigt und deutlich macht, dass es heilig ist.

Sind Sie eine Chakra-Zwei-Persönlichkeit?

Der folgende Selbsttest hilft Ihnen zu beurteilen, wie viel Prozent des zweiten Chakra-Typs Sie in sich haben. Achten Sie darauf, dass dieser Moment der Selbstbeurteilung entspannt und spielerisch verläuft. Versuchen Sie, das Vorhandensein von Hinweisen auf diesen Typ nicht in Bezug auf andere Typen zu bewerten. Prüfen Sie einfach, wie sehr Sie die Eigenschaften des Chakra-Zwei-Typs in Ihrer Seinsweise, Ihrer Wahrnehmung der Welt und Ihren natürlichen und unmittelbaren Vorlieben erkennen. Versuchen Sie, kein intellektuelles Urteil zu fällen. Vertrauen Sie einfach darauf, dass sich etwas in Ihnen mühelos selbst erkennt.

Wenn es Ihnen schwerfällt, diesem Chakra-Typ einen Prozentsatz zuzuweisen, dann lesen Sie die folgenden Aussagen und überlegen Sie, wie stark Sie sich damit identifizieren können. Wenn Ihre Antwort auf alle Fragen jeweils die erste ist, weist das darauf hin, dass Sie sich sehr stark mit diesem Typ identifizieren. Wenn all Ihre Antworten der vierten Variante entsprechen, ist das nicht der Fall. Ziehen Sie bei der Einschätzung, ob Sie zu diesem Typ gehören, daher auch diese Antworten zurate. Sobald Sie diesem Typ einen Prozentsatz zugeordnet haben, schreiben Sie ihn auf, damit Sie ihn mit Ihren anderen Selbsteinschätzungen vergleichen können. Das wird Ihnen bei der Bestimmung Ihrer Drei-Typen-Persönlichkeitsstruktur helfen.

- Die Welt ist ein Feld für endlos viele mögliche Abenteuer, und wir sind hier, um sie alle voll und ganz auszukosten und möglichst keines davon zu verpassen.

  1. Damit identifiziere ich mich sehr.
  2. In gewissem Maße.
  3. Ein wenig.
  4. Überhaupt nicht.

- Halten andere Sie für sprunghaft, fahrig und rastlos?

  1. Sehr oft.
  2. Ziemlich oft.
  3. Vielleicht ein wenig.
  4. Überhaupt nicht.

- Was ist Ihrer Meinung nach der aktivste Teil von Ihnen?

  1. Körper und Gefühle.
  2. Emotionen.
  3. Wille und Ehrgeiz.
  4. Geist und Intellekt.

- Wie sehr mögen Sie langfristige Projekte und lebenslange Verpflichtungen?

  1. Überhaupt nicht.
  2. Ein wenig.
  3. Ziemlich.
  4. Das ist genau das, was zu mir passt.

- Wie sehr mögen Sie Veränderung und Mobilität im Leben (im Gegensatz zu Routine und Dauerhaftigkeit)?

  1. Nur damit fühle ich mich lebendig.
  2. Sehr.
  3. Nur ab und zu.
  4. Überhaupt nicht.

KAPITEL 3

DRITTES CHAKRA – SOLARPLEXUSCHAKRA

Die Zielstrebigen

Die Zielstrebigen

Weltweit: etwa 25 Prozent der Bevölkerung

Öffentliche Wirkungsstätten: jedes Wettbewerbsumfeld, Leistungssport, Wall Street, Armee, Fitnessstudio, Straßenkämpfe

In der Regel zu finden unter: Kämpfern, Soldaten, Geschäftsleuten, Bergsteigern, olympischen Athleten, Mitgliedern von Heavy-Metal-Bands, Rappern, Gangs, Mafiosis

Dosha, Konstitution: Pitta/Kapha (Feuer/Wasser)

Dominiert vom: Willenszentrum

Schattenselbst: der Handelnde, der Angst vor Misserfolg hat

Zeitzone: die Zukunft

Traditionelle Tiere: Widder, Bär

Berühmte Persönlichkeiten: Alexander der Große, Pelopidas, Alkibiades, Leonidas von Sparta, Spartakus, Toyotomi Hideyoshi, Oda Nobunaga, Jeanne d'Arc, Kolumbus, Marco Polo, William Wallace, Attila der Hunnenkönig, Hannibal Barkas, Richard Löwenherz, Dschingis Khan, Percy Fawcett, Heinrich Harrer, Bruce Lee, Muhammad Ali, Georges I. Gurdjieff, Che Guevara, Lance Armstrong, Warren Buffett, Wladimir Putin, Donald Trump

Der Wechsel vom interessanten und lebenslustigen Chakra-Zwei-Typ zur kriegerischen Persönlichkeit des Chakra-Drei-Typs erfordert ein wenig Denkarbeit. Es ist nicht etwa so, dass es überhaupt keine Ähnlichkeiten zwischen ihnen gibt. Beide explodieren geradezu vor erregter Energie. Es ist nur so, dass diese Energie bei Künstlern ohne jede Richtung ist. Für die Zielstrebigen ist sie ganz und ständig auf ein Ziel gerichtet. In gewisser Weise sind Zielstrebige interessante Hybride aus Erschaffern und Künstlern – eine erstaunliche Mischung aus impulsivem Verlangen und sorgfältiger Planung.

Zielstrebige nutzen die Energieressourcen des Planeten, um Macht zu gewinnen und Ziele zu erreichen. Während der erste Typ, der Erschaffer, aus den Materialien der Erde etwas aufbaut und der zweite, der Künstler, etwas aus ihnen kreiert, baut der dritte Strukturen auf ihnen auf, die nach den höchsten Zielen streben, die man sich nur vorstellen kann.

Wesen

Das dritte Chakra, das Solarplexuschakra, liegt dicht unter dem Solarplexus im Oberbauch und beinhaltet das Wesen von Kraft und Macht. Aus feinstofflicher Sicht ist der Solarplexus der Energiespeicher, in dem wir unser Sein sammeln und auf eine absichtsvolle Handlung richten. Anders als beim zweiten Chakra ist diese Energie kein Impuls, kein Blitz, keine plötzliche Eruption, sondern eine entschlossene, stetige Kraft.

Kraft bedeutet Antrieb, und Antrieb ist da, wenn die Energie im Kosmos konzentriert und ausgerichtet wird. Betrachten Sie diesen Antrieb als Pfeilspitze aus dem Universum. Das Universum ist voll von Antrieben, Kräften und starken Energien, die gegen jedweden Widerstand zu drücken scheinen, um Hindernisse zu überwinden oder Gegendruck auszuüben. Diese Kräfte und Antriebe bewegen sich nach vorn und außen und sind der Impuls hinter jedem Wunsch, sich auszudehnen, zu wachsen und etwas zu erreichen. Sie sind die Antithese jedes Gefühls der Begrenzung.

Dieselbe Kraft, die alles in der Welt und im Kosmos dazu bringt, voranzustreben, sich auszudehnen und zu wachsen, pulsiert auch in uns. In der Welt der Physik bezeichnen wir diese geballte Energie, die alles vorantreiben will, als »Kraft«. In der menschlichen Welt sprechen wir vom »Willen«. In uns ist es der Drang, Schwierigkeiten trotz aller Hindernisse zu überwinden, und die Bereitschaft, unserem Ziel, zu wachsen und uns auszudehnen, treu zu bleiben. Warum? Einfach weil wir spüren, dass wir es *müssen*. Es ist das Element unseres Wesens, das uns dazu bringt, ständig stärker und größer zu werden. Dies ist die Kraft hinter den Zielstrebigen.

Konstitution

Der Chakra-Drei-Typ ist eine interessante Kombination aus Pitta und Kapha, Feuer und Wasser. Pitta macht Zielstrebige ausgesprochen feurig, energetisch, rastlos und ehrgeizig. Kapha macht sie widerstandsfähig und solide und versetzt sie in die Lage, eine unerschütterliche Entschlossenheit an den Tag zu legen.

Zielstrebige haben viel Energie und sind stark. Sie sehen jedoch ganz anders aus als die schlanken und schnellen Künstler, denn ihre im Wesentlichen feurige Natur ist Teil einer geerdeten und sogar unbeweglichen Präsenz. Ihre Haltung, die entscheidungsfreudig und resolut ist, spiegelt dies gut wider.

Zielstrebige sind manchmal ziemlich dick, doch das macht sie nicht so träge, wie Erschaffer es sein können. Sie sind sehr fokussiert und kommen immer schnell auf den Punkt. Sie vermitteln den Eindruck, dass sie wissen, was sie wollen, auch wenn sie scheinbar nur Small Talk machen. Sie scheinen immer einen konkreten Grund zu haben, wenn sie sich an einem Gespräch beteiligen, und all ihre Handlungen wirken absichtsvoll. Sie tun nie etwas einfach nur so. Was sie tun, ist immer Teil eines größeren Plans. Wenn sie sich mit Ihnen unterhalten, haben Sie immer das Gefühl, dass Sie nur ein weiterer Schritt innerhalb ihres großen Plans sind.

Einflussbereich

Künstler sind Sprinter, Zielstrebige hingegen Marathonläufer, die kontinuierlich vorankommen, während sie den Preis stets im Auge behalten. Sie sind diejenigen, die nicht um des Abenteuers willen davon träumen, einen Berg zu besteigen, sondern weil sie auf dem Gipfel ankommen wollen. Sie wollen ihre Fahne ganz oben aufstellen, und das am besten auf einem Gipfel, den vor ihnen noch nie jemand betreten hat. Sie wollen im *Guinnessbuch der Rekorde* stehen. Sie wollen Weltruhm erlangen und allen zeigen, dass sie »jemand« sind.

Diese starken, stolzen und eigenwilligen Individuen machen 25 Prozent der Weltbevölkerung aus. Ihre große Anzahl sowie ihre enorme Willenskraft machen ihre Präsenz in der Welt unübersehbar. Genau wie wir Erschaffer brauchen, welche die Strukturen zu erzeugen, in deren Rahmen wir unser Leben führen, brauchen wir Zielstrebige, welche den Fortschritt der Gesellschaft vorantreiben. Erschaffer richten alles ein. Zielstrebige betrachten ihre akkuraten Konstrukte und fragen: »Hübsch, und was kommt jetzt?«

Die Energie des Solarplexuschakra-Typs bringt die Welt voran. Deshalb finden wir solche Menschen überall in Kultur und Gesellschaft, manchmal als Förderer der Ideen anderer, manchmal als unermüdliche Urheber eigener Ideen. Sie sind Krieger und Kampfkünstler, die sich ganz dem Wettbewerb, dem Siegen und dem Meistern ihrer physischen Kräfte hingeben. Aus diesem Grund sind sie oft Olympioniken, fasziniert von der körperlichen Erfahrung sowie vom Überwinden physischer Schwächen und der Entwicklung nahezu übermenschlicher Kräfte – und nebenbei natürlich auch von der Anerkennung für ihre bemerkenswerten Leistungen. In dieser Hinsicht ist ihr Körper für sie, anders als für die Künstler, nur ein Mittel zum Zweck.

Sportler können entweder Chakra-Zwei- oder Chakra-Drei-Typen sein – je nach ihrer Hauptmotivation. Geht es ihnen bei der Ausübung ihres Sports um die reine Liebe zum Körperlichen? Oder sind sie mehr am Gewinnen interessiert? Diejenigen, die sich einem Wettkampf stellen, weil sie die Herausforderung ebenso lieben wie die Spannung zwischen dem, was ist, und dem, was sein könnte, sind definitiv Zielstrebige.

In der Regel fühlen sich Zielstrebige zu allen Arten von Leistungssport hingezogen, weil sie den Nervenkitzel des Wettbewerbs mögen und unbedingt siegen wollen. Dieser Drang spielt natürlich auch bei anderen Aktivitäten eine Rolle, aber im Sport ist er offensichtlicher als in Bereichen, in denen der Wettbewerb und seine Preise subtiler und verdeckter sind. Wo immer es die Möglichkeit gibt, einen Rekord zu brechen oder neue Maßstäbe zu setzen, finden Sie Menschen dieses Typs, die mit Entschlossenheit und enormer Energie kämpfen, um sich das bisher Unerreichte oder sogar Unerreichbare zu greifen.

Für Menschen dieses Typs spielt es keine Rolle, ob das angestrebte Ziel eher unbedeutend oder erhaben ist. Wenn sie entsprechend getrieben sind, verfolgen sie es um jeden Preis, auch wenn sie dabei gefährliche Risiken eingehen müssen. Jedes Ziel, das Meisterschaft erfordert und andere verblüfft, ist ihres Ehrgeizes würdig.

Solarplexuschakra-Typen sind oft Yogis, Schamanen und Magier, die sehr darauf erpicht sind, übernatürliche Kräfte zu erlangen. Ein Chakra-Drei-Yogi will außergewöhnliche Fähigkeiten erlangen, indem er Körper, Geist und Materie beherrscht. Schamanen und Magier dieses Typs genießen es zu kontrollieren, zu befehlen, zu beschwören, Objekte allein durch die Kraft ihrer Absicht schweben zu lassen oder die Gedanken anderer Menschen telepathisch zu lesen.

Solarplexuschakra-Typen finden sich auch oft unter sozialen und politischen Rebellen, Revolutionären und Protestierern. Sie finden die Rebellion als Aufruf zum Kampf attraktiv, denn wenn man um etwas kämpfen kann, gibt es auch die Chance, als Sieger aus diesem Kampf hervorzugehen. Wie Che Guevara kümmern sie sich weniger darum, Ideologien zu formulieren, als vielmehr darum, Ideen umzusetzen und alles dafür zu tun, dass sie sich durchsetzen. Als Aktivisten neigen sie dazu, im Untergrund tätig zu werden, sich wütend gegen alle Institutionen zu wenden und manchmal auch gewalttätig zu werden.

Zielstrebige können außerdem auch Tyrannen und brutale Diktatoren sein, die ihre Macht unkontrolliert einsetzen. Man findet sie auch in Gangs, Mafia-Familien und in Syndikaten des organisierten Verbrechens

– in allen Gruppen, in denen Macht und Stärke als gemeinsame Sprache und Werte geschätzt werden. Chakra-Drei-Typen fühlen sich ferner in der Heavy-Metal- und Rap-Musikszene sehr wohl. Diese Musik ist voller wütender Energie, und Zielstrebige können ihre Chakra-Drei-Energien durch sie kanalisieren und ihnen eine Stimme geben.

Zielstrebige gewinnen gern Kriege und bauen gern Weltreiche auf. In jeder Arena, die sie betreten, sind sie die »Eroberer« der Welt. In der Vergangenheit waren sie Imperialisten und Weltentdecker. Heute sind sie Firmenchefs und Multimillionäre. Sie sind in die Finanzmärkte und in die Unternehmen der Wall Street und des Silicon Valley eingezogen. Weil die westliche Gesellschaft Kriegern und Eroberern von Territorien immer weniger Möglichkeiten bietet, haben sie sich schrittweise verändert und sind zu Anführern geworden, die danach streben, die Welt wirtschaftlich zu erobern und Finanzimperien aufzubauen. Sie sind im Grunde ihres Herzens Eroberer. Sie sind nie zufrieden und tun alles, um immer größer zu werden. Manchmal versuchen sie sogar, ihren Einfluss außerhalb des Planeten Erde geltend zu machen.

Weil die Arena, in der sie sich zum Ausdruck bringen, eine andere geworden ist, tragen diese Krieger jetzt hauptsächlich Business-Anzüge und erreichen ihre Ziele auf subtilere und raffiniertere Weise. Doch unter der Oberfläche geht es immer noch um das Überleben des Stärkeren und die Hierarchien der Macht.

Rolle in der Geschichte der Menschheit

In der Menschheitsgeschichte waren Zielstrebige starke Individuen, die sich vom Stammesbewusstsein, das in erster Linie auf Sicherheit und ein ruhiges Leben aus war, lossagten, um ihre Macht- und Herrschaftsansprüche voranzutreiben. Sie wollten mehr als andere und zettelten Kriege an, um mehr Ressourcen zu erwerben und ihr Territorium auf Kosten anderer Stämme zu erweitern. Mit der Zeit wurden aus ihren Stämmen Nationen, die über riesige Reiche herrschten. Doch selbst das war nicht genug für die Menschen des Chakra-Drei-Typs, und ihr unaufhörliches Streben führte schließlich zum Imperialismus. Alexander der Große, ganz offensichtlich ein Solarplexuschakra-Typ, der unerschrocken auf die Eroberung der Welt hingearbeitet hat, ist bis heute ein Musterbeispiel für diesen Typ. Zielstrebige sind auch die Verkörperung des mythischen »Helden«, der sich mutig daranmacht, für die leidende Menschheit zu kämpfen und sie zu retten. Die griechische und römische Mythologie ist voll von diesen Helden.

Chakra-Drei-Typen haben der Menschheit gezeigt, wie weit sie reisen konnten – hauptsächlich physisch, aber auch mental und emotional. Sie waren die Weltentdecker, die ihren Traum von der Überquerung der Ozeane und der Vermessung bisher nicht erforschter Territorien konsequent verfolgten. Sie lehnten jegliche Beschränkung auf ein Land oder einen Kontinent ab und unterwarfen sich trotz hoher Risiken letztlich den gesamten Globus.

Im Dienste ihrer jeweiligen Götter oder Könige begaben sich Zielstrebige auf Eroberungszüge. Leider waren sie auch für die Inquisition und für ähnliche Kampagnen in der Geschichte der Menschheit verantwortlich, die alle dazu zwangen, sich einer einzigen Ideologie unterzuordnen. Sie waren auf Gedeih und Verderb hervorragende Vollstrecker der utopischen Visionen ihrer charismatischen Führer. Welchen dubiosen Traum diese Führer auch verfolgen mochten, ihre Zeitgenossen vom Chakra-Drei-Typ begriffen sich als enthusiastische und dynamische Gefolgsleute, die Kriege gewannen, Revolutionen anfachten und im Namen ihrer Führer neue Ordnungen aufbauten.

Weltsicht

Für den Solarplexuschakra-Typ ist das Leben nie befriedigend. Vielmehr kommt es ihnen ziemlich eintönig, von Wiederholungen geprägt und ungerichtet vor. In ihren Augen ist das Leben lediglich ein Ausgangspunkt. Interessant – organisiert, dynamisch und bedeutungsvoll – wird es erst, wenn sich am Horizont etwas Neues, Besseres abzeichnet.

Das Leben bietet Zielstrebigen eine Fülle von Möglichkeiten. Mit Willenskraft und Entschlossenheit streben sie danach, dieses Potenzial zu nutzen und aus dem Leben eine Erfolgsgeschichte zu machen. Dieses Streben – das Gefühl des Überwindens äußerer und innerer Hürden – hat für Solarplexuschakra-Typen den höchsten Wert. Sie nehmen die Welt als Wettkampfarena wahr, in der Gattungen, Menschen und Ideen aufeinandertreffen und um die Vorherrschaft kämpfen. Sieger ist derjenige, der die besten Fähigkeiten, die furchtloseste Entschlossenheit und die höchsten Ambitionen an den Tag legt. Dieser Sieger nimmt sich natürlich alles.

In Friedrich Nietzsches *Der Wille zur Macht* wird die Weltsicht des Solarplexuschakra-Typs perfekt dargestellt. Hier beschreibt Nietzsche alles als von dem Streben und dem Kampf um die Selbsterweiterung getrieben. Von den biologischen Kräften über die menschliche Psyche bis hin zu kulturellem Verhalten betrachtete er dies als Gestaltungsprinzip aller möglicher Prozesse im Universum. Laut Nietzsche beherrscht die Welt ein einziges Kräftespiel um die Macht:

> »Ein Ungeheuer von Kraft, ohne Anfang, ohne Ende, eine feste, eherne Größe von Kraft, welche nicht größer, nicht kleiner wird, die sich nicht verbraucht, sondern nur verwandelt, als Ganzes unveränderlich groß … Ein Spiel von Kräften und Kraftwellen, zugleich Eins und Vieles, hier sich häufend und zugleich dort sich mindernd, ein Meer in sich selber stürmender und flutender Kräfte.«
>
> *Friedrich Nietzsche: Der Wille zur Macht; 1067*

Zielstrebige glauben an die Sprache der Macht. Sie nehmen die Welt über ihre Hierarchien, durch Messen und Vergleichen wahr und sind sich ganz allgemein des dramatischen Ansteigens und Abfallens der Kräfte in ihrer Umgebung bewusst. Diese Welt der Macht ist voller Herausforderungen, von denen Chakra-Drei-Typen glauben, dass wir sie nicht vermeiden, sondern als Chancen nutzen sollten. Sie glauben, dass das Kämpfen für ein

Ziel den Sinn des Lebens ausmacht. Hindernisse sind für sie dazu da, erfolgreich überwunden zu werden. In dem Moment, in dem sie ein solches Hindernis überwinden, haben sie das Gefühl, zutiefst mit dem Sinn des Lebens in Berührung gekommen zu sein.

Das wahre Selbst eines Chakra-Drei-Typs ist der Krieger, der Held in seinem eigenen Drama. Seine Aufgabe ist es, die Fesseln zu sprengen und über das schwache Fleisch und jedes scheinbar übermächtige Element, das von innen oder außen droht, zu triumphieren. Sein Weltbild entspricht einer Heldenmythologie. Es kann für ihn keine Selbstakzeptanz per se geben, weil sich das Selbst nur dann verwirklicht, wenn es sich durch Leistung und Kampf als entsprechend würdig erweist. Chakra-Drei-Typen finden Bestätigung in ihren eigenen Bemühungen – in dem, was sie tun, ohne auf jemanden zu warten oder sich auf andere zu verlassen.

Chakra-Drei-Typen wollen Selbstvertrauen, Macht, Kontrolle und Selbstentfaltung erfahren, die ihnen das stärkende Gefühl geben, mehr sie selbst zu werden. Ihr Blick ist nach oben gerichtet, auf unerreichbare Höhen und Gipfel. Da der Sinn des Lebens für sie darin besteht, das Höchste, was sie sich vorstellen können, zu erobern, finden sie ihr Glück in weltweiter Anerkennung, in prestigeträchtigen Belohnungen oder Auszeichnungen, in einem hohen Status und in allem, was sie herausragend und besonders macht.

Zielstrebige sehen in der Liebe nur eine weitere Sache, die es zu erobern gilt, und im Tod nur ein weiteres Hindernis, das mit Technologie oder übernatürlichen Kräften überwunden werden kann. Sie versuchen auch, sich selbst durch ihre Leistungen unsterblich zu machen. Die Spiritualität eines Chakra-Drei-Typs basiert auf Gipfelerfahrungen und Feuerwerk. Sie begegnen ihrem »Gott« auf den Gipfeln des Erfolgs, der Überwindung und des Sieges und in der Macht allumfassender Präsenz. In der Regel ist Gott für sie buchstäblich der »Allmächtige« – ein Wesen mit unendlicher Macht und Energie.

Allgemeine Charakteristika

Viele von uns waren als Teenager, also in den Jahren, in denen wir den Drang verspürten, uns selbst zu definieren, Solarplexuschakra-Typen. Dieser Prozess der Selbstfindung bringt natürlich mit sich, dass man einen starken Gegensatz zwischen sich und allen anderen wahrnimmt. Um »man selbst« sein zu können, darf man auf keinen Fall so wie »sie« sein. Diese »anderen« schließen Eltern und alle anderen Autoritätspersonen mit ein. Die Teenagerjahre sind eine Zeit der Rebellion, der Sturheit und manchmal der Wut, gefolgt von der beinahe romantischen Agonie des Gefühls, missverstanden zu werden. Indem wir auf der Durchsetzung unseres Willens bestehen, fühlen wir uns ganz wir selbst. Eine intensive Individuation findet auch statt, wenn wir um unseren Platz in der sozialen Hierarchie kämpfen, uns mit anderen vergleichen, uns anpassen und alles tun, um beliebt zu sein und gleichzeitig authentisch zu bleiben.

Wir sind alle Chakra-Drei-Typen, wenn wir das Gefühl haben, dass wir viel mehr von unserem schlummernden Potenzial verwirklichen und im Leben sehr viel höhere Gipfel erklimmen könnten, als dies derzeit der Fall ist, und wenn wir für eine Spitzenleistung die entsprechende Anerkennung bekommen wollen. Manchmal haben wir ein Ziel vor Augen, über das uns unser konditioniertes Wesen sagt, dass wir es nicht erreichen können. Doch weil wir fest entschlossen sind, der Held unserer eigenen Geschichte zu werden, bündeln wir all unsere Kräfte, behalten unser Ziel vor Augen und kämpfen gegen alle Hindernisse, wozu auch die Überwindung unserer eigenen Schwächen gehört.

Wenn wir mit viel Disziplin erfolgreich waren, sind wir auf eine Chakra-Drei-Art zufrieden. Zielstrebige wollen sich großen Herausforderungen stellen und sie unter Einsatz all ihrer Kräfte meistern, statt sich zu verkriechen oder lähmenden Emotionen hinzugeben. Ihr Schlachtruf lautet: »Was uns nicht umbringt, macht uns stärker.«

Solarplexuschakra-Typen werden vom Willenszentrum beherrscht und verfügen über eine hoch entwickelte Willensintelligenz. Das gibt ihnen die Fähigkeit, sich unbeirrt auf jedes beliebige Ziel zu konzentrieren. Sie stellen sich einfach auf ein Ziel ein und bewegen sich unermüdlich darauf zu wie ein batteriebetriebenes Spielzeug, das sich selbst dann noch vorwärts zu bewegen versucht, wenn es gegen eine Wand geknallt ist. Solange sie das Ziel vor Augen haben, versuchen sie, es zu erreichen, und sind zu unflexibel, sich neu zu orientieren. Das ist nicht unbedingt eine Schwäche, weil sie nicht nur Herausforderungen lieben, sondern auch über endlos viel Energie verfügen. Sie sind immer beschäftigt, rennen ständig irgendwohin. Sie haben nie genug Zeit und halten sich an einen Terminplan, der so voll ist, dass sie ihn oft in 15-minütige Segmente aufteilen.

Zielstrebige sind sehr zukunftsorientiert. Während sich Erschaffer auf die Vergangenheit stützen und Künstler spielerisch die Gegenwart genießen, sehen Chakra-Drei-Typen nur die Zukunft. Mit ihrem Ziel vor Augen wird alles andere zu einem Hindernis, das es zu überwinden gilt. Diese einzigartige zielorientierte Konstitution verhindert oft, dass sie mit ihren eigenen und den Gefühlen anderer in Kontakt kommen. Chakra-Drei-Typen behandeln andere, wie sie sich selbst behandeln – sie sehen ihre Gefühle lediglich als zu überwindende Schwächen. Für sie hat der Wille immer den Vorrang vor Gefühlen, Trieben und Instinkten. Dies verleiht ihnen eine enorme Selbstdisziplin, zumindest wenn es darum geht, ihre inneren Kräfte zu nutzen, um wichtige Ziele zu erreichen.

Weil sie von den Hierarchien der Macht besessen sind, vergleichen sich Chakra-Drei-Typen ständig mit anderen. Sie finden großen Trost darin, bestätigt zu bekommen, dass sie besser sind als andere, und sie werden ausgesprochen nervös, wenn sie merken, dass die Errungenschaften oder Kräfte von irgendjemandem ihre eigenen übersteigen könnten. Sie wollen stets unbedingt wissen, wo sie innerhalb bestimmter Hierarchien stehen und ob sie von irgendjemandem übertroffen werden. Sie wollen immer die Fähigsten auf ihrem Gebiet sein, und selbst wenn sie ziemlich erfolgreich sind, sind sie frustriert, wenn sie keine Spitzenleistungen erreichen. Sie sind sehr an den Erfolgsgeschichten anderer interessiert und glauben, dass auch sie eine Erfolgsgeschichte vorweisen können müssen. Vor allem aber fürchten sie sich davor zu scheitern und können ein Scheitern nicht akzeptieren, denn mehr als alles andere hassen sie jedes Gefühl der Demütigung.

Chakra-Drei-Typen häufen gern Geld und Besitztümer an, ohne eine sonderlich enge Beziehung zu diesem Besitz zu haben. Vielleicht kennen sie den berühmten Künstler, dessen Gemälde sie sich gerade an die Wand gehängt haben, nicht einmal. Sie sind eher von dem Drang nach Erwerb und Eroberung gesteuert, als dass sie die Objekte, die sie erwerben, wirklich wertschätzen. Während Erschaffer einfach nur genug haben wollen und Risiken nur zögerlich eingehen, wollen Zielstrebige immer mehr und schwelgen geradezu im Eingehen von Risiken. »Genug« ist ihnen als Ziel zu unbedeutend.

Zielstrebige identifizieren sich zutiefst mit ihrem Tun. Ihr Motto könnte eine Paraphrase von Descartes sein: »Ich handele, also bin ich.« Sie handeln jedoch nicht, weil sie leidenschaftlich gern kleine Dinge perfektionieren und ideale Bedingungen schaffen wollen, sondern weil sie etwas weit Größeres anstreben. Sie sind hochgradig praktische Menschen, die nicht viel Zeit und Geduld zum Nachdenken oder Diskutieren aufwenden. Sie sind von Natur aus eher Ausführende als Planende. Wenn sie sich an ihren Arbeitsplatz begeben, wollen sie nicht nur mit guten Leistungen glänzen. Ihr Kriegerinstinkt sagt ihnen auch, dass sie in den Kampf ziehen.

Chakra-Drei-Typen verstehen die Sprache der Gefühle oder Abstraktionen nicht. Aus ihrer Sicht müssen innere Inhalte sofort in die Tat umgesetzt werden. Wenn sie sich mit subjektiven Gefühlen oder Gedanken konfrontiert sehen, fragen sie ungeduldig: »Und was willst du *tun*?« Einstellungen verstehen sie nur, wenn sie sich in Taten manifestieren. Man lässt seinen Worten und Überzeugungen entweder Taten folgen, oder die Überzeugungen sind nichts wert. Sie lassen sich von niemandem beeindrucken, der sagt: »Ich fühle es, aber ich kann es nicht zum Ausdruck bringen.« Sie interessieren sich nur für Ideen, die sich als konkrete, praktische Aktionen in der sichtbaren Welt manifestieren. Ein eindeutiges Merkmal von Menschen dieses Typs ist es, dass sie klar und direkt kommunizieren. Sie sind transparent und sagen, was sie sagen wollen. Sie lassen auch alle wissen, wenn sie wütend sind.

Zielstrebige arbeiten gern bis tief in die Nacht, weil ihnen das noch mehr Zeit gibt, ihre Ziele zu verfolgen. Sie finden oft keinen Schlaf, sind voller Energie und Willenskraft und warten unruhig darauf, in den Morgen stürmen und wieder voll aktiv werden zu können. Nächte, in denen man schläft, erscheinen ihnen als verschwendete Nächte, in denen man wie eingefroren in einer hilflosen Position liegt und nirgendwo hinkommt. Selbst wenn sie sich schlafen legen, läuft ihr innerer Motor noch.

Stärken und Potenzial

Eine der größten Stärken der Zielstrebigen ist ihre außergewöhnliche Entschlossenheit. Während andere Typen vielleicht Schwierigkeiten haben, diese Eigenschaft zu entwickeln, sind Chakra-Drei-Typen von Natur aus reichlich damit ausgestattet. Sie verfügen über das, was man als »strategische Intelligenz« bezeichnen kann – eine Intelligenz, die weiß, wie man sich ein Ziel setzt und es Schritt für Schritt erreicht. Als Langstreckenläufer wissen sie, wie sie ihren Willen lenken und mit unerschütterlicher Beharrlichkeit fixieren können. Sie wissen fast immer ganz genau, was sie wollen, und vertrauen fest darauf, dass sie es auch bekommen.

Zielstrebige haben eine beeindruckende Fähigkeit, Herausforderungen zu meistern und Hindernisse zu überwinden. Man könnte sogar sagen, dass sie Härten mögen. Sie hassen es zwar, »Verlierer« zu sein, aber ihre Versagensängste schwächen niemals ihre Bereitschaft, Probleme frontal anzugehen. Wenn sie gefragt werden, sagen Chakra-Drei-Typen oft, ihre größten Schlüssel zum Erfolg seien die Fähigkeit, ein Scheitern niemals zu akzeptieren, und die Bereitschaft, auf dem Weg zu ihrem Ziel immer und immer wieder zu scheitern. Sie sagen, dass die Erfolgreichen diejenigen sind, die zwar versagt, aber dennoch immer weitergekämpft haben. Das kann ein nützlicher Zug für diejenigen sein, die den spirituellen Weg beschreiten, denn es hilft ihnen, sich Schwierigkeiten zu stellen und sogar absichtlich widrigen Bedingungen zu unterziehen, um sich in Selbstüberwindung zu üben. Mit dieser Selbstdisziplin können sie spirituelle Eigenschaften als Voraussetzung für das Bestehen anspruchsvoller Prüfungen entwickeln.

Solarplexuschakra-Persönlichkeiten verfügen auch über eine ausgeprägte Fähigkeit, Krisen zu bewältigen, und sind effiziente Entscheidungsträger. Sie wissen, wie man Stress bewältigt, und können ihre Gefühle und Instinkte leicht unter Kontrolle bringen. Während sich Künstler oft vorstellen, dass es im Universum nur um ihre guten oder schlechten Gefühle geht, ordnen Zielstrebige ihre Gefühle immer ihren Zielen unter. Sie sind wahrscheinlich der aktivste Chakra-Persönlichkeitstyp und erfreuen sich eines dauerhaften Gefühls der Kraft und Energie, das sie nicht aus ihrem Körper, sondern aus ihrem Willenszentrum beziehen.

Herausforderungen

Die Gleichgültigkeit, die dieser Chakra-Typ gegenüber den Gefühlen anderer Menschen an den Tag legt, kann Leid verursachen. Aber höchstwahrscheinlich verstehen sie nicht einmal, warum sich der andere beklagt, denn für sie ist es selbstverständlich, dass alles (und jeder) ihrem Willen dient. Als Folge davon können sie sehr arrogant sein.

Zielstrebige verfügen zwar über die Geduld, an ihren Zielen festzuhalten, werden aber schnell ungehalten, wenn es um die Schwierigkeiten anderer Menschen geht oder wenn sich Prozesse scheinbar endlos lange hinziehen. Weil sie selbst sehr schnell sind, können sie den Gedanken, dass Energie verschwendet wird, nicht ertragen. Sie wollen unbedingt alles und jeden unter Kontrolle haben. Deshalb werden sie nicht einfach nur wütend, sondern geraten regelrecht in Rage, wenn ihnen die Kontrolle über bestimmte Dinge entgleitet und sie sich mit einem Hindernis konfrontiert sehen, und sei es in Gestalt einer anderen Person. Wenn das geschieht, neigen sie dazu, diese Person lediglich als Hemmnis zu betrachten, und versuchen wild entschlossen, sie zu entfernen. Manchmal zögern sie nicht, die Erfolgsleiter auf Kosten anderer zu erklimmen.

Sich in Gegenwart von Zielstrebigen zu entspannen, ist nicht leicht. Ihre Intensität und ihr Eigensinn können anstrengend sein – besonders wenn sie sich in kaum verhohlenem manipulativen und hinterlistigem Verhalten äußern. Sie sehen überall Feinde. Jeder, der ihre Mission zu hintertreiben scheint, ist für sie ein Feind. Dies ist das Relikt des klassischen Kriegers in ihnen, der stets bereit ist, den Kampf aufzunehmen.

Zielstrebige sind hochgradig individualistisch und legen eindeutig Wert darauf, dass ihre persönlichen Triumphe entsprechend gewürdigt werden. Sie sind keine guten Teamplayer. Wenn sie mit anderen zusammenarbeiten, dann nur, weil ihnen klar ist, dass sie andere Menschen brauchen, um ihre Mission zu erfüllen. Ihr Stil der Zusammenarbeit ist eher der eines Basketballspielers, der weiß, dass er den Ball zu einem anderen Spieler werfen muss, wenn er das Spiel gewinnen will.

Oft sind Zielstrebige auch ausgesprochen materialistisch und gierig. Ihr gesamtes Leben kann auf ein ehrgeiziges Streben beschränkt sein. Sie neigen dazu, sich wie besessen auf ihre Ziele zu konzentrieren, und manchmal wissen sie nicht, wann oder wie sie damit aufhören sollen. Ironischerweise sind Chakra-Drei-Typen auch oft sehr frustriert. Wenn sie ein Ziel erreicht haben, nehmen sie sich sofort das nächste vor, weil es bei ihrer Konstitution nur darum geht, ein Ziel erreichen zu *wollen*. Dies hält sie in dem ständigen Gefühl gefangen, dass stets noch mehr erreicht werden kann – mehr Erfolg oder mehr Macht. Solarplexuschakra-Typen werden so stark von ihrem Streben beherrscht, dass sie oft feststecken und sich nicht sicher sind, in welche Richtung es für sie weitergehen kann, bis sie schließlich in ihrer eigenen Energie und Hitze gefangen sind. Deshalb schlafen sie häufig schlecht.

In gleicher Weise können sich Zielstrebige in ihrem überambitionierten Geist und ihrem Machthunger verlieren. Das macht es schwierig für sie, Ziele, die es wirklich wert sind, von weniger lohnenden zu unterscheiden. Für sie ist ein Ziel so gut wie das andere. Zuweilen bündeln sie ihre ganze Willenskraft und stellen die Welt um sich herum auf den Kopf, nur um etwas völlig Unerhebliches zu erreichen. Daher laufen sie manchmal auch Gefahr, regelrechte Streber zu werden. Für sie heiligt außerdem der Zweck die Mittel und sie rechtfertigen jede Maßnahme mit dem »edlen« Zweck, das höchste Ziel zu erreichen.

Weil Chakra-Drei-Typen zwanghaft und obsessiv sein können, neigen sie zu einer ungesunden Lebensweise und haben ein erhöhtes Suchtrisiko. Die Tatsache, dass sie unter ständigem Leistungsdruck stehen, kann dazu führen, dass sie kaum schlafen, sich hauptsächlich von Fast Food ernähren und Süchten wie exzessivem Sex, Pornografie, Konsum von Stimulanzien, Rauchen oder Glücksspiel frönen. Im Gegensatz zu den Künstlern sind sie jedoch weniger an dem stimmungssteigernden Vergnügen interessiert als vielmehr an einer Befreiung von dem Feuer, das sich in ihrem Inneren angesammelt hat.

Intime Beziehungen stellen für Chakra-Drei-Typen die größte Herausforderung dar. Während Künstler unstete, aber gute Liebhaber und Erschaffer langweilige, aber loyale und treue Partner sind, räumen Zielstrebige der Liebe von Natur aus nur eine zweitrangige Bedeutung in ihrem Leben ein. Einerseits können sie extrem besitzergreifend, ungehalten und beherrschend sein, andererseits verbringen sie selten wirklich Zeit mit ihrem Partner, weil sie das für eine schreckliche Verschwendung kostbarer Zeit halten – selbst wenn dieser Partner weinend vor ihnen sitzt. Sie haben eine ganze Welt zu verwalten und alles hängt ihrer Meinung nach von ihnen ab, von ihnen ganz allein.

In Extremfällen kann die Solarplexuschakra-Persönlichkeit zu einem destruktiven und gefährlichen Element in der Gesellschaft werden. Leider hat die Welt schon unter vielen exzessiven Chakra-Drei-Typen gelitten, die ihr Umfeld für ihren unkontrollierten Machthunger missbraucht haben, statt der Welt zum Wohl aller zu dienen. Weil derartige Menschen sehr viel Energie und Willenskraft besaßen, konnten sie alles, was sich in ihrem Machtbereich befand, ruinieren – und haben das manchmal auch getan.

Schattenselbst

Zielstrebige haben vor allem damit zu kämpfen, dass sie ständig versuchen, Bedeutung zu erlangen, und ihre größte Furcht im Scheitern besteht. Scheitern ist ihre Nemesis. Weil sie sich nur am Maßstab von Erfolg und Misserfolg messen – in Abhängigkeit davon, welchen Rang sie auf der sozialen Leiter oder in einer Hierarchie einnehmen –, ist es für sie eine Horrorvorstellung, kein Ansehen und keine Anerkennung für ihre Leistungen zu erringen. Ihr gesamtes Leben dreht sich um Ansehen und Anerkennung. Deshalb nenne ich ihr Schattenselbst den »Handelnden, der Angst vor Misserfolg hat«.

Sie sind getrieben von dem Gefühl, dass sie nie aufhören können, etwas zu tun. Wenn sie auch nur einen Moment innehalten, fürchten sie zu sterben oder mit nichts zurückzubleiben, was für sie gleichbedeutend mit dem Tod ist. Der ganze Horror ihrer Existenz kann für sie in dem Begriff »Scheitern« zusammengefasst werden. Sie tun alles, um ein Scheitern zu vermeiden, angetrieben von dem, was für sie nicht weniger ist als ein Überlebensinstinkt. Sie existieren nur, weil sie handeln, und genau hier sitzt das Gefühl für ihren eigenen Wert. Sie füllen ihr Leben mit Belastungen und lassen ihre Terminpläne aus allen Nähten platzen, um sicherzustellen, dass sie immer etwas zu tun haben und nie ein Gefühl des Scheiterns oder der Leere aufkommt.

Chakra-Drei-Typen können sich nur von außen betrachten. Bis zu einem gewissen Grad haben sie auch kein inneres Selbst, obwohl sie ironischerweise ein starkes Selbstwertgefühl besitzen: »Ich bin ein Erfolgsmensch. Ich bin stark. Ich weiß, was ich tun will.« Sie haben nur ein gesellschaftliches Selbst – und tief in ihrem Inneren wissen sie das. Das macht ihnen Angst, und die einzige Möglichkeit, mit ihr fertigzuwerden, sehen sie darin, dafür zu sorgen, dass sie nie Zeit haben, diese Angst zu erkennen. Sie füllen sämtliche Lücken in ihrem Leben, damit sie sich nie der Tatsache stellen müssen, dass sie ohne Handlung und Bewertung nicht existieren können. Weil ihre größte Angst die Leere ist, stopfen sie ihr Leben mit immer mehr Aktivitäten voll und treten an immer mehr Fronten in den Wettbewerb.

Tatsache ist, dass sie keine andere Art zu leben kennen. Sie kompensieren ihre Angst durch das Gefühl, erfolgreich zu sein – erfolgreicher als alle anderen. Und wenn sie nicht erfolgreich sind, kompensieren sie dies durch die selbstbewusste Annahme, dass sie dem Erfolg schon sehr nah sind – und »dann« werden alle anderen unwichtig sein und sie ein Held.

Bei allen emotionalen Traumata des Chakra-Drei-Typs geht es um die Erfahrung des Scheiterns und der Ohnmacht – Momente und Phasen, in denen sie von anderen nicht respektiert oder sogar gedemütigt wurden. Um dieses Schattenselbst überwinden zu können, müssen sie zunächst einmal zugeben, dass sie innerlich leer sind und in Wirklichkeit nicht wissen, was sie mit sich selbst anfangen sollen.

Sie müssen anfangen, ihr Gefühl für sich selbst von Erfolg und Misserfolg zu trennen und ein von all dem unabhängiges Selbst zu bilden. Sie müssen auch lernen, ein Scheitern zu akzeptieren und ehrlich anzuerkennen, dass sie manchmal wirklich scheitern und »Verlierer« sind.

Ewig in der Zukunft zu leben und immer fest damit zu rechnen, dass man »eines Tages« außerordentlich erfolgreich sein wird, ist keine gesunde Haltung. Selbst wenn sie Erfolg haben, sind Solarplexuschakra-Typen immer in einem Zustand des inneren Hungers gefangen, weil es stets jemanden gibt, der auf der sozialen Leiter über ihnen steht, und weil den Möglichkeiten für Wachstum und Expansion keine Grenzen gesetzt sind. Sie müssen sich fragen, was in ihrem Leben bliebe, wenn sie am Ende tatsächlich scheitern würden. Erfolg und Misserfolg hängen von so vielen Umständen ab, und wenn Sie Ihr Leben nur an diesen Werten messen, sind Sie in gewisser Weise bereits tragisch gescheitert.

Chakra-Drei-Typen müssen lernen, sich mit der Leere zu konfrontieren. Dafür müssen sie aufhören, stolz darauf zu sein, dass sie so viel zu tun und einen so vollen Terminkalender haben und dass sie ständig mit so wichtigen Dingen beschäftigt sind. Ihr Moment der Wahrheit kommt, wenn sie erkennen, dass sie mit diesem Beschäftigtsein nur vor vielen echten Problemen davonlaufen und wichtige Bereiche ihres Lebens vernachlässigen.

Höheres Potenzial und Bestimmung

Solarplexuschakra-Typen sind hier, um allen anderen beizubringen, wie man an seinen Erfolg glaubt. Sie führen uns zur optimalen Erfüllung des uns innewohnenden Potenzials und lehren uns etwas über den Wert und die Kraft unseres Willens.

Um erfolgreich zu werden, müssen Sie zunächst erkennen, was Sie wirklich wollen, und diesen Willen dann zur einigenden Kraft ausbauen, die all Ihre Energien in einer konzentrierten Anstrengung bündeln kann. Zielstrebige lehren uns, unsere Wünsche zu würdigen, und zeigen uns, dass Wollen keine Sünde ist, sondern ein entscheidender Aspekt der Manifestation des Lebens und des Selbst. Sie bringen uns bei, unsere Wünsche nicht nur anzuerkennen, sondern mit unserem ganzen Sein zu verfolgen. Indem wir es wagen, unsere Wünsche kompromisslos zu verfolgen, kommen wir auf unserer Reise zur Selbstverwirklichung weiter voran.

Zielstrebige repräsentieren den göttlichen Aspekt des Sieges, der Bewältigung, der Ermächtigung und der Evolution. Sie können uns wachrütteln und daran erinnern, dass wir niemals aufgeben sollten – trotz aller Hindernisse von innen und außen, die stärker zu sein scheinen als unser Wille. Wir müssen den spirituellen Wert des Sieges anerkennen und den Prozess des Überwindens von Hindernissen als Bestandteil des Lebenssinns begreifen. Dazu gehört, die Erfahrung des Scheiterns nicht zu fürchten, auch wenn sie wehtut. Sie lehren uns, immer nach den Höhen zu streben, die wir erklimmen wollen, und erinnern uns daran, wie lohnend und erhebend es sein kann, wenn wir siegen. Wir neigen dazu, die Umstände für unsere Misserfolge verantwortlich zu machen. Aber Zielstrebige erzählen uns, dass die Erfüllung unserer Herzenswünsche ganz von den Eigenschaften abhängt, mit denen wir die Reise antreten.

Sie versorgen uns auch mit den Schlüsseln zur Gestaltung unserer Zukunft und unseres Schicksals – sowohl als menschliche Spezies als auch als Individuen. Sie sagen uns, dass wir unser angeblich vorbestimmtes Schicksal nicht blind akzeptieren sollen, weil so viel von ebendiesem Schicksal in unseren eigenen Händen liegt. Von ihnen lernen wir, dass wir die Macht haben, Muster und Wege zu revolutionieren, und dass »Gnade« nicht nur aus dem Himmel kommt, sondern auch daher, dass Menschen die volle Verantwortung für ihr Leben übernehmen. Die menschliche Evolution basiert auf Menschen, die zu neuen Höhen aufgestiegen sind, weil sie erkannt hatten, wie wichtig es ist, einen Prozess der inneren Konsolidierung zu durchlaufen. Und weil sich Gnade in menschlicher Anstrengung manifestiert, sind diese Bemühungen im Wesentlichen schön und edel.

Der Chakra-Drei-Typ zeigt uns unsere Würde, die sich unter anderem in der Fähigkeit, Kräfte wie Faulheit, Angst oder Stagnation zu überwinden, manifestiert. Wir erlangen diese Würde, indem wir erkennen, dass wir eigene Schwächen immer überwinden und durch unsere selbst erzeugte Energie auf eine andere Ebene gelangen können. Indem wir uns über die Welt der Instinkte, Impulse und Wünsche erheben, üben wir keine »Kontrolle« aus, sondern übertreffen uns eher selbst.

Zielstrebige bringen uns dazu, mutig genug zu sein, die Helden unserer eigenen Geschichten zu werden, indem wir den Helden oder die Heldin in unserem Inneren finden – das entschlossene, furchtlose, unerschütterliche und selbstsichere Ich, das stark genug ist, um Berge zu versetzen.

Gleichgewicht erlangen

Als Chakra-Drei-Typ können Sie mehrere Veränderungen an Ihrer Lebensweise vornehmen, um die durch Ihre Konstitution bedingten Extreme auszugleichen:

- Versuchen Sie, einen Teil Ihrer Eroberungsenergie nach innen zu lenken. Lernen Sie, Ihre Instinkte, Impulse, Ängste und Ihre Wut zu beherrschen. Streben Sie nach Selbstbeherrschung, statt ständig zu versuchen, den Spitzenplatz auf der Welt einzunehmen.

- Finden Sie Möglichkeiten, Ihre intensive Suche nach Macht in eine Suche nach innerer Stärke zu verwandeln. Bringen Sie in Erfahrung, wer Ihre wahren Feinde sind und wo der wirkliche Wettbewerb stattfindet. Versuchen Sie, gezielt zu entscheiden, welche Kämpfe Sie ausfechten, und erkennen Sie, dass der wahre Sieg im Leben nicht durch Eroberungen in der äußeren Welt errungen wird. Äußere Siege werden Ihren tiefsten Hunger niemals stillen. Vermeiden Sie also Enttäuschungen und werden Sie zum wahren Helden oder zur wahren Heldin, indem Sie sich selbst besiegen.

- Vermeiden Sie es, Ihren inneren Kräften und Gefühlen mit dem gleichen kriegerischen Ansatz zu begegnen wie der Außenwelt. Ein Teil der Selbstbeherrschung besteht darin, die eigenen Energien fließen zu lassen und sie nur dann zu zügeln, wenn sie exzessiv oder gar destruktiv werden.

- Lernen Sie, auf Ihr Herz zu hören, und kultivieren Sie Eigenschaften wie Sensibilität, Fürsorge und Dienen. Wenn Sie alles, was Sie tun, mit Emotionen wie Liebe und Selbstlosigkeit bereichern, kann das die Qualität Ihres Handelns verändern.

- Achten Sie auf Ihren Partner sowie auf Ihre Freunde, Kinder und Familienangehörigen, sonst sind Sie am Ende ganz allein. Der Weg zu Ihrem Ziel ist endlos. Es bleibt also selbst noch im engsten Terminplan Zeit für Beziehungen. Im Leben geht es um mehr als um das Erreichen von Zielen und um ein schnelles Vorankommen.

- Verzichten Sie darauf, Ihre Energie an anderen auszulassen, ob diese Energie nun die Form von Ärger, Wut oder sogar Gewalt annimmt. Und lernen Sie, dass das, was gut und richtig für Sie ist, nicht auch gut und richtig für andere sein muss. Es kann für Ihr Glück entscheidend sein, dass Sie eine effektive Form des »Wutmanagements« finden.

- Suchen Sie nach anderen Möglichkeiten, Ihre Energien zu lenken. Weisheit, Meditation, Visionen und Liebe können Ihre rohen Kräfte neu formen. Große Dinge können geschehen, wenn sie Ihre Intensität in einem größeren Zusammenhang weise nutzen.

- Bleiben Sie bescheiden und verbinden Sie sich mit einem höheren Willen im Leben. Weil Sie eine aktive Kraft sind, die dazu beiträgt, abstrakte Konzepte in der Welt zu manifestieren, müssen Sie Ihre Energie nutzen, um der Liebe und dem Guten zu dienen. Auf diese Weise können Sie allen eine große Hilfe sein.

- Denken Sie daran, mit den leichteren Seiten des Lebens – Unterhaltung, Lachen und Feiern – verbunden zu bleiben. Versuchen Sie, die Weisheit der Künstler anzuzapfen. Lassen Sie keinen Urlaub ausfallen und machen Sie nicht den Fehler, sich Arbeit mit in den Urlaub zu nehmen.

Erfüllung finden

Es gibt verschiedene Wege, die Sie als Chakra-Drei-Typ beschreiten können, um das Potenzial Ihrer Konstitution zu verwirklichen:

- Lernen Sie zu entspannen – aber nicht zu viel. Lernen Sie, die Dinge leichter zu nehmen, ohne Ihre natürliche und gesunde Hochspannungsenergie zu unterdrücken. Sie müssen Ihren Ehrgeiz und Ihre Kühnheit nur dann zügeln, wenn Sie merken, dass sie selbstzerstörerisch oder egoistisch werden. Halten Sie ansonsten Ihre grundlegende Intensität lebendig.

- Suchen Sie sich einen Beruf, in dem Sie einerseits selbstständig arbeiten können und andererseits beaufsichtigt sind. Achten Sie darauf, nicht vollkommen eingeschränkt zu werden, damit Sie immer das Gefühl haben, Ihre ehrgeizigen Ziele verfolgen zu können. Auf der anderen Seite sollten Sie versuchen, in einem größeren Rahmen zu arbeiten, in dem Ihre überschießende Energie begrenzt und gelenkt werden kann. Als Visionär können Sie schnell die Orientierung verlieren. Halten Sie also Ausschau nach einer Vision, deren Umsetzung sich wirklich lohnt.

- Wenn Zielstrebige als Team arbeiten, sind sie wie ein Rudel hungriger Wölfe auf der Jagd. Doch Sie können diese Energie auf einen guten Zweck lenken, indem Sie sich Herausforderungen suchen, die zu meistern sich lohnt, Ziele, die es wert sind, dass man sie erreicht, und Anerkennungen, die Sie zu Recht gern entgegennehmen. Wichtig ist, dass Sie die Möglichkeit haben, Unerreichbares zu erreichen, und ohne Grenzen, Barrieren oder Hindernisse einen Weg der Expansion verfolgen können. Sie leben in der materiellen, nicht in der mentalen Welt. Konzentrieren Sie sich also darauf, Ihre Ziele zu verwirklichen. Sie sind praktisch veranlagt und ein guter Verhandler oder eine gute Verhandlerin, können also aus jedem Konzept eine überzeugende und effektive Erfolgsstrategie machen.

- Ihre Hyperaktivität kann anderen manchmal zu viel werden. Versuchen Sie also, den Workaholic in sich zu zügeln, weil das negative Auswirkungen auf Ihre Beziehungen haben könnte. Wenn Sie Ihrem Partner eine Chance geben, Ihre Veranlagung schätzen zu lernen, werden Sie mehr Harmonie erleben. Seien Sie bereit, ein paar Opfer zu bringen, besonders zeitliche.

- Halten Sie nach einem ehrgeizigen spirituellen Weg Ausschau, der nicht nur passiv und entspannend ist. Ihre spirituelle Betätigung sollte ein aktiver Prozess sein, der Streben mit Phasen der Entspannung verbindet, nicht nur stille Kontemplation oder das Versenken in die Meditation mit geschlossenen Augen. Ihr Instinkt wird Sie auf einen Weg führen, auf dem Sie versuchen, spirituelle Ideen in weltweite Bewegungen umzusetzen. Achten Sie darauf, dass das Ziel Ihre tatsächliche Praxis nicht überschattet. Ihr intensiver Ehrgeiz kann ein großer Vorteil sein. Lassen Sie sich also davon leiten.

Doch denken Sie daran, dass spirituelle Errungenschaften nicht wie irdische und materielle Ziele angegangen werden können.

- Lernen Sie, Ihren niederen Willen aufzugeben und Ihre stolze Individualität bis zu einem gewissen Grad zu opfern. Herz, Weisheit und Bewusstsein sind ebenfalls wichtige Lehrer. Sie können es Ihnen möglich machen, Ihren persönlichen Willen einer höheren Sache unterzuordnen und Ihre Individualität zu opfern, wenn sie überflüssig wird. Seien Sie auf dem spirituellen Weg vorsichtig mit besonderen Kräften und subtilen Kontrollmöglichkeiten, zu denen Sie sich vielleicht hingezogen fühlen. Bleiben Sie nicht im Wunderwirken und anderen Manipulationen der Realität stecken. Auf dem wahren Weg geht es nicht darum, die Wirklichkeit unter Kontrolle zu bringen, sondern darum, eins mit ihr zu werden.

- Finden Sie einen Mittelweg zwischen Ihrer Neigung, mit sich selbst zu kämpfen, und Ihrem Bedürfnis, sich anzunehmen und sich selbst zu vergeben. Die Suche nach diesem Gleichgewicht kann das Herzstück Ihrer spirituellen Suche sein. Dämpfen Sie den Schrei des Kriegers, den Sie in Ihrem Inneren hören, und akzeptieren Sie, was Sie nicht ändern können.

Sind Sie eine Chakra-Drei-Persönlichkeit?

Der folgende Selbsttest hilft Ihnen zu beurteilen, wie viel Prozent des dritten Chakra-Typs Sie in sich haben. Achten Sie darauf, dass dieser Moment der Selbstbeurteilung entspannt und spielerisch verläuft. Versuchen Sie, das Vorhandensein von Hinweisen auf diesen Typ nicht in Bezug auf andere Typen zu bewerten. Prüfen Sie einfach, wie sehr Sie die Eigenschaften des Chakra-Drei-Typs in Ihrer Seinsweise, Ihrer Wahrnehmung der Welt und Ihren natürlichen und unmittelbaren Vorlieben erkennen. Versuchen

Sie, kein intellektuelles Urteil zu fällen. Vertrauen Sie einfach darauf, dass sich etwas in Ihnen mühelos selbst erkennt.

Wenn es Ihnen schwerfällt, diesem Chakra-Typ einen Prozentsatz zuzuweisen, dann lesen Sie die folgenden Aussagen und überlegen, wie stark Sie sich damit identifizieren können. Wenn Ihre Antwort auf alle Fragen jeweils die erste ist, weist das darauf hin, dass Sie sich sehr stark mit diesem Typ identifizieren. Wenn all Ihre Antworten der vierten Variante entsprechen, ist das vermutlich nicht der Fall. Ziehen Sie bei der Einschätzung, ob Sie zu diesem Typ gehören, daher auch diese Antworten zurate. Sobald Sie diesem Typ einen Prozentsatz zugeordnet haben, schreiben Sie ihn auf, damit Sie ihn mit Ihren anderen Selbsteinschätzungen vergleichen können. Das wird Ihnen bei der Bestimmung Ihrer Drei-Typen-Persönlichkeitsstruktur helfen.

- Gute Absichten interessieren mich nicht, ich will Ergebnisse sehen. Deshalb besteht der Sinn des Lebens für mich darin, mir ein Ziel zu setzen und mit allen mir zur Verfügung stehenden Mitteln nach seiner Verwirklichung zu streben.

  1. Damit identifiziere ich mich sehr.
  2. In gewissem Maße.
  3. Ein wenig.
  4. Überhaupt nicht.

- Vergleichen Sie sich ständig mit anderen und stellen fest, wer einen niederen und einen höheren Rang als Sie einnimmt, während Sie die ganze Zeit die Nummer eins sein wollen?

  1. Auf jeden Fall.
  2. Ziemlich oft.
  3. Vielleicht ab und zu.
  4. Überhaupt nicht.

- Was ist Ihrer Meinung nach der aktivste Teil von Ihnen?

    1. Wille und Ehrgeiz.
    2. Geist und Intellekt.
    3. Körper und Gefühle.
    4. Emotionen.

- Tief in meinem Inneren bin ich ein Krieger/eine Kriegerin. Meine Helden sind Kämpfer/innen und Sieger/innen, die kompromisslos, ja sogar gewaltsam für Freiheit und Gerechtigkeit gekämpft haben.

    1. Stimmt genau.
    2. Stimmt in gewissem Maße.
    3. Stimmt ein wenig.
    4. Entspricht mir überhaupt nicht.

- Wenn ich in ein Projekt einsteige, komme ich kaum zum Luftholen. Ich werde zum unaufhaltsam brennenden Feuerball, ungeduldig und strebsam, und arbeite unermüdlich Tag und Nacht daran. Der Schweiß und die Anstrengung begeistern mich!

    1. Ganz genau.
    2. Ja, obwohl ich da hin- und hergerissen bin.
    3. Vielleicht bis zu einem gewissen Grad.
    4. Überhaupt nicht.

TEIL II

Emotional-kommunikative Typen

Wenn wir uns aus der Welt der materiell-irdischen Typen in die feinsinnigere Welt der emotional-kommunikativen Typen bewegen, betreten wir nicht unbedingt eine »bessere« Welt. Wir treten lediglich in eine Welt ein, in der eine kultiviertere Art von Interaktion stattfindet. Diese mittlere Gruppe besteht aus Herzchakra- und Halschakra-Typen – Menschen, die der Welt zunächst über Emotionen und Fantasien begegnen. Die zentrale Passion im Leben beider Typen ist die Kommunikation. Ihnen geht es darum, eine Brücke zwischen den inneren und den äußeren Welten zu schlagen. Im menschlichen Körper entsprechen Brust, Herz, Lunge und Hals der emotional-kommunikativen Gruppe.

KAPITEL 4

VIERTES CHAKRA – HERZCHAKRA

Die Fürsorgenden

Die Fürsorgenden

Weltweit: etwa 15 Prozent der Bevölkerung

Öffentliche Wirkungsstätten: gemeinnützige Organisationen, Wohltätigkeits- und Freiwilligenorganisationen, Selbsthilfegruppen, religiöse Gruppen, Therapie und Heilung

In der Regel zu finden unter: Therapeuten, Heilern, Mediatoren, Aktivisten, Ehrenamtlichen, religiösen Menschen, Familienmenschen

Dosha, Konstitution: Vata/Kapha (Luft/Wasser)

Dominiert vom: emotionalen Zentrum, Herz

Schattenselbst: der zurückgewiesene Gebende

Zeitzone: die Gegenwart

Traditionelle Tiere: Antilope, Reh

Berühmte Persönlichkeiten: Jesus, Jalal adDin Rumi, Teresa von Ávila, William Wilberforce, Yogananda, Florence Nightingale, Edith Cavell, David Livingstone, Mutter Teresa, Pater Pio, Janusz Korczak, Etty Hillesum, Maximilian Kolbe, Dian Fossey, Patch Adams, Desmond Doss, Helen Keller, der 14. Dalai Lama, Jane Goodall, Prinzessin Diana, Mata Amritanandamayi, Thích Nhất Hạnh

Herzchakra- und Halschakra-Typen gehören zwar zur selben Gruppe, unterschieden sich aber so stark voneinander wie die Wurzelchakra- und die Sakralchakra-Typen. Halschakra-Typen kommunizieren, weil sie Einfluss nehmen, führen und gehört werden wollen. Herzchakra-Typen hingegen kommunizieren, um ihr emotionales Potenzial zu verwirklichen. Ihnen geht es weniger um Einfluss als um Nähe.

Wesen

Das vierte Chakra, das Herzchakra, liegt in der unteren Brustmitte und trägt das Wesen der einenden Kraft in sich. Diese Kraft ist leicht in Atomen, Molekülen, Zellen und ganz allgemein in der biologischen Welt auszumachen. Ihren letzten und endgültigen Ausdruck findet sie in den Emotionen. Die einende Kraft ist die bindende Kraft des Universums – die Anziehungskraft, die in unterschiedlichen und voneinander getrennten Elementen den Drang hervorruft, der sie zusammenbringt, um sich zu vereinen und ein größeres Ganzes zu werden.

Auf der atomaren Ebene zeigt sie sich als Elektromagnetismus, eine starke Kraft, die Atome miteinander verbindet. Auf der molekularen Ebene nimmt sie die Form der elektrischen und nuklearen Kraft an. Hinter diesen physikalischen Kräften steht die bindende Kraft des Universums, die Energien, unabhängige Objekte und biologische Kreaturen miteinander verbindet. Es ist die Kraft, die es ihnen ermöglicht, neue, zunehmend ganzheitliche Strukturen zu bilden.

Unser Körper, eine Schöpfung der einenden Kraft, ist eine echte Gemeinschaft von Zellen, die eine Gemeinschaft von Molekülen sind, die wiederum eine Gemeinschaft von Atomen sind. Sie haben sich alle zusammengefunden, um an einem bestimmten Projekt, nämlich uns, teilzunehmen. In der Men schenwelt bringt diese Kraft die einzelnen Individuen dazu, Familien, Gemeinschaften, Nationen und andere Arten von Zusammenschlüssen zu bilden. Es ist die Kraft, die Menschen dazu ermutigt, emotional, intellektuell, spirituell und physisch zu interagieren. Sie ist es auch, die Plato als den »Wahnsinn der

Liebe« bezeichnete. Sie macht uns bereit, auf unsere Unabhängigkeit und Autonomie zu verzichten, damit wir eine kostbare Einheit erfahren können.

Man spürt diesen einenden Drang als Bedürfnis nach emotionaler Beteiligung, als Bereitschaft, die eigene Unabhängigkeit und Freiheit aufzugeben, damit man sich als Teil von etwas Größerem fühlen kann. Das ist der Grund für unsere manchmal überwältigende Leidenschaft für Beziehungen und unser Bedürfnis zu kommunizieren. Anders als das Wesen des zweiten Chakras, das zu Selbstvergessenheit und Grenzverlust führt, ist diese einende Kraft eine tiefe Sehnsucht nach dem Akt des Teilens. Wir nennen es Intimität oder Nähe – das Gefühl, das entsteht, wenn wir uns nicht mehr als voneinander getrennt wahrnehmen.

Konstitution

Herzchakra-Typen sind eine Mischung aus Vata und Kapha, Luft und Wasser. Einerseits verfügen sie über eine gewisse Leichtigkeit, die ihnen Weichheit und Rundungen, Idealismus und Naivität verleiht. Andererseits haben sie auch den Wunsch nach Erdung. Bei Menschen dieses Typs geht es nicht nur um die Leichtigkeit von Emotionen. Sie haben auch das Bedürfnis, sich zu verwurzeln, sich auf eine bestimmte Art zum Ausdruck zu bringen.

Fürsorgende haben eine rundliche Erscheinung mit offenen, saften Gesichtszügen. Manchmal neigen sie zur Fettleibigkeit. Ihr Auftreten ist entspannt und liebenswürdig, und ihre Augen sind in der Regel groß und weich. In ihrer Gegenwart entsteht eine kühlende und beruhigende Energie, ähnlich der eines Sees oder einer sanften Brise. Diese einladende Energie durchdringt Sie mit dem Gefühl, dass Sie sich darin entspannen können.

Einflussbereich

Chakra-Vier-Persönlichkeiten machen etwa 15 Prozent der Weltbevölkerung aus. Sie bringen die Macht der Emotionen und der Liebe zum

Ausdruck. Ihre größte Leidenschaft ist es, Menschen zusammenzubringen, sie zu einen und dafür zu sorgen, dass überall Harmonie herrscht. Fürsorgende finden sich in der Regel unter denen, die danach streben, liebevolle Familien zu gründen, Kinder großzuziehen, Freundschaften zu pflegen und Gelegenheiten für Nähe zu schaffen. Sie sind sehr mit familiärer Interaktion beschäftigt und es ist ihnen ausgesprochen wichtig, sich in einer romantischen Beziehung an einen Partner zu binden. Eine noch intensivere Ausprägung dieses Persönlichkeitstyps findet man jedoch bei vielen Aktivisten, Humanisten, Anwälten für Tierrechte, Sozialromantikern und Weltverbesserern – also bei allen, die an eine Veränderung zum Besseren in der Welt glauben und sich für Frieden stiftende Bewegungen engagieren. Fürsorgende können nie einfach nur still dasitzen und zuschauen, wie die Welt leidet. Ihr Ideal ist es, »den Himmel auf die Erde zu bringen« und himmlische Zustände auf diesem Planeten herbeizuführen. Daher sind an allen Bewegungen für eine bessere Welt Herzchakra-Typen entscheidend beteiligt, vor allem, wenn sie stark vom Halschakra-Typ beeinflusst werden, sei es durch einen Teil ihrer Persönlichkeit oder von außen. Was Menschen dieses Typs als Visionäre des Wandels in der Welt antreibt, ist jedoch weniger ein künftiger utopischer Traum als vielmehr die Identifikation mit einem emotionalen Potenzial. Sie wollen anderen von Mensch zu Mensch begegnen. Sie wollen zusammenkommen und gemeinsam fühlen und heilen. Was sie suchen, ist Verbindung.

Fürsorgende sind in allen Bereichen der menschlichen Verbundenheit und Nähe aktiv. Sie sind Therapeuten und Heiler, Mediatoren und Leiter emotionaler Gruppentherapien. Sie sind Aktivisten und Ehrenamtliche, Anhänger einer Religion und Familienmenschen. Doch wo immer man sie findet, widmen sie sich mit Sicherheit einer intensiven Form des Gebens und der Hingabe. Hingabe ist ihre zentrale Seinsform, sei es in Form der Hingabe an die Familie, an Kinder, an den Partner, an Menschen in Not oder umfassender an die ganze Welt.

Ein anderer möglicher Ausdruck dieser Hingabe findet sich in bestimmten spirituellen und religiösen Bewegungen. Bhakti-Yoga (Yoga der Hingabe) hat aus diesem Trieb zur Hingabe einen vollständigen Weg zu

Gott gemacht, einen Weg, auf dem Liebe und Hingabe an einen Guru, eine Gottheit, Gott oder die Menschheit kultiviert werden. Bhakti-Yoga wurde zweifellos von Angehörigen des Chakra-Vier-Typs gegründet, die auf der Suche nach einer eigenen einzigartigen spirituellen Praxis waren. Mit ihrem leidenschaftlichen Interesse an der Kluft zwischen dem eigenen Ich und »den anderen« – der Kluft, die Beziehungen entstehen lässt – erforschten sie die Spannungen und Verbindungen zwischen »Gott« als dem höchsten anderen und dem eigenen Ich als dem frommen Gläubigen. Anhänger dieser Art von religiösen Bewegungen sind natürlich die vollendeten Gläubigen.

In ihrer strahlendsten Form tauchen Fürsorgende unter jenen wenigen Persönlichkeiten auf, die sich in heroischer Weise der Selbstaufopferung, dem universellem Mitgefühl und Glaubenstaten gewidmet haben. Diese Vorbilder an Selbstlosigkeit legen eine kompromisslose Bereitschaft an den Tag, sich selbst für höhere Prinzipien oder für Menschen in Not zu opfern, manchmal auch physisch. Dabei beweisen sie einen großen seelischen Edelmut.

Rolle in der Geschichte der Menschheit

In der Geschichte der Menschheit waren Herzchakra-Typen sehr aktiv an der Entwicklung einer Beziehung der Schöpferseele zu einem monotheistischen Gott beteiligt. Dazu gehörte auch die Entwicklung eines Gespürs für Sünden und Tugenden. Jesus, ein hervorragendes Beispiel für den Herzchakra-Typ, ließ diese Beziehung zu einer werden, die auf Liebe basiert und nicht auf dem Gesetz. In allen religiösen und spirituellen Strömungen haben Fürsorgende ihre Anschauungen in Praktiken wie Liebe zum und Dienst am Nächsten, Gebeten, sakraler Musik mit Gesang und Psalmodieren sowie religiöser Dichtung vorangetrieben. Nehmen wir zum Beispiel die Poesie des Sufi-Meisters Jalal ad-Din Rumi.

Sowohl der Sufismus im Islam und der Chassidismus im Judentum als auch der Mahayana-Buddhismus und die Bahai-Religion legen großen

Wert auf das emotionale Zentrum. Das Bodhisattva-Gelübde im Mahayana-Buddhismus, durch das sich ein Individuum verpflichtet, endlos viele Inkarnationen zu durchlaufen, bis alle fühlenden Wesen aus dem Kreislauf von Geburt und Tod befreit sind, ist ein eindrucksvolles Beispiel für ein zum Ausdruck gebrachtes Ideal des Herzchakra-Typs.

Im 20. Jahrhundert haben viele Fürsorgende als aktive Mitbegründer in verschiedenen Bürgerrechts- und Friedensbewegungen sowie in Tierschutz- und Umweltbewegungen gewirkt.

Weltsicht

Stellen Sie sich die Welt als Raum für den emotionalen Austausch vor – als sei die ganze Welt nur für diesen Austausch geschaffen worden, nur zum Geben und Empfangen. Beziehungen sind die treibende Kraft in dieser Welt. Alles andere ist dann nur eine Störung auf dem Weg. Natürlich gibt es die Realitäten des täglichen Lebens, aber wenn es um das *echte Leben* geht, zählt in solch einer Welt nur das, was in diesem Moment zwischen »dir« und »mir« passiert.

Das ist die Welt des Chakra-Vier-Persönlichkeitstyps – eine Welt, in der emotionale Erfahrung den Kern des Lebens und das Zentrum der menschlichen Aktivität und Kommunikation bildet. Es ist eine Welt, in der der emotionale Austausch eine zentrale Rolle spielt, selbst wenn es so aussieht, als kämen die Menschen nur zusammen, um Geschäfte miteinander zu machen. Unter der Oberfläche jedoch geht es um den emotionalen Austausch. Manchmal kann es die sinnvollste Erfahrung Ihres Lebens sein, Ihr Kind oder Ihren Partner von ganzem Herzen zu lieben und sich um dessen Bedürfnisse zu kümmern. Sehr oft warten hier die wirklich kraftvollen Ereignisse des Lebens auf Sie, die Ihnen einen echten Weg der Entwicklung und Transformation bieten.

Für Fürsorgende ist Liebe die einzige wahre Motivation im Leben. Es ist die Suche nach Erfüllung in der Liebe, die sie antreibt, weil für sie nichts anderes einen Sinn ergibt. Liebe ist der Urgrund, der Brennstoff und die Bestimmung. Daher hat das Leben keinen Sinn, solange unser Herz leer ist. Wenn wir nicht alles tun, was wir können, um unsere Verbindung zu anderen zu vertiefen, stecken wir in einer Wüste fest, weit weg vom wahren Sinn des Lebens.

Für religiöse oder spirituelle Herchakra-Typen ist Gott oder der göttliche Geist Liebe. Und das Höchste, was sich im Leben erreichen lässt, ist die Verwirklichung der Liebe in menschlicher Form. Liebe ist die einzige Kraft, die den Tod überwinden kann, weil sie uns mit dem Strom der ewigen Liebe und einer unauflöslichen Seelenverbindung in Kontakt bringt. Wir können nur über unser Herz mit diesem Geist in Kontakt kommen und nur durch selbstlose Liebe Erfüllung finden.

Fürsorgende finden Liebe – religiöse und säkulare Liebe – sowohl in Gefühlen als auch in tätlicher Hingabe, in der Fürsorge und im Dienen. Sie handeln gern im Namen der Hingabe und tun gern Dinge für andere. Sie sind jedoch keine verträumten Halschakra-Typen und beschäftigen sich auch nicht abstrakt mit der Liebe zu Gott oder der Menschheit. Wenn die Liebe die materielle Welt nicht erreicht und nicht in sie einfließt, ist sie in ihren Augen sinnlos. Deshalb müssen ihre Taten der Liebe persönlich und individuell sein. Sie müssen ihre Liebe und Fürsorge einer tatsächlichen Person oder Sache zuteilwerden lassen. Das bedeutet natürlich nicht, dass sie sich nicht von einer universellen Vision des Lebens inspirieren ließen. Als Mutter Teresa die Leprakranken gewaschen hat, hat sie Gott in ihnen gesehen. Obwohl ihre Hingabe universell war, hat sie nicht nur dagesessen und gebetet. Sie suchte Gott in menschlicher Form, um zu lieben und zu dienen. In ganz ähnlicher Weise suchen sich die Herzchakra-Typen in der Wohltätigkeitsarbeit, die von einem universellen Ideal angetrieben wird, einzelne Individuen aus und bemühen sich, ihnen das Gefühl zu geben, dass sie persönlich von besonderer Bedeutung sind.

Chakra-Vier-Typen befnden sich in einer einzigartigen Position – in der Mitte zwischen dem Universellen und dem Persönlichen. Ihr Gott hat ein Gesicht. Für sie ist Gott weder der reine, gesichtslose Geist des Kronenchakra-Typs noch der idealistische Geist des Halschakra-Typs. Fürsorgende sind immer in Beziehung und müssen sich stets auf jemanden beziehen. Selbst als religiöse Menschen können sie die Vorstellung eines unpersönlichen Gottes nicht ertragen. Für sie muss das Göttliche eine persönliche Form annehmen. Ein Chakra-Vier-Typ macht seine spirituelle Erfahrungen nicht in den formlosen Tiefen der Meditation, sondern in dem Gefühl der Alleinheit und einer alles verzehrenden Gottesliebe. Die bloße Sehnsucht nach Einheit erfüllt sie bereits mit dem glücklichen Gefühl, Teil eines größeren Ganzen zu sein.

Fürsorgende finden nur dann Erfüllung, wenn sie etwas dienen, das größer ist als sie selbst, sei es einer Familie, einer romantischen Beziehung, der Menschheit oder einer Gottheit. Sie sind immer auf der Suche nach etwas, wovon sie ein Teil werden können. Unabhängigkeit ist eine ihnen eher unangenehme Vorstellung, weil sie das Leben und die Welt als ein Netzwerk wahrnehmen, in dem alles mit allem verbunden ist. Das heißt auch, dass es ihnen schwerfällt, sich selbst als ein »Ganzes« zu erfahren. In gewisser Weise ist ein Chakra-Vier-Typ ein unvollständiges Wesen, das nach seiner ergänzenden Hälfte sucht.

Naturgemäß empfinden Fürsorgende das Leben in einer Gesellschaft wie der unseren als ziemlich schwierig und sogar feindselig, denn unsere Gesellschaft neigt dazu, Emotionen und Nähe eher gering zu achten und Werte wie Rationalität, Leistung, Individualismus, Selbstzufriedenheit und Wettbewerbsfähigkeit in den Vordergrund zu stellen. Das kann dazu führen, dass sich Chakra-Vier-Typen ziemlich entfremdet fühlen. Im Grunde ihres Herzens spüren sie, dass die Individualität mit etwas Größerem verschmelzen muss, weil das Leben sonst keinen Sinn hat. Wenn eine Erfahrung nicht geteilt wird und sich nur auf eine Person beschränkt, hat sie keine Bedeutung. Eine Erfahrung wird erst dann real, wenn eine andere Person davon hört oder daran teilnimmt. Und sie wird noch realer, wenn andere Menschen darauf reagieren und ihre Gefühle darüber austauschen. Dann können Individuen diese Gefühle teilen, was den glücklichsten Zustand im Leben hervorbringt – Nähe.

Momente der Nähe sind nicht nur die glücklichsten Phasen für Herzchakra-Typen, sondern auch die einzigen Zeiten, in denen das Leben für sie real wird. Die Fähigkeit, die Barrieren der Trennung zu durchbrechen, einem anderen Menschen tief in die Augen zu schauen und Einheit sowie eine Flut emotionaler Verbundenheit zu erleben – das ist es, wofür die Fürsorgenden leben.

Allgemeine Charakteristika

Wir alle wissen, wie es ist, ein Herzchakra-Typ zu sein, wenn wir das Gefühl haben, unabhängig zu sein sei nicht genug und wir könnten daraus nicht unsere wahre Befriedigung ziehen. Wir erkennen diesen Typ in uns, wenn wir das Gefühl haben, die tiefe Zufriedenheit, die wir gerade empfinden, teilen und vielleicht sogar mit einer anderen Person erleben zu müssen, selbst wenn das bedeutet, dass wir unser Gefühl von Macht, Souveränität und Unabhängigkeit verlieren. Wann immer sich das Bedürfnis nach Bindung in uns manifestiert und uns dazu bringt, Nähe mit dem Partner, mit Freunden, mit der Familie und den Kindern, mit Gruppen oder Gemeinschaften zu suchen, werden wir zu Chakra-Vier-Typen. Wir begegnen diesem Typ in uns, wenn wir uns nach Weltfrieden sehnen oder davon träumen, dass die Menschen zusammenleben können, ohne dass sie etwas trennt, um eine globale Gemeinschaft zu bilden. Wir finden die einende Kraft in uns, wenn wir versuchen, die vielen menschlichen Atome in einem Menschheitsmolekül zu versammeln.

Weil Fürsorgende von ihrem emotionalen Zentrum dominiert werden, kann man ihr Lebensgefühl so umschreiben: »Ich habe starke Gefühle für jemanden, also bin ich.« Herzchakra-Persönlichkeiten existieren in Beziehung, durch ihre Verbindung zu anderen. Sie brauchen andere, um sie zu lieben, an sie zu denken, Anerkennung von ihnen zu bekommen. Sie lieben das Wechselspiel der Dualität, auch wenn sie die endgültige Einheit mit den Menschen, die sie lieben, erfahren möchten.

Chakra-Vier-Typen sind sehr sensible Wesen, und wenn ihr emotionales Zentrum überfließt, können sie übermäßig sensibel werden. Sie fühlen immer etwas und haben kein Verständnis für Menschen, die manchmal nichts fühlen. Das kann zu Konflikten in ihren Beziehungen führen, weil es für sie einfach unbegreiflich ist, dass es jemandem in einem bestimmten Moment an Gefühl mangelt, und es weckt ihr brennendes Verlagen, in Ordnung zu bringen, was sie an ihrem Gegenüber für irgendwie kaputt halten. Fürsorgende müssen akzeptieren lernen, dass andere ihre Weltsicht nicht teilen, denn selbst wenn Menschen in ihrer Umgebung Gefühle zeigen, sind diese nie so intensiv wie ihre eigenen.

Der Herzchakra-Typ ist zu sehr viel mehr Nähe fähig als die meisten anderen Typen – vielleicht mit einer Ausnahme: den Künstlern. Sie sind freundlich und warmherzig, naiv, interessiert und gesprächig. In ihren Unterhaltungen neigen sie zwangsläufig dazu, ihre Emotionen und Gefühle gegenüber allem Möglichen – und natürlich auch die Gefühle anderer – in den Mittelpunkt zu stellen, denn nur so verstehen sie Nähe. In der Sexualität fällt es ihnen schwer, den Geschlechtsakt von der emotionalen Begegnung zu trennen. Daher sind eine tiefe Vertrautheit und großes Vertrauen für sie die Voraussetzung dafür, sich bereitwillig auf eine sexuelle Begegnung einzulassen.

In der Regel kommunizieren Fürsorgende über intensive Emotionen mit ihrer Umwelt, und der Grad ihrer Emotionen lässt sie auch darüber entscheiden, was wahr ist und was nicht. Wenn sie starke Gefühle in Bezug auf etwas haben, muss es einfach wahr sein, und dies hat dann auch Einfluss darauf, welche Wahl sie treffen. Selbst wenn sie versuchen, einen langen, wohlüberlegten Entscheidungsprozess zu durchlaufen, sind es ihre Gefühle, die den Sieg davontragen. In ihrer positivsten Ausprägung sind sie gute Vater- und Mutterfiguren, die anderen Fürsorge und Unterstützung angedeihen lassen. Sie sind mit einem großen Einfühlungsvermögen für das Leid anderer Menschen begabt und zu einem schönen Ausdruck des Mitgefühls in der Lage. Sie sind an ehrenamtlicher Arbeit interessiert und waren schon in der Schule immer die Ersten, die die Hand gehoben haben, wenn Aufgaben verteilt wurden.

Wie Erschaffer sind auch Fürsorgende eher praktisch veranlagt und schenken den kleinen Details des Lebens sehr viel Aufmerksamkeit, doch sie tun dies nicht, um ein ungestörtes Gleichgewicht zu erreichen, sondern eher aus dem natürlichen Instinkt heraus, anderen zu dienen. Eine andere

Gemeinsamkeit zwischen Erschaffern und Fürsorgenden ist ihre Vorliebe für Rituale und Zeremonien sowie ihr »Stammesbewusstsein«. Sie schätzen die Zugehörigkeit zu einer größeren Familie, sei es ihre biologische Familie oder eine Gruppe von Seelenverwandten und Freunden.

Stärken und Potenzial

Menschen des Herzchakra-Typs strahlen Anmut aus, und andere empfinden ihre Anwesenheit normalerweise als erfrischend und entspannend. Sie sind von Natur aus aufmerksam und rücksichtsvoll, sodass es immer schön ist, sich von ihnen verwöhnen zu lassen. Diejenigen, die von ihnen als ihre Liebsten ausgewählt wurden, profitieren auf jeden Fall von ihrem hingebungsvollen Geist und den vielen selbstlosen Taten und Gesten, die ihnen entgegengebracht werden. Fürsorgende sind sanft, friedlich und auf Harmonie bedacht. Sie finden Streitigkeiten und Spannungen unerträglich und tun alles in ihrer Macht Stehende, um ihnen ein Ende zu bereiten. Während andere, stolzere Typen darauf bestehen mögen, dass sie in fast jeder Auseinandersetzung recht behalten, kümmern sich Chakra-Vier-Typen nicht so sehr darum, wer recht hat. Ihnen geht es sehr viel mehr darum, einen dauerhaften Zustand des Friedens aufrechtzuerhalten, in dem niemand jemals wütend wird.

Fürsorgende sind arglos und manchmal geradezu naiv. Sie glauben generell an das Gute im Menschen und suchen bei denjenigen, die sich etwas zuschulden kommen lassen, nach tieferen Beweggründen. Sie gehen Situationen im Leben optimistisch an und neigen stets zu der Annahme, dass letztlich alles gut ausgehen wird.

Herausforderungen

Wenn ihr emotionales Zentrum überfließt, können Chakra-Vier-Typen leicht übermäßig emotional und manchmal fast hysterisch werden. In diesem Zustand der Überempfindlichkeit besteht die Gefahr, dass all ihre Emotionen überschießen. So stark, wie Menschen dieses Typs Liebe empfinden, spüren sie auch jeden quälenden und tränenreichen Schmerz. Dass weniger emotionale Typen dies als stark übertrieben bewerten, ärgert sie nur und versetzt sie in noch mehr emotionalen Aufruhr.

In Beziehungen sind Fürsorgende sehr hingebungsvoll. Auf der anderen Seite können sie aber auch extrem fordernd sein. Weniger emotionale Typen, die ihnen nahestehen, haben oft das Gefühl, dass von ihnen stets erwartet wird, sich an irgendeinem Austausch zu beteiligen. In Momenten, in denen der emotionale Faden »gerissen« zu sein scheint, neigen die Chakra-Vier-Typen dazu, in eine dramatisch verzerrte Interpretation der Situation zu verfallen und das Gefühl zu haben, dass alles hinüber ist oder dass in der Welt etwas ganz schrecklich schiefläuft.

Fürsorgende können auch extrem eifersüchtig und besitzergreifend sein – und sogar gewalttätig gegenüber ihren Auserwählten werden, wenn aus ihrer Sicht die Gefahr besteht, sie zu verlieren. Sie sind in einem Teufelskreis gefangen. Weil sie von Natur aus sensibel und verletzlich sind, können sie sich abhängig und hilflos fühlen. Das versuchen sie zu kompensieren, indem sie kindische Forderungen stellen und Vorwürfe und Groll als eine Art »Gewalt der Schwachen« einsetzen. Solch eine Abhängigkeit und Hilflosigkeit kann sie auch dazu bringen, passive Gefolgsleute anderer zu werden, die einen stärkeren Willen haben, was sie in einen weiteren Teufelskreis führt, der zwangsläufig Gefühle der Wut und Rebellion in ihnen hervorruft.

Herzchakra-Typen fällt es schwer, logisch zu denken, weil sie vom Herzen und vom emotionalen Zentrum aus gesteuert werden. Das macht sie ziemlich irrational und unfähig, sich von ihren alles überlagernden Emotionen zu distanzieren. Sie können so sehr in ihrer Gefühlswelt schwelgen, dass sie schließlich vollkommen von ihrem inneren Erleben absorbiert werden – davon, wie sie andere Menschen empfinden und welche Gefühle Dinge in ihnen hervorrufen –, während sie ironischerweise vom Zustand ihres Gegenübers überhaupt nichts mehr mitbekommen. Wenn das geschieht, haben sie vergessen, dass Emotionen dazu da sind, Menschen miteinander zu verbinden, und nicht, um Selbstbesessenheit und die Trennung von anderen zu verstärken. Wenn sie ihre Gabe der Sensibilität und des Mitgefühls nicht mehr auf andere, sondern eher auf sich selbst richten, kann es passieren, dass sie am Ende von Selbstmitleid erfüllt sind und eine akute Bedürftigkeit an den Tag legen.

In Beziehungen können Menschen des Chakra-Vier-Typs ein obsessives Verhalten an den Tag legen, denn sie neigen dazu, zu viel über Beziehungen nachzudenken. Wenn Sie Einblick in ihre täglichen Gedanken hätten, würden Sie vermutlich feststellen, dass sie hauptsächlich über andere Menschen und den Status ihrer Beziehung zu ihnen nachdenken. Wenn Sie das ansprechen, sind sie wahrscheinlich überrascht: »Woran sollte ich sonst denken? Denken nicht alle darüber nach?«

Manchmal können sie extrem naiv sein. Ihr inbrünstiger Glaube an das Gute in anderen kann sie zu falschen Einschätzungen verleiten. Es kann eine harte und schmerzhafte Lebenslektion für sie sein, wenn sie feststellen müssen, dass manche Menschen tatsächlich Böses im Schilde führen. Weil sie in der Regel ein wenig wie naive Kinder sind, die davon ausgehen und glauben möchten, dass alles rosig ist, verfallen sie außerdem leicht in einen blinden Optimismus, wenn es darum geht, Entscheidungen im Leben zu treffen.

Schattenselbst

Fürsorgende müssen immer lieben und geliebt werden. Sie verbringen ihr ganzes Leben mit der Suche nach Bestätigungen der Tatsache, dass sie wirklich geliebt werden. Ihre größte Angst ist die vor Zurückweisung. Deshalb nenne ich ihr Schattenselbst »den zurückgewiesenen Gebenden«.

Um Zurückweisung zu vermeiden, verlegen sich Fürsorgende darauf, ständig zu geben, zu geben und zu geben. Das ist die Motivation hinter ihrer Opferbereitschaft und ihrer Konzentration auf andere. Es mag den Anschein erwecken, als gehe es bei ihnen immer nur um andere, aber in Wirklichkeit haben sie ein Loch in ihrem Herzen, dessen Ursache eine große Unsicherheit ist. Dieses Loch bringt sie ständig aus dem Gleichgewicht und hält sie in Unsicherheit. Deshalb fühlen sie sich immer schuldig, weil sie nicht genug geben. Würden sie nur genug geben, schlussfolgern sie, würden sie auch genug geliebt werden.

Diese Unsicherheit basiert auf der Tatsache, dass sie nicht genau wissen, wer sie ohne die Interaktion mit anderen sind. Wenn ihnen die anderen weggenommen werden, geraten sie in Panik: »Wer bin ich? Was passiert mit mir? Ich löse mich auf!« Diese Haltung führt unweigerlich zu einem Zustand ständiger Unsicherheit, der sie zwingt, nach einer endgültigen Bestätigung dafür zu suchen, dass sie geliebt werden. Das Problem besteht darin, dass noch nicht einmal Gott ihnen eine Bestätigung geben könnte, die sie zufriedenstellen würde, weil ihre Unsicherheit ein Teil ihrer Natur ist. Selbst wenn Gott vom Himmel herabstiege und sie bestätigte, würde ihnen das keine innere Sicherheit geben und sie nicht von dem Bedürfnis nach weiterer Bestätigung befreien. Das war der Fall bei Mutter Teresa, deren aufopferungsvolles Leben zumindest teilweise von der Unsicherheit getrieben wurde, möglicherweise nicht von Gott geliebt zu werden. Ihre Briefe offenbaren ein verstörendes Gefühl, von Gott abgelehnt zu werden, und diese Unsicherheit verwandelte sich bei ihr in den Zwang zu geben. Das ist bei unseren Gaben oft der Fall: Sie sind untrennbar mit unseren psychischen Bedürfnissen verbunden.

Herzchakra-Typen kompensieren ihre Unsicherheit, indem sie sich zu Märtyrern machen. Sie sind sehr stolz darauf, Gebende zu sein und sich selbstlos von allem zu trennen. Diese Art des Gebens wird von der Gesellschaft sehr hoch eingeschätzt. Doch was auf den ersten Blick nach reiner und edler Liebe aussieht, nach Liebe um der Liebe willen, entspringt in Wirklichkeit dem Bedürfnis, selbst geliebt zu werden, und ist von der Angst vor Ablehnung getrieben.

Die für diesen Chakra-Typ unerträglichste Erfahrung ist es, nicht geliebt, sondern abgelehnt zu werden. Wenn Menschen dieses Typs zurückgewiesen werden, fühlen sie sich wie tot. Ihre wichtigste psychische Arbeit besteht also darin, sich ihre Unsicherheit einzugestehen und zu erkennen, dass ihre Liebe und ihre Freigiebigkeit nicht nur edel sind. Sie müssen zugeben, dass ihre Motive oft etwas mit Abhängigkeit, Unsicherheit und Suchtverhalten zu tun haben. Sie müssen auch lernen, Ablehnung und die damit einhergehenden Gefühle zu akzeptieren, und sich klarmachen, dass sie am Leben bleiben und es ihnen nicht die Luft zum Atem nimmt, wenn jemand sie offensichtlich ablehnt.

Es ist nicht klug, in einem Zustand zu leben, in dem man davon abhängig ist, dass einen jemand anderer in der eigenen Existenz bestätigt. Deshalb müssen Fürsorgende ein Selbstbewusstsein entwickeln, das auch ohne andere auskommt. Auch wenn es nicht in ihrer Natur liegen mag, völlig unabhängig zu sein, müssen sie nach einer gewissen inneren Unabhängigkeit streben. Schließlich müssen sie erkennen, dass sie keine endgültige Bestätigung der Tatsache, dass sie geliebt werden, bekommen können. Das ist ein unerfüllbarer Wunsch. Sobald sie das erkannt haben, können sie daran arbeiten, ihren schönen Instinkt zu geben entsprechend zu läutern.

Höheres Potenzial und Bestimmung

Chakra-Vier-Typen sind unsere größten Lehrer hinsichtlich der Fülle des Herzens. Weil sie über das intuitive Wissen verfügen, dass nichts Sinn ergibt, wenn das Herz nicht überfließt, helfen sie uns, unser Bild vom Sinn des Lebens zu vervollständigen. Sie lehren uns, dass Hingabe der Schlüssel ist, wenn es darum geht, unser Herz mit Sinn zu erfüllen. Ohne Hingabe – ohne den Drang, uns etwas Größerem als uns selbst zu widmen und ihm zu dienen – können wir das verstörende Gefühl der Leere und Isolation in unserem Herzen niemals überwinden. Sie lehren uns auch, dass uns nicht nur ein wesentlicher Bestandteil der echten Selbstverwirklichung entgeht, sondern auch unsere Verbindung zu einem sinnvollen Leben, solange wir uns nicht für die Liebe öffnen.

Der Herzchakra-Typ entstand aus der kosmischen Dimension der Einheit – der Liebe, die Grenzen auflöst und die Kräfte der Trennung, Entfremdung und Einsamkeit in der Welt überwinden kann. Sie sind die

Vereiner in der Welt, deren Aufgabe es ist, uns kleinliche Unterschiede auflösen zu lassen und uns zu vermitteln, dass unsere Gemeinsamkeiten viel größer sind als die Verschiedenheiten unserer individuellen Existenzen.

Das uns allen Gemeinsame kann uns nur offenbart werden, wenn wir ein emotionales Teilen und einen engen, offenen, sensiblen und achtsamen Austausch zulassen. Der bloße Austausch von Informationen, Gedanken und Meinungen vergrößert die Kluft zwischen uns nur noch. Es ist der emotionale Austausch, der uns hilft, unsere sozialen Masken abzulegen, und uns deutlich macht, dass wir dahinter im Wesentlichen gleich sind. Andere Typen sind nicht so gut darin, aber die Fürsorgenden statten uns mit emotionaler Intelligenz aus. Sie helfen uns, die vielen Feinheiten zwischenmenschlicher Beziehungen zu meistern und Offenheit und gegenseitiges Verständnis zu erreichen.

Der vierte Chakra-Typ ermuntert uns dazu, Menschen zu nehmen, wie sie sind, sie zu akzeptieren, an welchem Punkt sie sich auch gerade befinden mögen, und hilft uns, ihr tieferes Wesen und das Gute in ihnen hinter der oberflächlichen Erscheinung zu erkennen. Indem sie die heilende Kraft der Akzeptanz in unsere Welt bringen, helfen sie uns, die von brutalem Wettbewerb, ständigem Vergleichen und Minderwertigkeitsgefühlen geschlagenen Wunden zu heilen. Sie bringen uns das Geschenk der Vergebung und zeigen uns, wie wir unsere Meinungen für uns behalten und der Anmut und Weichheit des Einenden den Vorzug geben können, selbst denen gegenüber, die unsere Feinde zu sein scheinen.

Fürsorgende rufen uns dazu auf, aktiv zu werden und angesichts der Not zu handeln, statt untätig herumzusitzen und zuzuschauen, wie die Welt leidet. Vom Weltfrieden zu träumen bringt nichts. Weltfrieden beginnt damit, dass wir gute Taten vollbringen, und seien sie auch noch so unbedeutend. Chakra-Vier-Typen rufen uns auf, das Leid anderer wahrzunehmen und die Mauer niederzureißen, die zwischen unserem Herzen und der Welt steht und dafür sorgt, dass wir apathisch und selbstvergessen sind. Sie lassen uns erkennen, was um uns herum geschieht.

Sie zeigen uns zudem, dass die Liebe eine nie versiegende Quelle der Energie und Kraft ist. Allzu oft sind unsere Taten von Ehrgeiz und Begierde motiviert. Aber Liebe, sagen sie uns, kann Berge versetzen. Wenn wir aus Liebe handeln, haben wir nicht das Gefühl, uns anstrengen zu müssen. Aus Sicht der Fürsorgenden führt das ausschließliche Kreisen um unsere eigenen Interessen dazu, dass wir uns von einer nie versiegenden Quelle der Lebenskraft abschneiden, die nur diejenigen kennen können, die ihr Leben anderen widmen. Wenn wir uns diese Quelle erschließen und anderen von ganzem Herzen dienen, werden wir merken, dass die Energie, die wir geben, zu uns zurückfließt. Diese Liebe ist nichts, was wir von außen bekommen müssen, sondern vielmehr eine Kraft, die reichlich in uns vorhanden ist. Wir haben immer die Wahl, ob wir darauf zugreifen oder nicht.

Das Herzchakra gibt uns das Geschenk des Gewissens und mit ihm die dazugehörigen Gaben der Freundschaft, der Treue, der Gewaltlosigkeit und der Opferbereitschaft. Es erinnert uns an die Schönheit der Hingabe, daran, was es bedeutet, unser Leben bis zum letzten Atemzug anderen zu widmen. Es gibt uns auch das Geschenk der Seele und erinnert uns an unsere Beziehung zu einer höheren Wirklichkeit, eine Beziehung, der wir durch Beten, Glauben und Dienen gerecht werden. Es flüstert uns das Geheimnis zu, dass wir uns als Seelen nur dann selbst verwirklichen können, wenn wir unser Leben etwas Größerem widmen als uns selbst.

Chakra-Vier-Persönlichkeiten vermitteln uns die Vision eines Planeten, der auf Liebe basiert, und einer menschlichen Kultur, die vom Gesetz der Liebe gesteuert wird. Selbst wenn Sie kein Herzchakra-Typ sind und möglicherweise nie zu einem endlos Gebenden werden, können Menschen dieses Typs Sie dazu anregen, mit kleinen Akten der Freundlichkeit zu beginnen. Auch wenn wir nicht in der Lage sind, unser ganzes Leben etwas Größerem als uns selbst zu widmen, wie es ideale Herzchakra-Persönlichkeiten tun, regen sie uns doch an, zumindest einen Bereich unseres Lebens mit einem tieferen Sinn und dem Dienst am Nächsten zu erfüllen. Und selbst wenn wir nicht in jedem Menschen das Einssein sehen und nicht allen vergeben können, die uns schaden, wie sie es (oft auf erstaunliche Weise) tun, bringen uns Fürsorgende doch dazu, zumindest manchmal zu vergeben.

Gleichgewicht erlangen

Als Chakra-Vier-Typ können Sie mehrere Veränderungen an Ihrer Lebensweise vornehmen, um die durch Ihre Konstitution bedingten Extreme auszugleichen:

- Für Sie als Fürsorgende oder Fürsorgender besteht die wichtigste Ausgleichsaufgabe darin, Ihre überschießenden Emotionen ins Gleichgewicht zu bringen. Lernen Sie zunächst, Ihre angeborene Sensibilität in den Griff zu bekommen. Versuchen Sie, sich nicht auf eine ungesunde Weise nach innen zu wenden. Machen Sie sich klar, dass Ihre Empfindungsfähigkeit ein Geschenk ist, das in Form von Mitgefühl und Wahrnehmung von Leid an andere weitergegeben werden soll.

- Gehen Sie nicht davon aus, dass Ihre Energie von Natur aus zu anderen fließt. Von einer Beziehung besessen zu sein und wissen zu wollen, dass jemand Sie liebt, hat nichts damit zu tun, für jemanden da zu sein. Akzeptieren Sie das folgende universelle Gesetz: Wann immer Sie Liebe spüren möchten, fordern Sie keine Liebe, sondern lieben Sie einfach.

- Stellen Sie sicher, dass Sie Ihre Sensibilität in Handlungen umsetzen. – Engagieren Sie sich für irgendetwas, das Sie für eine edle Sache halten, für irgendeinen Zweck, der größer ist als Sie selbst. Treten Sie einer weltweiten Bewegung bei, die nach Veränderung strebt, oder engagieren Sie sich in Form kleinerer Aktivitäten, die einen emotionalen Fluss zu anderen begünstigen, um eine Stagnation zu verhindern. Lernen Sie, Ihre wahrhaftigste Quelle des Glücks mit altruistischen Taten zu verbinden.

- Begreifen Sie, dass Liebe Handeln bedeutet und nicht nur ein Gefühl ist, so mächtig dieses Gefühl auch sein mag. Geben Sie sich nicht damit zufrieden, in die Welt der Gefühle einzutauchen. Sie müssen den nächsten Schritt tun und diese Gefühle in Taten umsetzen. Um Ihre emotionale Energie zu kanalisieren, stellen Sie sich die Frage: »Was kann ich tun?«

- Lernen Sie, ein übermäßiges Schwelgen in persönlichen Beziehungen zu zügeln, auch wenn Ihnen das vielleicht nicht ganz leichtfällt. Lassen Sie sich nicht zu sehr von Ihren Beziehungen vereinnahmen, sondern stärken Sie Ihre Unabhängigkeit. Wenden Sie nicht Ihre gesamte Energie für intensive zwischenmenschliche Verpflichtungen und den zwischenmenschlichen Austausch auf. Manchmal muss man sowohl sich selbst als auch den anderen etwas mehr Raum geben.

- Konzentrieren Sie Ihr Bedürfnis nach emotionaler Erfüllung nicht auf einen einzigen armen Menschen, weil niemand die Last einer derart unrealistischen Erwartung tragen kann. Und achten Sie darauf, dass Sie andere nicht zu zwingen versuchen, Ihren eigenen Erwartungen hinsichtlich eines emotionalen Austausches zu entsprechen. Nicht jeder teilt Ihre intensiven Gefühle. Es wäre nicht fair, einen Partner, der nicht so emotional ist wie Sie, »bekehren« zu wollen.

- Wenn Ihre Emotionen überfließen, sollten Sie versuchen, an einem Seminar teilzunehmen, in dem Übungen für Nähe und liebevollen Austausch angeboten werden. Schließen Sie sich einer Gemeinschaft an oder beschäftigen Sie sich mit einem anhänglichen Haustier, etwa einem Hund, der Ihre Gefühle immer erwidern wird. Akzeptieren Sie sich selbst und begreifen Sie, dass Sie als Chakra-Vier-Persönlichkeit ein großes Bedürfnis und einen regelrechten Hunger nach emotionalem Austausch haben. Aber versuchen Sie nicht, dieses Bedürfnis von nur einer Person erfüllen zu lassen, sondern verteilen Sie es auf viele.

- Ihr Typ neigt zu bitteren Gefühlen des Unerwünscht-, Isoliert- oder Verlassenseins, aber Sie müssen die Erwartungshaltung aufgeben, dass Ihr Seelenpartner dieses Loch in Ihrem Herzen stopfen kann. Das kann zu Frustrationen und ironischerweise sogar zum Scheitern Ihrer Beziehung führen. Nur wenige können mit der Erwartungshaltung umgehen, dass sie für jemanden tatsächlich die einzig wichtige Person auf der Welt sind und die einzige, die ihrem Leben Sinn gibt.

- Suchen Sie sowohl mit Ihrem inneren als auch mit Ihrem äußeren Geist nach Beziehungen und erweitern Sie Ihren Horizont so weit wie möglich. Eine aktive spirituelle Verbindung zu einer höheren Macht – durch Gebet, Meditation, Gesang – kann Ihr tieferes Bedürfnis nach endgültigem Einssein und Ganzheit auf der Seelenebene befriedigen. Weil Sie sich von Natur aus als unvollständiges Wesen erleben, treten Sie mit dem geistigen Reich in Verbindung, um Ihre andere Hälfte zu finden.

- Lernen Sie loszulassen. Ihre Tendenz zur Unausgewogenheit äußert sich darin, dass Sie zu sehr klammern und Ihre Aufmerksamkeit ständig auf den einen Menschen richten, der Sie liebt. Dies sorgt für eine starke Hingabe und Loyalität, aber es kann zerstörerisch sein, wenn das dazu führt, dass man sich auch nach dem Ende einer Beziehung weiterhin auf ehemalige Liebespartner und andere Verbindungen fixiert. Lernen Sie, zerstörerische Beziehungen hinter sich zu lassen und nicht nur die Schönheit der Treue zu sehen, sondern auch die ihr innewohnende Angst, ohne Ihre andere Hälfte zu sein. Wenn etwas endet, sollten Sie wagen, es hinter sich zu lassen, und daran denken, dass wahre Liebe niemals eine Fixierung sein kann.

- Widerstehen Sie der Versuchung, sich für jemanden oder etwas aufzuopfern. Die Neigung, sich selbst zu verschenken, ist schön, aber es ist nicht immer heldenhaft, sich selbst zu »töten«. Heroische Geschichten von Märtyrern mögen edel wirken. Aber denken Sie daran, dass diese Personen oft aus nicht ganz so edlen Motiven zu Märtyrern wurden.

- Lernen Sie vor allem, sich selbst zu lieben. Es ist zwar schädlich, sich zu sehr in seiner inneren emotionalen Welt zu verlieren, aber es ist dennoch wichtig, dass Sie sich selbst lieben und akzeptieren. Wenn Sie Ihre Liebe und Akzeptanz nur auf andere richten und sich dabei selbst vergessen, haben Sie die wahre Bedeutung von Fürsorge nicht verstanden.

- Versuchen Sie, nicht allzu naiv zu sein. Akzeptieren Sie, dass Menschen gelegentlich schlecht sein können. Sie behaupten vielleicht, dass nicht die Menschen selbst schlecht sind, sondern nur ihre Taten, aber denken Sie daran, zumindest Ihre eigenen Beziehungen realistisch zu sehen.

- Akzeptieren Sie, dass Sie keineswegs permanent in einem Zustand des Friedens, der Liebe und der Harmonie leben müssen. Manchmal ist Reibung, ob in einer Beziehung oder in einem Entwicklungsprozess, notwendig, um mehr Liebe und Harmonie zu erreichen.

- Achten Sie darauf, keine Schutzmauer um Ihr Herz zu bauen, um mit Ihren vielen starken Emotionen und Enttäuschungen fertigzuwerden. Machen Sie die Erfahrung, dass Verletzlichkeit und Offenheit mehr Schutz bieten können als jede Mauer. Geben Sie Ihre Abwehr auf und versuchen Sie, verletzlich zu bleiben. Halten Sie Ihr Herz offen und lieben Sie, auch wenn es keinen Sinn ergibt.

- Suchen Sie sich vertrauenswürdige Mentoren, die Ihnen helfen, die kindlicheren Elemente Ihres emotionalen Zentrums zur Reife zu bringen. Solch eine Anleitung kann Ihnen dabei helfen, fokussiert zu bleiben, während Sie sich von jemandem, der bedürftig ist, zu jemandem wandeln, der anderen etwas geben kann.

Erfüllung finden

Es gibt verschiedene Wege, die Sie als Chakra-Vier-Typ beschreiten können, um das Potenzial Ihrer Konstitution zu verwirklichen:

- Wenn Ihnen klar ist, dass Sie geschäftliche Dinge nicht gut allein regeln können, sollten Sie sich Hilfe von einem fähigen Chakra-Eins-Typ holen. Zwingen Sie sich nicht, etwas zu sein, was Sie niemals sein können. Folgen Sie in vernünftigem Maße Ihrer Intuition, die Ihnen sagt, dass es im Leben weniger um Geld geht als darum, etwas zu tun, woran man glaubt.

- Streben Sie in den Berufen nach Erfolg, in denen es um das Kanalisieren von Emotionen und letztlich um das Teilen geht. Herzchakra-Typen eignen sich etwa als Heiler, Betreuer oder Therapeuten aller Art. Ziehen Sie auch einen medizinischen Berufsweg in Betracht. Folgen Sie Ihrer Neigung, Menschen durch eine emotionale Therapie oder Nähe zu helfen und sie auf ihren Reisen der Genesung oder sogar des Sterbens zu begleiten. Sie werden außerdem Erfolg haben, wenn Sie mit Kindern arbeiten (auch als Lehrer oder Erzieher), im Sozialbereich, mit Tieren oder in der Familien- oder Paartherapie.

- Meiden Sie Beziehungen, in denen Ihr Wesen unterdrückt wird. Wenn Sie in einer äußerst emotionslosen oder sogar missbräuchlichen und gewalttätigen Verbindung gefangen sind, kann Sie das Ihre gesamte Lebenskraft kosten.

- Folgen Sie in beruflichen Dingen und in Beziehungsangelegenheiten Ihrem grundlegenden Wesen, das Sie antreibt, mit anderen zusammenzuarbeiten. Auch wenn Sie sich von erdrückenden Abhängigkeiten befreien müssen, sollten Sie der Tatsache Rechnung tragen, dass das Wachstum in Ihrem Leben durch jemand anderen oder andere stattfindet.

- Versuchen Sie einen spirituellen Weg wie Bhakti-Yoga, den Weg der Liebe, Hingabe und Andacht. Suchen Sie ein Objekt der Hingabe – einen Lehrer, eine Gottheit oder auch die Menschheit. Integrieren Sie sakrale Sprechgesänge und andere Arten von andächtiger Musik in Ihre Praxis und streben Sie nach emotionaler Einheit mit anderen. Meditieren Sie mit offenen Augen, um Ihre Bindung an die reale Welt aufrechtzuerhalten.

- Meiden Sie rein emotionale spirituelle Wege ohne klares Weisheitskonzept, denn solche Wege können Sie ratlos machen, weil Sie nicht wissen, wie Sie Ihre Erfahrung interpretieren sollen. Stellen Sie sicher, dass Ihr Weg eine Form des aktiven Dienens beinhaltet, damit Sie nicht in Gefühlen stecken bleiben, die Sie nicht kanalisieren können. Suchen Sie nach Musterbeispielen der Selbstaufopferung, um den einzigartigen Weg Ihres Herzens zu erhellen.

Sind Sie eine Chakra-Vier-Persönlichkeit?

Der folgende Selbsttest hilft Ihnen zu beurteilen, wie viel Prozent des vierten Chakra-Typs Sie in sich haben. Achten Sie darauf, dass dieser Moment der Selbstbeurteilung entspannt und spielerisch verläuft. Versuchen Sie, das Vorhandensein von Hinweisen auf diesen Typ nicht in Bezug auf andere Typen zu bewerten. Prüfen Sie einfach, wie sehr Sie die Eigenschaften des Chakra-Vier-Typs in Ihrer Seinsweise, Ihrer Wahrnehmung der Welt und Ihren natürlichen und unmittelbaren Vorlieben erkennen. Versuchen Sie, kein intellektuelles Urteil zu fällen. Vertrauen Sie einfach darauf, dass sich etwas in Ihnen mühelos selbst erkennt.

Wenn es Ihnen schwerfällt, diesem Chakra-Typ einen Prozentsatz zuzuweisen, dann lesen Sie die folgenden Aussagen und überlegen Sie, wie stark Sie sich damit identifizieren können. Wenn Ihre Antwort auf alle Fragen jeweils die erste ist, weist das darauf hin, dass Sie sich vermutlich sehr stark mit diesem Typ identifizieren. Wenn all Ihre Antworten der vierten Variante entsprechen, ist das nicht der Fall. Ziehen Sie bei der Einschätzung, ob Sie zu diesem Typ gehören, daher auch diese Antworten zurate. Sobald Sie diesem Typ einen Prozentsatz zugeordnet haben, schreiben Sie ihn auf, damit Sie ihn mit Ihren anderen Selbsteinschätzungen vergleichen können. Das wird Ihnen bei der Bestimmung Ihrer Drei-Typen-Persönlichkeitsstruktur helfen.

- Die Welt ist ein Raum der emotionalen Bindungen, und wir sind hier, um unser maximales Potenzial als Liebe in menschlicher Gestalt zu verwirklichen.

  1. Damit identifiziere ich mich sehr.
  2. In gewissem Maße.
  3. Ein wenig.
  4. Überhaupt nicht.

- Was ist Ihrer Meinung nach der aktivste Teil in Ihnen?

  1. Emotionen.
  2. Gefühle und Körper.
  3. Wille und Ehrgeiz.
  4. Geist und Intellekt.

- Ich teile mein wahres Wesen am liebsten auf folgende Weise mit anderen:

  1. In einer engen Beziehung zu einer Person, in der wir beide unser Herz für den anderen öffnen.
  2. Im Kreis von Menschen, die mit Empathie und einer gemeinsamen Vision diskutieren oder etwas gestalten.
  3. Indem ich andere von Angesicht zu Angesicht unterrichte und dabei emotional aufgeschlossen bleibe.

4. Indem ich eine tiefschürfende philosophische Diskussion mit einer nachdenklichen Person führe.

- Ich bin besonders glücklich, wenn es mir gelingt, andere glücklich zu machen.

1. Stimmt genau.
2. Stimmt in gewissem Maße.
3. Da ist etwas dran.
4. Entspricht überhaupt nicht meiner Erfahrung.

- Ich spüre, dass mein Entwicklungsprozess von jemand anderem oder anderen angestoßen wird – einem Seelenpartner, einem Freund/einer Freundin oder einem Lehrer. Das ist mein Weg zum Wachstum.

1. Stimmt genau.
2. Stimmt in gewissem Maße.
3. Da ist etwas dran.
4. Stimmt überhaupt nicht.

KAPITEL 5

FÜNFTES CHAKRA – HALSCHAKRA

Die Redner

Die Redner

Weltweit: etwa 7 Prozent der Bevölkerung

Öffentliche Wirkungsstätten: Medien, Erziehung, Politik, soziale Medien, Gerichte

In der Regel zu finden unter: Journalisten, Autoren, Lehrern, Chefs, Politikern, Richtern, Rechtsanwälten, Händlern, Sängern

Dosha, Konstitution: Vata/Pitta (Luft/Feuer)

Dominiert von: Kommunikationszentrum, Stimme

Schattenselbst: der alles kontrollierende Manipulator

Zeitzone: die ferne Zukunft

Traditionelle Tiere: Singvögel, Wolf

Berühmte Persönlichkeiten: der biblisches Jesaja, Johannes der Täufer, Solon, Mohammed, Niccolò Machiavelli, William Shakespeare, Henry David Thoreau, Martin Luther, Karl Marx, Fjodor Dostojewski, Ludwig van Beethoven, Gabriel García Márquez, Mahatma Gandhi, Osho, Martin Luther King jr., Malcolm X, John F. Kennedy, John Lennon, Nelson Mandela, Carl Sagan, Steve Jobs, Bill Gates, Mark Zuckerberg, Deepak Chopra, Toni Morrison, Oprah Winfrey, Barack Obama, Elon Musk, Barbara Marx Hubbard, Ray Kurzweil

Redner haben etwas Wesentliches mit den Fürsorgenden gemeinsam: Ihre zentrale Leidenschaft im Leben ist die Kommunikation. Die beiden Typen kommunizieren jedoch auf sehr unterschiedliche Weise. Während Chakra-Vier-Persönlichkeiten Kommunikation nur dann als erfüllend empfinden, wenn sie die Möglichkeit bietet, emotionale Nähe zu erfahren, ist sie für Chakra-Fünf-Persönlichkeiten erfüllend, wenn sie es möglich macht, Einfluss auf Menschen und Ereignisse zu nehmen. Für sie ist die Begegnung mit anderen Menschen eine gute Gelegenheit, sich Gehör zu verschaffen – immer in der Hoffnung, die Meinung der Zuhörer ändern oder ihr Herz berühren zu können. Sie schätzen die Kommunikation selbst weniger als ihre Auswirkungen – Einfluss auszuüben und einer von ihnen geäußerten Idee oder Vision zum Erfolg zu verhelfen. Anders ausgedrückt: Während Fürsorgende kommunizieren, um sich mit anderen zu verbinden, kommunizieren Redner, um ihre eigenen Gedanken und Gefühle zum Ausdruck zu bringen.

Wesen

Das fünfte Chakra liegt am Halsansatz. Hier finden wir ein wesentliches Element unseres Daseins, mit dem wir ständig in Kontakt sind und das wir für selbstverständlich halten: die Sprache.

Denken Sie einen Moment darüber nach, wie oft wir uns über die Sprache zum Ausdruck bringen. Alle Gedanken, Ideen und Gefühle, die wir haben, werden durch Worte ausgedrückt. Dabei spielt es keine Rolle, ob wir diese Worte verwenden, um uns unsere eigenen schwer fassbaren Gefühle zu erklären oder um sie anderen zu erklären. Sprache stellt eine Verbindung zwischen unserer inneren Welt und der inneren Welt eines anderen Menschen her. Sie ist der Klebstoff, der verschiedene Realitäten miteinander verbindet, indem er eine Brücke des Verstehens baut.

Das Wesen des fünften Chakras ist jedoch mehr als die Sprache der Worte. Es umfasst jede Art von Informationsaustausch – alle gemeinsamen Codes, die Lebensformen verwenden, um miteinander zu kommunizieren. Pilze und Bäume im Wald tauschen Informationen miteinander aus. Vögel senden einander ständig irgendwelche Signale. Alle bewussten Wesen kommunizieren mit Stimme, Gesten und sogar feinstofflichen Energien. Die menschliche Sprache ist mittlerweile so komplex, dass wir mit Worten nicht nur zum Überleben oder Funktionieren notwendige Informationen weitergeben können, sondern auch abstrakte Ideen und Werte.

In dem Moment, in dem Sie diese Zeilen lesen, aktivieren wir beide die Essenz unseres fünften Chakras. Ich verwende sorgfältig gewählte Worte, um mein erklärtes Ziel zu erreichen, nämlich Ihr Bewusstsein zu beeinflussen, zu formen und zu lenken. Es ist reine Magie, dass wir mit einer Reihe von Buchstaben und Tönen die Meinung unseres Gegenübers ändern können. Jedes Wort, das ich sage, schafft eine Realität in Ihnen. Was wir mit Sprache ausdrücken, kann die Realität verändern.

Sprache ist so mächtig, dass sie Menschen weltweit dazu bringen kann, in Organisationen zusammenzukommen, Gewerkschaften zu gründen und sich Bewegungen anzuschließen. Um diese Zauberkraft zu aktivieren, müssen Sie sich natürlich der richtigen Sprache bedienen und genau die Worte verwenden, die alle zur selben Zeit auf die gleiche Weise berühren. Doch selbst das reicht nicht aus. Um verschiedene Menschen aus unterschiedlichen Welten davon zu überzeugen, sich zusammenzutun und gemeinsam zu handeln, brauchen Sie eine geheime Zutat namens »Charisma« – die Macht, Ihre Zuhörer sowohl mit Ihrer Präsenz als auch mit Ihren Worten zu verzaubern. Mit einer charismatischen Rede können Sie Gefühle hervorrufen, die genau dem entsprechen, was Menschen fühlen möchten, auch wenn ihnen das nicht bewusst ist. Wer diese charismatische Macht ausübt, hat die Kontrolle über die Weitergabe von Ideen und Informationen innerhalb einer bestimmten Kultur und kann sie nach Belieben lenken.

Jeder versucht bewusst oder unbewusst, Menschen und Ereignisse im eigenen Umfeld zu beeinflussen, indem er Meinungen äußert oder dem inneren Drang folgt, seine Überzeugungen, Ideale oder Visionen mit anderen zu teilen. Das ist das Wesen des Halschakra-Typs: die glühende Leidenschaft, ihr Umfeld zu beeinflussen.

Konstitution

Die Konstitution der Chakra-Fünf-Persönlichkeit ist eine Kombination aus Vata und Pitta (Luft und Feuer). Menschen dieses Typs verfügen über einen großen Anteil am Element Feuer, was sich in ihrem Wunsch manifestiert, Ideen zu vermitteln sowie andere zu beeinflussen und zu begeistern. Gleichzeitig ist ihre Konstitution auch sehr vom Element Luft geprägt, also alles andere als geerdet, und es widerstrebt ihnen, ihre Ideen in den weltlichen Boden zu pflanzen.

Auf der physischen Ebene sind Chakra-Fünf-Typen stark, robust, unkompliziert und aufgeweckt. In der Regel sind ihre Gesichtszüge eher kantig und sie haben einen feurigen Blick. Sie sind tendenziell nach außen orientiert, als stünden sie immer mit dem Gesicht zur Welt. Sie verfügen über eine ausgeprägte Wahrnehmung von ihrer Umgebung und der vielen Dinge, die um sie herum passieren. Sie sind auch sehr empfänglich für die Reaktionen anderer, weil sie ständig mit deren Feedback »arbeiten« müssen.

Redner sind tendenziell eher schlank, wobei einige auch zu Übergewicht neigen können. Und sie sind immer voller Energie. Wenn sie einen Raum betreten, sind sie ein bisschen wie Politiker, die nur darauf warten, Hände schütteln zu können. Sie benehmen sich in gewisser Weise wie Diplomaten, weil sie in vielerlei Hinsicht das Gefühl haben, andere beeindrucken und durch Kommunikation nützliche Ergebnisse erzielen zu müssen. Weil sie alles mit Absicht tun, sprechen sie nie einfach so mit Ihnen. Sie wollen immer etwas damit erreichen, haben immer einen »Plan«. Selbst wenn sie geschickt vorgeben, dass ihre Interaktionen rein sozialer Natur sind, wollen sie die Ergebnisse immer beeinflussen und haben stets bestimmte Ziele vor Augen.

In dem Punkt sind sie das genaue Gegenteil zu den Künstlern, die sich nie wirklich für die Ergebnisse interessieren, sondern einfach nur ihren Spaß haben wollen. Wenn ein Redner mit Ihnen spricht, können Sie sich darauf gefasst machen, manipuliert zu werden. Darin übertrifft dieser Typ die Zielstrebigen um einiges, denn die sind nicht unbedingt gute Kommunikatoren und relativ leicht zu durchschauen. Sie erkennen einen Chakra-

Fünf-Typ an der Art, wie er mit der klaren Absicht auf Sie zugeht, Ihnen das Gefühl zu geben, dass er *wirklich* daran interessiert ist, mit Ihnen zu sprechen und Ihnen zuzuhören.

Einflussbereich

Redner stellen nur etwa sieben Prozent der Weltbevölkerung. Aufgrund ihrer führenden Rolle und ihrer Medienpräsenz scheinen sie jedoch überall zu sein. Sie sorgen dafür, dass Ideen eine ganze Kultur durchströmen, und fungieren als Brückenbauer zwischen Konzepten und Menschen.

In seinem 1976 erschienenen Buch *Das egoistische Gen* prägte der Evolutionsbiologe Richard Dawkins, eine klare Chakra-Fünf-Persönlichkeit, den Begriff »Mem«, um die sich selbst replizierende Natur von Ideen zu beschreiben, die der eines Gens ähnlich ist. Er behauptet, dass die Art, wie sich Ideen innerhalb einer Kultur von Person zu Person verbreiten, Ähnlichkeit mit der biologischen Evolution hat. Genau wie etwa Viren suchen sie sich einen Wirt – in diesem Fall das menschliche Gehirn – und genau wie jene haben sie einen Selbsterhaltungsinstinkt. Meme sind erfolgreich, wenn es jemandem gelingt, Ideen so in die Köpfe anderer Menschen zu implantieren, dass sie Besitz von ihnen ergreifen und sie als Träger nutzen, welche diese Ideen weitergeben, bis sie fest in der entsprechenden Kultur verwurzelt sind. Redner sind gut im Erschaffen von Memen und für die Verbreitung vieler verantwortlich. Auch Dawkins' Mem, eine Idee über Ideen, konnte Wurzeln schlagen. Und ich demonstriere diesen Prozess gerade, indem ich seine Idee an Sie weitergebe.

Alle guten Dozenten und Anführer weisen Merkmale des fünften Chakra-Typs auf, ob als primäre oder als sekundäre Charakteristika ihrer Persönlichkeit. Ein geschickter Dozent oder Anführer kann viele Leute dazu bringen, einem Ideal zu folgen, selbst wenn dieses Ideal in Wirklichkeit ein als Idee getarntes Eigeninteresse ist (ein Symptom eines Typ-Fünf-Ungleichgewichts). Alle Halschakra-Typen sind potenzielle Anführer, was natürlich nicht bedeutet, dass aus jedem von ihnen ein unwiderstehlicher charismatischer Anführer wird. Sie verfügen jedoch alle über ein gewisses Maß an Anziehungskraft – über die Fähigkeit, die richtigen Worte zu finden, weil sie die Bedürfnisse ihres Gegenübers wahrnehmen.

Diese Fähigkeit macht sie ausgesprochen manipulativ. Wenn Sie genau wissen, was jemand braucht und hören möchte, können Sie dieses Wissen leicht nutzen, um den anderen in Versuchung zu führen und zu überzeugen. Wo diese Fähigkeit für gute und idealistische Zwecke eingesetzt wird, finden wir große Anführer, die im Namen der Wahrheit sprechen und oft positive Veränderungen in der Welt bewirken. Über diese Fähigkeit, zu lenken und zu inspirieren, verfügen aber auch Menschen, die sie missbrauchen, indem sie gefährliche oder zerstörerische Ideen in andere einpflanzen.

Osho, der umstrittene spirituelle Lehrer des 20. Jahrhunderts, war ein Chakra-Fünf-Typ, der diese beiden Extreme demonstrierte. Der wahrscheinlich größte Manipulator unter allen spirituellen Lehrern der Geschichte hielt eloquente Reden, in denen er sich ständig selbst widersprach und ungeheuerliche Aussagen machte, von denen er später nichts mehr wissen wollte. In seinen frühen Jahren war er ein professioneller Versammlungsredner gewesen und durch ganz Indien gereist, um an religiösen Debatten teilzunehmen. Dabei glaubte er weit weniger an die Richtigkeit seiner Aussagen als an ihre Macht, die Gedanken der Menschen zu beeinflussen. Seine ganze Art zu sprechen – von seiner hypnotischen Stimme bis zu seinen beruhigenden Gesten – war unverhohlen manipulativ.

Chakra-Fünf-Typen finden sich auch unter einflussreichen Künstlern, besonders unter jenen, die mit ihrer Meinung nicht hinter dem Berg halten und sich gegen soziale und politische Ungerechtigkeiten einsetzen. John Lennons unvergesslicher Song *»Imagine«* ist ein Beispiel für ein solches Statement in einem Kunstwerk. Lennon, zweifellos ein Halschakra-Typ, war viel mehr als ein großartiger Musiker. Ihm reichte es nicht, über romantischen Herzschmerz zu schreiben und davon zu singen. Er vertrat eine ganze Generation, die einer allgemeinen Revolution eine Stimme gab. Ein weiteres sehr gutes Beispiel liefert Toni Morrison, die nicht nur eine begabte Schriftstellerin ist, sondern auch eine, die ihre Stimme für unterdrückte Schwarze erhebt und ihre tragischen Geschichten erzählt.

Sakralchakra-Typen sind oft Künstler, die ihre Kunst allein des hemmungslosen kreativen Ausbruchs wegen betreiben wie der Comedian Andy Kaufman oder der Musiker Jim Morrison. Im Gegensatz dazu neigen künstlerisch tätige Halschakra-Typen dazu, ihre kreative Energie zu bewahren und für weitaus komplexere Werke einzusetzen. Sie wissen auch, wie man diese Energie nutzt und kanalisiert, um eine klare Aussage zu machen. Sie haben Ziele, denen sie manchmal ihr ganzes Leben widmen. Vielleicht können sie auch nur schreiben, singen oder komponieren, weil sie eine Aussage machen wollen.

Redner sind oft sehr effektive »Übersetzer« und Erklärer von Systemen. Ein Teil ihrer Schönheit besteht darin, dass sie genau wissen, wie sie Ideen und Methoden in eine einfache Sprache übersetzen können, die viele verstehen. Sie können eine komplexe Vorstellung – beispielsweise aus der Wissenschaft oder der Mystik – aufgreifen und schnell in ein Mem übersetzen, das die Gedanken und Fantasien vieler erobert. Wenn sie auf ein gutes Konzept stoßen, fragen sie sich sofort, wie Menschen etwas darüber erfahren und davon beeinflusst werden können.

Sie sind nicht nur besonders gut darin, Systeme zu erklären und zu interpretieren, sie wissen auch, wie man eine Idee mit einer anderen verbinden kann, um eine Synthese zu bilden. Sie verwenden gern verbindende Methoden, Systeme und Ideologien, um neue hybride Ideen zu kreieren. Das ist ihre einzigartige Form von Innovation. Sie sind in der Lage, verschiedene Methoden miteinander zu kombinieren – selbst einige, die diametral entgegengesetzt sind. Sie machen ein Konzept in einem System ausfindig und »übersetzen« es in ihrem Kopf in die Sprache eines anderen Systems – zum Beispiel, indem sie ein wissenschaftliches Prinzip mit Begriffen erklären, die spirituelle Menschen verstehen können, oder spirituelle Konzepte auf eine Weise erläutern, die Wissenschaftlern einleuchtet. Deepak Chopra ist ein gutes Beispiel dafür, denn er stellt die alten yogischen Prinzipien in einen wissenschaftlichen Rahmen, indem er Elemente des westlichen und des östlichen Denkens miteinander verbindet.

Viele Halschakra-Typen repräsentieren Systeme und sprechen für Systeme. Während sich Stirnchakra-Typen, die Denker, bevorzugt zurückgezogen mit innovativen Gedanken beschäftigen, stehen Redner gern im Vordergrund. Als Vermittler sind sie sehr daran interessiert, sichtbar zu sein. Die meisten Bücher wurden von Rednern geschrieben, nicht von Denkern. Denker entwickeln Ideen, Redner erklären sie.

Redner finden sich in Hülle und Fülle unter Lehrern, Fremdenführern, Trainern, Sachverständigen und Pädagogen aller Art. Sie unterrichten gern – Kinder wie Erwachsene – und haben ein besonderes Interesse an Kindern, weil die leicht zu formen sind. Sie sind auch Texter, Publizisten, Kritiker, Journalisten, Verleger und Übersetzer. Oder sie werden durch Ihre Vorliebe für große Auftritte zu Bühnenkünstlern, Verkäufern, Richtern oder Rechtsanwälten, die gern vor Gericht auftreten.

Chakra-Fünf-Typen dienen oft als Stimme einer »höheren Quelle«. Sie können Propheten, Medien oder Visionäre sein. Sie sprechen in der Regel gern im Namen von etwas, das größer als sie selbst oder eindeutig gut ist. Da es ihnen liegt, eine größere Wahrheit mit aller Leidenschaft zu vertreten, prangern sie häufig soziale und politische Ungerechtigkeiten an und setzen sich vehement für Werte wie Freiheit sowie Menschen- oder Tierrechte ein. Der zeitgenössische Tierrechtsaktivist Gary Yourofsky etwa ist ein so überzeugender Befürworter des Veganismus, dass viele Menschen, die sich seine Vorträge online anschauen, von ihm »bekehrt« werden. Als Visionäre können Chakra-Fünf-Typen sehr inspirierend sein und der gesamten Menschheit zeigen, wie weit wir gehen können, um uns neue Horizonte zu erschließen.

Genau diese Tendenz bringt sie auch dazu, Missionare zu werden, die sich als Retter der Menschheit begreifen. Sie propagieren oft irgendeine Form von Erlösung. Doch was sie motiviert, ist nicht die Rettung von Seelen, sondern die Aussicht, ihr Mem zu verbreiten. Sie registrieren erfreut die wachsende Zahl derer, die an ihre auf eine globale Veränderung gerichtete Sache glauben. Wenn dieser missionarische Geist durch großartige Menschen zum Ausdruck gebracht wird wie etwa im Fall von Martin Luther King jr. oder Gandhi, die zusätzlich ein riesengroßes Herz hatten, können die Ergebnisse bemerkenswert sein. Wenn fragwürdige Politiker oder »göttlich inspirierte« Inquisitoren ihrem missionarischen Geist folgen, sind die Ergebnisse weniger erhebend.

Rolle in der Geschichte der Menschheit

Die einzigartigen Fähigkeiten der Redner wurden deutlich, als die Menschheit anfing, Sprache auch jenseits des zum Überleben Notwendigen einzusetzen und Stammeshierarchien zu schaffen. Zu diesem Zeitpunkt tauchten sie auf, um kollektive Entscheidungen und Werte zu beeinflussen, und teilten sich in zwei große Lager: in Anführer und ihre Opponenten. Wir können dies in der Bibel deutlich sehen, wo beschrieben wird, wie sich Propheten erhoben haben, um Königen und religiösen Leitfiguren die Stirn zu bieten.

Im antiken Griechenland wurden öffentliche Reden zu einem bedeutenden kulturellen Ereignis. Redner versammelten sich auf der Agora, um Menschen um sich zu scharen und Diskussionen zu provozieren. Das war der Beginn der Demokratie: Die Bürger fingen an, am Entscheidungsprozess teilzunehmen und der Weltsicht der einfachen Menschen eine Stimme zu geben. Später unterschieden sich konventionelle Chakra-Fünf-Anführer, die für die etablierte Hierarchie sprachen, deutlich von den unkonventionellen Chakra-Fünf-Typen, die in wichtigen Übergangszeiten wie der Französischen Revolution oder der amerikanischen Bürgerrechtsbewegung für soziale Gerechtigkeit kämpften. Heute versinken wir regelrecht in der Chakra-Fünf-Rhetorik, weil eine Explosion des individuellen Ausdrucks stattfindet, die von den sozialen Medien ermöglicht und durch eine weitverbreitete Vorstellung von Selbstverwirklichung gestützt wird.

Weltsicht

Stellen Sie sich die Welt als einen Raum vor, der durch Ausdrucksmöglichkeiten definiert wird. In diesem Raum kämpfen viele Stimmen darum, gehört, anerkannt und akzeptiert zu werden. Manchmal versuchen diese individuellen Stimmen sogar, sich gegenseitig zu unterdrücken. Jede Stimme möchte gehört werden, möchte hervorstechen und ihren einzigartigen Ausdruck nutzen, um Einfluss auf Menschen und Ereignisse auszuüben und Änderungen der Realität und der Art und Weise, wie andere denken und sich verhalten, zu bewirken.

Es ist die Möglichkeit, eine Veränderung zu bewirken, die Halschakra-Typen antreibt. Sie haben jeweils eine einzigartige Vision, die sowohl ihr eigenes Leben als auch das Leben anderer beeinflussen kann. Der eine ist vielleicht ein Träumer, der die Möglichkeit einer neuen oder besseren Wirklichkeit vor Augen hat. Ein anderer ist möglicherweise davon überzeugt, dass die Welt ein anderer, besserer Ort wäre, wenn nur jeder seine Vision teilen würde. Worin auch immer ihre Vision besteht, Redner sind bestrebt, sie zu fördern, um die Welt zu verändern. Für sie geht es darum, ihrer eigenen inneren Stimme und Vision zu folgen und andere zu überzeugen, es ihnen gleichzutun. Sie singen »ihr eigenes Lied« – manchmal laut und klar –, und sie wollen, dass andere mitsingen.

Chakra-Fünf-Typen wollen ihren Traum um jeden Preis verfolgen, manchmal über den Tod hinaus. Ihre Träume sind, wenn sie sich auf ein ausreichend großes Ziel konzentrieren, ein Erbe, das auch dann, wenn sie nicht mehr da sind, weiter besteht, weil sie auch für andere eine Bedeutung haben. Diese Träume sind so tief in der fernen Zukunft verwurzelt, dass sie in einem einzigen Leben niemals ganz verwirklicht werden können. Aber etwas von ihnen bleibt als Hoffnung zurück, dass die einzigartige Stimme und Botschaft des Redners in Erinnerung bleiben und in Ehren gehalten werden.

Spirituelle oder religiöse Halschakra-Typen verbinden sich mit einer höheren Realität, indem sie zu ihren eigenen tiefsten und persönlichsten Ausdrucksmöglichkeiten finden. Darin glauben sie, die Prägung des Göttlichen in sich zu erkennen – die Einzigartigkeit ihrer Seele als Ausdruck des wahren Willens Gottes. Liebe bedeutet für sie, auch anderen zu erlauben, ihr eigenes Lied zu singen und ihr Innerstes vollkommen zum Ausdruck zu bringen. Aus ihrer Sicht muss man der Wahrheit eine Stimme geben und sie nicht nur selbst erfahren, wenn man dem Göttlichen folgen will. Wenn man etwas wahrnimmt, das die Wahrheit zu sein scheint, muss man diese Wahrheit verkünden. Die sie antreibende Leidenschaft bringt sie dazu, ihre eigene innere Wahrheit nicht für sich zu behalten, sondern sie so überzeugend wie möglich mit möglichst vielen anderen Menschen zu teilen.

Für Redner liegt das Glück in jenen Momenten des Lebens, in denen sie Gelegenheit haben, dem natürlichen Fluss des Ausdrucks eine Stimme zu geben – etwas, das andere dazu bringt, stark zu reagieren. Für sie ist das wie eine Geburt. Wenn andere ihre innere Wahrheit, ihr Wissen und ihre Weisheit erkennen und akzeptieren, werden sie in gewisser Weise davon befruchtet und bringen eine ertragreiche Veränderung hervor.

Für Redner ist es auch beglückend, wenn es ihnen gelingt, eine Gruppe aus einzigartigen Individuen zu bilden und diese miteinander zu verbinden, indem sie sie dazu bringen, einander zu verstehen und wertzuschätzen. Für sie ist das Bauen solcher Brücken die beste Möglichkeit, anderen zu dienen. Darin, wie sie Verstand und Herz einer anderen Person berühren, spiegelt sich ihre Fähigkeit wider, ein guter Kanal für Ideen zu sein. Das ist ein wichtiger Weg zur Selbstverwirklichung für diesen Persönlichkeitstyp – ein Kanal für eine Idee oder Wahrheit zu sein und sie ungestört fließen zu lassen.

Redner betrachten die Welt als Raum, in dem Manifestation stattfindet. Durch das Ausdrücken einer bestimmten Idee oder eines Traums hoffen sie, ihre Visionen in der Welt verwirklichen zu können. Deshalb versuchen sie, Organisationen für ihre Überzeugungen zu schaffen, indem sie Strukturen bilden und Bewegungen gründen, die ihren Einfluss auf andere und die Welt verstärken. Ihre Träume beginnen als Samen in ihrem Kopf und suchen sich dann einen Ausdruck. Wenn sie erfolgreich sind, werden diese Träume letztendlich in der Welt zur Wirklichkeit. Wie der biblische Gott, der die Schöpfung durch den *Logos* oder das Wort hervorgebracht hat, versuchen sie, die Wirklichkeit zu verändern, indem sie ihre Gedanken zum Ausdruck bringen. Für Gott klaffte allerdings keine Lücke zwischen Ausdruck und Manifestation. Für Redner, die in einer Welt der gegen Veränderungen resistenten Materie leben, ist dieser Prozess oft langsam und schmerzhaft.

Allgemeine Charakteristika

In der Kindheit, in der Pubertät und Anfang unserer Zwanzigerjahre, als wir noch große Träume hatten, wie weit wir es im Leben bringen würden, waren wir alle Chakra-Fünf-Typen. Wir wollten die Welt erobern und hatten das Gefühl, dass nur der Himmel unsere Grenze war. Mit zunehmendem Alter neigen wir jedoch dazu, als Reaktion auf die wachsenden Anforderungen des Lebens und die schmerzhaften Kompromisse, die wir auf unserem Weg zur Selbstverwirklichung eingehen müssen, zynischer zu werden.

Wir sind auch alle Chakra-Fünf-Typen, wenn wir auf der Suche nach unserer eigenen Stimme und einem einzigartigen Ausdruck sind. Das beginnt in der Pubertät und im jungen Erwachsenenalter, wenn wir mit unserer Entscheidung für ein Studium oder einen Beruf nach unserer eigenen Bedeutung und Erfüllung suchen, nach unseren Leidenschaften und Fähigkeiten. Wir und andere um uns herum spüren ein Potenzial in uns, das darauf wartet, erkundet zu werden. Und es gibt Krisenzeiten in unserem Leben, wenn wir entdecken, dass unser Potenzial unter Pflichten und Erwartungen begraben liegt. Daher kommt es manchmal vor, dass wir erneut kämpfen müssen, um in der Welt in Erscheinung treten zu können.

Wir sind ebenfalls alle Chakra-Fünf-Typen, wenn wir voller Begeisterung erfahren, dass Dinge, die wir getan oder gesagt haben, jemand anderem eine Hilfe waren oder sein Leben verändern konnten. Wir sind eine Halschakra-Persönlichkeit, wenn es uns gelingt, einer inneren Wahrheit, die uns sehr am Herzen liegt, eine klare Form zu geben und die Freude der Selbstverwirklichung zu spüren, oder wenn es uns gelingt, ein kreatives Projekt zu verwirklichen, und uns von außen bestätigt wird, dass wir es geschafft haben, die Herzen und den Geist anderer zu berühren. Wir finden den Chakra-Fünf-Typ in uns, wenn wir eine große Vision für die Zukunft der Welt und der Menschheit haben und von der Aussicht begeistert sind, eine utopischere Wirklichkeit zu schaffen.

Ein einfaches Bild, das uns den Charakter des Redners vor Augen führt, ist das eines Schlachtfelds. Dort sitzt ein Kommandant in einem

Zelt, studiert die Situation anhand der vor ihm ausgebreiteten Landkarten und gibt seinen Offizieren entsprechende Anweisungen. Es gibt aber auch einen aktiv handelnden Feldkommandanten, der mit seinen Soldaten konkret in die Schlacht zieht. Der Feldkommandant ist ein Solarplexuschakra-Typ, während der Stratege ein Halschakra-Typ ist, der hinter den Kulissen die Fäden zieht. Der Solarplexuschakra-Typ ist ein äußerst energiegeladener und furchtloser Soldat, der dem Tod mutig ins Auge schaut. Der Halschakra-Typ hingegen ist viel vorsichtiger, listiger und berechnender. Ohne den Feldkommandanten ist der Stratege jedoch machtlos. Ohne Wurzelchakra- und Solarplexuschakra-Typen, die Erschaffer und die Zielstrebigen, die bereit sind, ihre Visionen zu aktualisieren, besteht für die Halschakra-Typen die Gefahr, dass sie irrelevant werden. Sie mögen in der Lage sein, Visionen zu spinnen und anderen zu sagen, was sie tun sollen, aber es sind die »Macher«, die ihre Pläne in die Tat umsetzen.

Weil Redner hauptsächlich an der großen Vision interessiert sind, sind sie nicht sehr geerdet und nicht besonders praktisch veranlagt. Sie haben den Kopf in den Wolken. Sie sagen anderen gern, was sein könnte, aber sie wollen es nicht wirklich umsetzen. Mit Blick auf das Chakra-System ist das durchaus sinnvoll. Je höher wir auf der Chakra-Säule steigen, desto weiter entfernen wir uns von einer konkreten Verbindung zum Leben. Die Lage des Halschakras sorgt dafür, dass Menschen des entsprechenden Persönlichkeitstyps immer noch stark daran interessiert sind, Einfluss auf die Welt auszuüben, aber sie sind ziemlich verträumt. Die Veränderungen, die sie sich für die Welt vorstellen, tendieren zum Utopischen. Sie neigen dazu, Träume zu träumen, die größer sind als das Leben und deutlich abstrakter.

Da sie sich nicht wirklich um die Umsetzung ihrer eigenen Visionen kümmern wollen, neigen Chakra-Fünf-Typen zu der Annahme, dass sie nur die Vision liefern müssen und der Rest dann irgendwie ganz von allein kommt. In gewissem Sinne scheint es, als glaubten sie, die Realität einfach durch die Kraft ihrer Absicht beeinflussen zu können. Sie fühlen sich oft von den Vorstellungen des magischen Denkens angezogen, weil sie das Gefühl haben, dass die Vision in ihrem Kopf eine natürliche Antwort aus der Realität anziehen kann, an deren Kontrolle sie in jeder Form interessiert sind.

Redner können so verträumt sein, dass sie sogar das Gefühl haben, ihre Visionen gingen automatisch in Erfüllung, einfach kraft der Tatsache, dass sie formuliert wurden. Sie neigen dazu, den Kontakt zur Realität zu verlieren, und gehen leicht in ihren eigenen Visionen auf – auch wenn diese Visionen oder sie selbst in Wirklichkeit alles andere als erfolgreich sind. Redner lassen sich nie von Fakten beirren.

Dennoch kann ihre Verträumtheit für andere von großem Nutzen sein. Wenn Sie ein Buch lesen, das von einem Chakra-Fünf-Typ geschrieben wurde, oder einer Aufführung oder einem Vortrag dieses Typs beiwohnen, können Sie leicht das Gefühl bekommen, dass Sie eine Erfahrung gemacht haben, die Ihr Leben verändert. Wenn Menschen dieses Typs wirklich mächtige Kommunikatoren sind, fühlen Sie möglicherweise eine Bereitschaft, Ihre bisherige Welt hinter sich zu lassen und diese neue Idee oder Vision mit derselben Begeisterung zu verfolgen, mit der die Redner es tun.

Redner suchen sorgfältig nach genau den Worten, die eine Verbindung zu Herz und Kopf ihres Gegenübers herstellen. Sie sagen im richtigen Moment das Richtige und treffen dabei den richtigen Ton. Das bewirkt, dass sich die Zuhörenden öffnen. Offenbar kann es auch ein wenig süchtig machen, denn wenn sie merken, wie das Publikum darauf reagiert, wollen sie mehr davon. Wir alle kennen Musiker, die vor riesigen Menschenmengen stehen und rufen: »Ich liebe euch!« Was sie wirklich meinen, ist natürlich: »Ich liebe es, wie ich euch beeinflussen kann, damit ihr euch meinem Einfluss uneingeschränkt öffnet.« Es geht ihnen nie um die Menschen in der Menge, es geht ihnen immer um sie selbst.

Halschakra-Typen werden vom Kommunikationszentrum dominiert und wollen gesehen und gehört werden. Dementsprechend sind sie denn auch von allen Menschen die sichtbarsten. Sie sind vielleicht nicht so deutlich extrovertiert wie die Künstler, aber es ist ihnen trotzdem wichtig, ihre Spuren in der Welt zu hinterlassen. Aus diesem Grund stehen viele von ihnen gern vor großem Publikum auf der Bühne. Sie sind beeindruckt von

Zahlen, die auf einen wachsenden Einfluss von ihnen hindeuten. Sie lieben das Erlebnis, vor einer aufmerksamen Menge zu sprechen. Dies sind oft die denkwürdigsten Momente in ihrem Leben.

Redner können von Natur aus auf vielen Ebenen mühelos kommunizieren. Sie beherrschen nicht unbedingt Fremdsprachen wie Spanisch oder Türkisch, wohl aber die verschiedenen Insidersprachen von Geschäftsleuten, Politikern, Wissenschaftlern und bestimmten Laiengruppen. Dies führt dazu, dass sie sich vielen Arten von Zuhörern anpassen können. Wie Chamäleons übernehmen sie die Farbe ihrer Umgebung und passen ihre Sprache an das an, was sie in ihrem Publikum »lesen«, wobei sie auf intelligente Weise erkennen, was die Menschen von ihnen erwarten. Das kann sie ein wenig hinterhältig machen. Sie sind nicht leicht zu durchschauen. Daher wissen ihre Mitmenschen und selbst ihre engsten Vertrauten möglicherweise nicht, wie sie wirklich sind. Die Menschen fragen sich oft, ob sie tatsächlich ein eigenes inneres Wesen haben – irgendein authentisches Selbst.

Weil Chakra-Fünf-Typen das Bedürfnis haben, Ideen zum Ausdruck zu bringen und Einfluss auf Menschen und Ereignisse zu nehmen, sind sie manchmal bis zur Gefühllosigkeit rational und berechnend. Sie sind sehr beschäftigt, aber hauptsächlich mit der Erfüllung ihrer eigenen Visionen und weniger mit der direkten Beziehung zu jenen, die ihre Träume verwirklichen sollen. Den Blick auf einen fernen Horizont gerichtet, entgeht ihnen oft, was sie direkt vor ihrer Nase haben – vor allem menschliche Gefühle. Noch schlimmer ist, dass sie die Menschen um sich herum lediglich als Vehikel oder Botschafter ihrer Ideen betrachten. Wenn ein Halschakra-Typ den Solarplexuschakra-Typ als Sekundärtyp hat, wird diese Tendenz noch verstärkt. Wenn sein Sekundärtyp jedoch der Herzchakra-Typ ist, wird diese gefährliche Tendenz abgemildert.

Die hinterlistige Natur des Halschakra-Typs zieht sie in die Welt der Intrigen und Komplotte, der Verschwörungen und Feinde. Sie fühlen sich, als wären sie von Ränkeschmieden umgeben, welche die Wirklichkeit kontrollieren oder es zumindest versuchen. Darauf reagieren sie wiederum mit ihrer eigenen Heimlichtuerei. Wenn sie von Situationen oder Menschen enttäuscht werden, reagieren sie selten direkt. Meistens entscheiden sie sich für ein katzenartiges Verhalten, indem sie ihre Wut verbergen, sich still zurückziehen und nach einer neuen Strategie suchen. Die leicht zu durchschauenden Solarplexuschakra-Typen, die ihre Wut deutlich zum Ausdruck bringen, sind demgegenüber eher wie bellende Hunde.

Redner werden von dem intensiven Wunsch angetrieben, die Wirklichkeit zu steuern. Als geborene Träumer haben sie Visionen zu sämtlichen Bereichen des Lebens und können eine Abweichung davon, die beispielsweise durch äußere Umstände oder die Ideen anderer Menschen hervorgerufen wird, kaum ertragen. Vereinfacht ausgedrückt gilt für sie immer nur: »Entweder so oder gar nicht.« Als kämpferische Anführer fällt es ihnen sehr schwer, die Autorität oder Vision von jemand anderem zu akzeptieren. Auf ihrer ständigen Suche nach neuen Ideen lassen sie sich von ihren eigenen Gedanken inspirieren und wollen auch selbst die Kontrolle über ihren Weg behalten. Wenn sie jemand anderem folgen müssen, rebellieren sie früher oder später.

Stärken und Potenzial

Chakra-Fünf-Typen sind ziemlich enthusiastische und leidenschaftliche Wesen. Ihr starker Glaube an ihre Träume und Visionen hält sie in der Regel wach und energiegeladen. Weil ihr Blick immer in die weit entfernte Zukunft gerichtet ist, bleiben sie stets optimistisch. Ihre Begeisterung ist ansteckend und sie sind mit der Fähigkeit begabt, andere mitzureißen und im Namen einer großen Vision zusammenzubringen.

Redner sind hochgradig idealistisch und haben ein besonderes Gespür für Ungerechtigkeiten. Mit ihrer ausgeprägten Fähigkeit, verschiedenartige Menschen zu verstehen, können sie Brücken bauen und Leute dazu bringen, Unterschiede zu überwinden und miteinander in Kontakt zu treten. Sie sind starke Individuen, die zum Nonkonformismus in der Lage sind und nicht davor zurückschrecken, sich auch mal unbeliebt zu machen, während sie unerschütterlich treu hinter ihren Überzeugungen stehen. In guten wie in schlechten Zeiten sind sie willensstark, eigensinnig und entschieden. Wenn sie ihren Träumen folgen, sind sie auf positive Weise blind gegenüber Störungen und Ablenkungen und geben nur selten auf. Sie haben eine Begabung dafür, Ideen und Visionen hervorzubringen, und sind daher oft wertvolle Berater für Menschen in schwierigen Lebenslagen.

Redner sind diplomatisch und wickeln Menschen oft mit ihrem Charme ein. Obwohl sie sich ihrer sozialen Rolle ganz und gar bewusst sind und sich nie vollständig einfügen, sind sie anpassungsfähig und können sehr unterhaltsam sein. Während andere Typen in ihrer Persönlichkeitsstruktur ziemlich starr sein können, sind Chakra-Fünf-Typen wandlungsfähig und nehmen die Form ihrer Umgebung an. Das liegt daran, dass ihre Identität von dem geformt wird, woran sie glauben. In diesem Sinne sind sie flexibel und können auf unterschiedliche Bedürfnisse und Anforderungen eingehen.

Ihr Bewusstsein für die Bedürfnisse und Wünsche anderer macht Redner zu angenehmen Partnern in Beziehungen. Sie wissen, wie man einen Liebespartner zufriedenstellen kann. Sie sind zwar nicht sonderlich emotional, können aber verhindern, dass dies zum Problem wird. In der Regel ermöglicht es ihnen ihre Anpassungsfähigkeit, mit jedem anderen Chakra-Typ klarzukommen. Sie können Konflikte vermeiden, indem sie die Erwartungen anderer analysieren und sich ihnen anpassen.

Herausforderungen

Chakra-Fünf-Typen sind von Natur aus ehrgeizig – vielleicht sogar übermäßig ehrgeizig. Die Visionen, die sie vor ihren inneren Augen haben, sind in der Regel viel zu groß, als dass sie sie wirklich beherrschen und steuern könnten, aber sie springen dennoch glücklich und unrealistisch mitten hinein. Wenn es darum geht, ihre Träume zu verwirklichen, sind sie oft vom Ausmaß ihrer selbst ersonnenen Zukunft überfordert. Dann werden sie handlungsunfähig und desorientiert und wissen nicht, wie sie den ersten praktischen Schritt angehen sollen. Manchmal entwickeln sie heimlich oder auch offen grandiose Ideen, die an Größenwahn grenzen, und sehen sich selbst als Messiasfiguren. Sie können Ihr Selbstbild gewaltig aufblasen und jede Kluft zwischen sich und der Realität ignorieren.

Redner werden von anderen in der Regel als übermäßig intensiv, anstrengend und fordernd erlebt. Oft scheint es, als wollten sie einfach zu viel – anerkannt werden, einen Eindruck hinterlassen und vor allem von anderen bekommen, was sie brauchen. Das hält sie permanent in einer existenziellen Spannung gefangen und führt dazu, dass sie sich nicht einen einzigen Moment lang entspannen können. Sie haben das Gefühl, alles beeinflussen und kontrollieren zu müssen, was um sie herum gesagt oder getan wird. Oberflächlich betrachtet wirken sie aufmerksam, aber sie hören nur, was sie hören wollen. Oft scheinen sie kein Gefühl dafür zu haben, wann ein Treffen beendet werden sollte. Stattdessen geben sie anderen das unangenehme Gefühl, heimlich manipuliert und gelenkt zu werden. Sie scheinen zufrieden, solange andere in das Bild passen, das sie von ihnen im Kopf haben, doch sobald man sich nicht ganz so verhält, wie sie es erwarten, breitet sich eine schmerzhafte Stille im Raum aus und man ist verwirrt und weiß nicht, was man davon halten soll. Was genau haben sie gemeint? Was wollten sie?

Wenn Halschakra-Typen eine klare Vision haben, können sie blendende, sehr überzeugende Missionare werden. Darüber hinaus können sie aufgrund ihrer genialen Begabung, Schwachstellen anderer ausfindig zu machen und zu missbrauchen, Menschen leicht davon überzeugen, einer Vision zu folgen, die in Wirklichkeit dem reinen Eigeninteresse der Redner dient. Die Trennungslinie zwischen dem Wunsch, eine Wirkung zu erzielen, und einem unehrlichen egoistischen Bedürfnis kann nicht immer eindeutig gezogen werden, und das ist ein Grund, warum viele diesen Typ nicht verstehen. Was geht in dieser Person vor? Wer ist diese Person? Tatsächlich können sie zwischen einem egozentrischen Wunsch und der idealistischen Sorge um das Wohl des Ganzen oft selbst nicht trennen. Deswegen ist es für uns alle schlecht, wenn ein Chakra-Fünf-Typ eine schädigende Vision formuliert. Alle Diktatoren sind primäre oder sekundäre Chakra-Fünf-Typen.

Menschen dieses Typs sind aus einem weiteren Grund oft schwer zu verstehen. Sie sind so anpassungsfähig, dass es oft unmöglich ist zu erkennen, ob sie überhaupt ein substanzielles authentisches Wesen haben. Sie lügen, ohne rot zu werden, und sind sehr überzeugend dabei. Schlimmer noch, sie haben oft gar nicht das Gefühl zu lügen.

Chakra-Fünf-Typen sind zwar in der Regel sehr umgängliche Partner, strahlen aber oft eine vage und irgendwie verstörende Distanziertheit aus. Das liegt vor allem daran, dass sie nicht leicht zu durchschauen sind und etwas Geheimnisvolles an sich haben. Aber es hat auch etwas mit der Tatsache zu tun, dass sie vor allem mit ihren Träumen verheiratet sind. Emotionale Erfahrungen sind daher alles andere als der Mittelpunkt ihres Lebens. Wahr ist auch, dass sie treulos sein können, weil sie ihre Freiheit lieben.

Schattenselbst

Redner verlangen, dass jeder nach ihrer Pfeife tanzt und immer alles genau nach Plan verläuft. Ihre größte Angst ist, dass die Dinge aus dem Ruder laufen, dass jemand zu frei agieren und ihr perfektes Drehbuch verderben könnte. Sie sind getrieben von ihrem Bedürfnis nach Kontrolle – danach, dass alle ihren Vorgaben folgen. Deshalb nenne ich ihr Schattenselbst »den alles kontrollierenden Manipulator«.

Wenn Sie Zeit mit einem Chakra-Fünf-Typ verbringen, werden Sie merken, dass er Sie ständig beaufsichtigt, als führe er Regie in einem Theaterstück. Jedes Wort, das Sie sagen, kann das falsche sein. Jede Bewegung, die Sie machen, wird sorgfältig überwacht. Die Spannung ist mit Händen greifbar, weil Sie Ihre Rolle dem Drehbuch entsprechend spielen müssen – und zwar gut. Um das Schauspiel auf Kurs zu halten, achtet der Regisseur darauf, dass alles genau so gemacht wird wie im Drehbuch vorgegeben und alles nach Plan verläuft. Unter der Oberfläche spürt man jedoch eine große Angst bei diesen Menschen, weil sie der Meinung sind, vom Drehbuch abzuweichen sei schlimmer als der Tod. Sie sind zwar sehr stolz darauf, eine

Vision, einen Plan zu haben, fürchten aber, ihre Vision könnte aus dem Ruder laufen oder ihr Plan ließe sich nicht genau einhalten. Diese Angst tritt an die Oberfläche, wenn sie spüren, dass etwas in eine andere als die von ihnen vorgegebene Richtung fließt. Weil sie nicht verstehen, wie das passieren konnte, werden sie dann plötzlich sehr unsicher.

Tatsache ist, dass Redner, die auf den ersten Blick so zuversichtlich und engagiert wirken, in Wirklichkeit extrem unsicher sind, weil sie tendenziell in ihren Visionen leben und keine Ahnung haben, was sie im echten Leben tun sollen. Sie wissen nur, wie man in seinen Träumen lebt, und kommen mit nichts klar, was sich außerhalb davon abspielt. Wenn ihre Pläne scheitern, sind sie wie Schauspieler ohne Textbuch, die gebeten werden zu improvisieren. Sie sind »sprachlos« und hoffen, dass jemand ihnen vorspricht, was sie sagen sollen. Halschakra-Typen kennen nur den Text, den sie gelernt haben, und können ihn nur vortragen, solange jeder genau das tut, was sie wollen.

Das Leben gerät jedoch ab und zu außer Kontrolle und hat sein eigenes Drehbuch. Das kann für die Redner deutliche Nachteile haben, und sie müssen damit erst einmal fertigwerden. Leider neigen sie in solchen Situationen dazu, alles und jeden manipulieren zu wollen und so zu tun, als diene ihr Plan dazu, andere glücklich zu machen und ein gemeinsames Interesse voranzubringen. Dieser Plan, so argumentieren sie, sei vollkommen altruistisch – eine von Fürsorge getriebene Vision, die nichts mit dem Wunsch zu tun hat, andere zu kontrollieren. Sie werden Ihnen genau erklären, warum es in Ihrem besten Interesse ist einzuwilligen und warum sich der Plan nur auf eine ganz bestimmte Weise umsetzen lässt. Sie werden so tun, als läge ihnen Ihr Wohlergehen ganz besonders am Herzen, aber eines ihrer größten Defizite ist, dass ihnen das Wohlergehen anderer ziemlich egal ist und sie leicht herzlos werden können. Schließlich interessieren sie sich nicht für Menschen, sondern für Visionen. Und ihre einzige Möglichkeit, die Kontrolle wiederzuerlangen, wenn die Dinge außer Kontrolle geraten sind, besteht darin, andere davon zu überzeugen, dass dies schon immer Teil ihres Plans war.

Redner versuchen mit aller Kraft, die Realität an ihre Visionen anzupassen, niemals umgekehrt. Und wenn sich die Dinge nicht durch Manipulation zu ihren Gunsten verändern lassen, ist Rückzug ihr letzter Ausweg. Sie wenden sich aus reiner Verwirrung nach innen. Weil sie nicht wissen, was zu tun ist, müssen sie ihren Plan anpassen – ihr Drehbuch umschreiben. Und sie tun so, als sei dieses Umschreiben immer schon Teil ihrer Vision gewesen – das, was sie die ganze Zeit wollten. Sie ziehen sich still und heimlich zurück, um sich einen modifizierten Plan auszudenken, von dem sie hoffen, dass er besser funktioniert, und den ursprünglichen Plan vollständig zu vergessen.

Um ihr Schattenselbst zähmen zu können, müssen Redner ehrlich zugeben, dass sie Manipulatoren und manchmal auch herzlos sind. Sie müssen lernen, Realität und Vision zu trennen, und erkennen, dass die Realität größer ist als ihre Vision und dass sie ihre Vision in die sie umgebende Welt integrieren müssen. Auf diese Weise können sie demütiger werden. Sie müssen auch erkennen, dass sie in Wahrheit ständig in Angst leben und als Ergebnis davon kaum jemanden um sich herum frei atmen lassen.

Höheres Potenzial und Bestimmung

Chakra-Fünf-Typen konfrontieren uns mit Ideen, die unser Leben verändern können. In vielerlei Hinsicht sind sie unsere Lehrer, die dazu berufen sind, Einfluss auf uns zu nehmen und unseren Geist ebenso wie unser Herz zu formen. Als solche haben sie die Macht, uns schöne neue Welten, Visionen und Möglichkeiten zu eröffnen und uns nicht nur ihren Horizont zu zeigen, sondern auch den unseren zu erweitern. Wenn sie damit erfolgreich sind, erkennen sie die ganze Fülle ihrer Ausdrucksmöglichkeiten in der Welt.

Der fünfte Chakra-Typ verkörpert Charisma, Einfluss und Führungsstärke. Menschen dieses Typs tauchen als stimulierende, inspirierende, entflammende und erweckende Kraft in unserem Leben auf, die uns ermutigt, uns zu verändern und neue Ideen zu sammeln und anzunehmen. Sie bringen uns dazu, unseren Blick auf den Horizont der Möglichkeiten zu richten, wo wir uns selbst und unsere Zukunft ausmalen können. Sie sind diejenigen, die uns mit neuen Ideen inspirieren und unsere Vorstellungskraft erweitern, damit wir auch unbekannte Welten und noch nicht gelebte Leben erfassen können. Sie führen uns aus unserer jeweiligen Komfortzone und der Banalität des täglichen Lebens hinaus zum Glauben an Veränderung. Sie geben uns etwas, woran wir glauben können, und erinnern uns daran, dass es immer einen Grund gibt zu träumen, etwas Großes zu denken und einem Ideal zu folgen.

Manchmal werden wir zynisch. Wir verlieren die Hoffnung und spüren, dass nur wenig möglich ist. Wir geben auf und begraben unsere Träume. Aber Chakra-Fünf-Typen bestehen darauf, uns zu zeigen, wer wir tief in unserem Innersten wirklich sind. Sie zeigen uns, warum wir an uns selbst und an unsere Rolle in der Welt glauben sollten. Sie überzeugen uns davon, unserer kaum beachteten Einzigartigkeit eine Stimme zu geben. Sie pflanzen uns den Glauben an unsere Fähigkeit zur Veränderung ein. Sie geben uns Orientierung und die Hoffnung auf eine bessere Zukunft.

Menschen dieses Typs wissen genau, welche Sprache sie verwenden müssen, um unser wahres, mutiges Selbst auf den Plan zu rufen und auf unser verborgenes Potenzial zugreifen zu können. Durch ihre Art zu reden bringen sie uns dazu, mit ihnen in eine Welt der Möglichkeiten einzutauchen, die unseren eigenen unausgesprochenen, unbewussten und lang ersehnten Träumen entspricht. Sie erklären uns auch, was wir nicht verstehen. Sie sind unsere Übersetzer, die Ideen aus scheinbar unergründbaren Quellen auf die klarste und spannendste Weise vermitteln. Sie bringen uns mit neuen Dimensionen der Informationen und des Wissens in Verbindung.

Halschakra-Typen vermitteln zwischen uns und tragen das Ihre zu einer Welt bei, in der wir Menschen in Frieden miteinander leben und einander verstehen. Sie bringen verschiedene Kulturen und Weltanschauungen zusammen und geben uns eine gemeinsame Sprache, die auf Empathie basiert. Wenn wir sehr verschieden sind und uns voneinander entfremdet haben, bringen sie uns dazu, einer gemeinsamen Sache wegen zusammenzukommen. Sie gründen Bewegungen, schaffen die Rahmenbedingungen für einen Wandel in der Welt und sorgen dafür, dass sich eine zersplitterte und willkürliche Realität auf eine klare und vielversprechende Zukunft hin entwickelt.

Gleichgewicht erlangen

Als Chakra-Fünf-Typ können Sie mehrere Veränderungen an Ihrer Lebensweise vornehmen, um die durch Ihre Konstitution bedingten Extreme ins Gleichgewicht zu bringen:

- Vermeiden Sie, sich in Träume zu versenken, die zu groß sind, um beherrschbar zu sein und umgesetzt zu werden, weil Sie sich sonst verzetteln und unfähig sind, auch nur einen einzigen praktischen Schritt zu tun. Erlauben Sie sich, wild zu träumen, aber atmen Sie dann tief durch, kehren Sie in die Realität zurück und fragen Sie sich: »Welche Teile dieses Traums sind nah genug an meiner Realität, sodass sie tatsächlich in einen nächsten Schritt umgesetzt werden können?« Bleiben Sie in Bewegung, indem Sie einen Schritt nach dem anderen tun, und lassen Sie sich nicht von der Ungeheuerlichkeit Ihrer eigenen Vision lähmen.

- Umgehen Sie emotionale Fallen wie das Bedürfnis nach sozialer Anerkennung und Bewunderung oder wie Frustrationen, Enttäuschungen und Selbstzweifel aus der Vergangenheit. All das kann Ihre Stimme daran hindern, frei zu fließen. Widerstehen Sie der allgemeinen Atmosphäre des kulturellen Zynismus, die im Umfeld großer und gewagter Träume entsteht. Gefühlstherapie, Sprachtherapie, Singen, assoziatives Schreiben oder der Rückzug in die Stille und in die Meditation können Ihnen helfen, beschränkende Emotionen loszuwerden und Ihre feinere Stimme zu finden.

- Stellen Sie sicher, dass Ihre Visionen und Träume ebenso rein bleiben wie die Art und Weise, in der Sie sie manifestieren. Indem Sie eine höhere Motivation und einen größeren moralischen Kontext für das finden, was Sie tun möchten, können Sie Stolpersteine wie Eigeninteresse und materialistische Ziele vermeiden.

- Versuchen Sie nicht, andere zu sehr zu beeinflussen. Wenn Sie nicht aufpassen, können Sie leicht aggressiv, streitsüchtig und manipulativ werden. Denken Sie daran, dass Sie hier sind, um Ihr Lied auf die schönste Art und Weise zu singen, die Ihnen möglich ist, und im selben Atemzug zu akzeptieren, dass nicht unbedingt alle mitsingen.

- Vermeiden Sie den manipulativen Aspekt Ihrer Macht, bestimmte Gefühle in Ihren Zuhörern hervorrufen zu können. Lassen Sie Ihren Wunsch nach Einflussnahme nicht zu stark und hinterlistig werden. Vertrauen Sie vielmehr darauf, dass eine reine und klare Botschaft die Herzen der Menschen erreicht.

- Seien Sie vorsichtig mit Ihrer Fähigkeit, aus Diskussionen siegreich hervorzugehen und andere zu überzeugen. Manchmal können Sie einfach loslassen. Das mag Ihnen nicht leichtfallen, weil Sie als geborene Führungspersönlichkeit immer die Oberhand behalten wollen – in Beziehungen und sogar in Gesprächen am Esstisch. Halten Sie diese Neigung in Schach, indem Sie anderen Menschen von Zeit zu Zeit zuhören. Seien Sie bei ihnen und entspannen Sie sich. Versuchen Sie, bestimmte Kanäle für Ihren Einfluss zu finden, und seien Sie in anderen Lebensbereichen gelassen und großzügig.

- Erkennen Sie, dass andere Menschen nicht nur Ideenträger sind, die ihre Existenzberechtigung daraus beziehen, dass sie akzeptieren, was Sie sagen. Andere Menschen haben ihre eigenen Bedürfnisse und befinden sich auf ihrer eigenen Reise. Lernen Sie sie auf einer tieferen und emotionaleren Ebene kennen und schauen Sie, wie Sie ihnen mit Ihren Ideen dienen können. Schließlich ist eine Vision dazu da, den Menschen zu dienen, und nicht andersherum – eine Einsicht, über die Herzchakra-Typen im Überfluss verfügen. Umgeben Sie sich mit diesen Chakra-Vier-Typen und lassen Sie sich von ihnen unterstützen und beraten.

- Stellen Sie sicher, dass Sie sich nicht von einer blanken Wut und sogar von Hass auf Institutionen oder bestimmte Teile der Gesellschaft leiten lassen, die Sie verbessern wollen. Erkennen Sie den Widerspruch, der darin liegt, sich für eine bessere Welt einsetzen zu wollen, indem man der bestehenden Welt noch mehr Negativität hinzufügt, beispielsweise durch Äußerungen wie: »Ich wünschte, alle Fleischesser wären tot!« Wut muss sich nicht unbedingt in Gewalt äußeren. Sie kann sich auch in einem klaren Standpunkt und beharrlichem Handeln manifestieren.

Erfüllung finden

Es gibt verschiedene Wege, die Sie als Chakra-Fünf-Typ beschreiten können, um das Potenzial Ihrer Konstitution zu verwirklichen:

- Ihr Bedürfnis, Einfluss auszuüben, ist die Grundlage Ihrer Selbstverwirklichung. Mehr als Menschen jedes anderen Typs leiden Sie vielleicht unter einer schmerzhaften Enge im Hals, weil Sie aufgrund einer bestimmen inneren oder äußeren Konditionierung in Ihrem Inneren stecken geblieben sind. Das kann zu einer Trennung Ihrer inneren von der äußeren Welt führen und Sie unfähig machen, auf andere zuzugehen. Lernen Sie, diese Trennung zu überwinden und Ihren größeren Träumen zu folgen.

- Vertrauen Sie darauf, dass der Einfluss, den Sie ausüben, eine gute Sache ist und nichts Negatives oder Korruptes an sich hat. Sie sind Teil einer gemeinsamen Wirklichkeit, und wenn Sie nicht zu ihrer Gestaltung beitragen, werden Sie unglücklich. Schütteln Sie das Gefühl ab, dass Sie Ihre Macht, Dinge zu ändern, nicht verdient haben, oder dass Sie zu schwach sind, dies zu tun.

- Führen Sie Menschen auf Ihre bestmögliche Weise zur Veränderung. Vergleichen Sie sich nicht mit den wenigen Persönlichkeiten, die große Veränderungen in der Welt ausgelöst haben, denn das könnte Sie lähmen. Nehmen Sie sich an ihren Werten, ihrem Mut, ihrem Nonkonformismus und ihrer Beharrlichkeit ein Beispiel, aber kommen Sie nicht auf den Gedanken, dass Sie Ihre Visionen ganz aufgeben sollten, wenn Sie keine weltbewegenden Veränderungen in Gang setzen können. Geben Sie Ihrer Neigung, in unrealistische Visionen einzutauchen, nicht nach, und seien Sie zufrieden mit dem, was Sie bewirken können.

- Glauben Sie an sich selbst und vertrauen Sie auf Ihre Fähigkeiten. Während einige Redner nicht wagen, ihren größten Traum zu entfesseln, brauchen andere eine Erinnerung an ihren höheren sozialen Antrieb und ihre Verantwortung für das Ganze. Auf Ihrer tiefsten Seelenebene leben Sie für die Welt, und wenn Sie nicht zu einer größeren Veränderung beitragen, bleiben Sie unerfüllt. Wir leben in zynischen Zeiten, in denen der Glaube an große Revolutionen eher gering ist. Doch Zynismus entspricht nicht der Natur der Redner, und Veränderungen kann es auch in dieser zynischen Zeit immer geben. Manchmal braucht es nur eine bestimmte Person, um eine Revolution auszulösen. Sie könnten diese Person sein.

- Hören Sie auf die bohrende Stimme in Ihrem Inneren, die Sie dazu drängt, etwas Positives zu bewirken. Erkennen Sie, dass Sie nicht Ihrem Traum folgen, sondern dass Sie Ihr Traum sind.

- Wagen Sie es, einen großen Traum entstehen zu lassen. Fragen Sie sich: »Was ist mein Ideal? Was ist meine Vision? Ist meine Vision in gewisser Weise die Vision aller anderen?« Schließen Sie die Augen und sehen Sie die beste Welt vor sich, die Sie sich vorstellen können. Leiten Sie aus dieser idealen Vision Ihren eigenen Aktionsplan ab und definieren Sie die Rolle, die Sie bei der Erziehung von uns allen spielen werden. Schauen Sie sich alle vorhandenen Bewegungen in der Welt an und überlegen Sie, welche davon Ihre eigene Leidenschaft aufflammen lässt. So finden Sie Ihre Vision.

- Begreifen Sie, dass es Ihnen aufgrund Ihrer Rolle als Vermittler bestimmt ist, zwischen zwei verschiedenen Welten zu leben. Das kann manchmal verwirrend sein, weil sich die meisten Menschen nur einem Weg verschreiben. Aber wenn Sie Ihre Rolle richtig verstehen, werden Sie darin Ihre größte Aufgabe und Ihr größtes Geschenk erkennen können.

- Fragen Sie sich: »Was wäre meine größte Vision der Realität, wenn ich absolut furchtlos, grenzenlos und ungeniert wäre – und auch allmächtig?« Lassen Sie sich nicht von Ihren Ängsten oder dem Einfluss anderer einschränken. Versuchen Sie, sich allen angesammelten Konditionierungen zu widersetzen, die Sie möglicherweise behindern.

- Verbringen Sie Zeit mit und in Organisationen – sowohl Organisationen, die Sie gründen, als auch solche, denen Sie beitreten. Organisationen sind ein Chakra-Fünf-Phänomen, denn sie bestehen aus Menschen, die mit einer bestimmten Idee zusammengekommen sind und sich bemühen, diese Idee umzusetzen. Finden Sie eine idealistische Organisation, beteiligen Sie sich an der Gründung einer Organisation oder bauen Sie, wenn möglich, selbst eine auf.

- Engagieren Sie sich dafür, Ideen zu vermitteln, beispielsweise indem Sie Vorträge halten oder Bücher schreiben. Wenn Sie künstlerisch begabt sind, vermitteln Sie Ihre Ideen, indem Sie Ihre Kunstwerke ausstellen oder Ihre Lieder singen. Nutzen Sie Ihre Fähigkeit, anderen etwas zu erklären. Sie sind ein geborener Lehrer. Suchen Sie also nach Wegen, um anderen Dinge verständlich zu machen.

- Streben Sie eine Karriere auf einer großen Bühne an, als Sprecher einer Bewegung oder als Dozent. Versuchen Sie sich als Autor oder Journalist oder probieren Sie irgendeine Tätigkeit aus, durch die Sie ein breites Publikum erreichen – Fernsehmoderator/in, Verhandlungsführer/in, Mediator/in, Diplomat/in, Werbetexter/in, Marketingexperte/expertin, Agent/in, Verleger/in. Jede Rolle, die etwas mit Unterricht oder Bildung zu tun hat, füllen Sie problemlos aus, vom Coach und Berater bis zum Lehrer und Prediger.

- Ihr spiritueller Weg als Chakra-Fünf-Typ sollte es Ihnen ermöglichen, sich als Sprecher/in eines Systems zu positionieren. Ihren Weg zu verfechten, ist Teil Ihrer spirituellen Praxis. Denken Sie jedoch daran, dass Sie weder auf dem Weg sind, um nur darüber zu sprechen, noch um zu missionieren. Achten Sie darauf, dass Sie Ihren spirituellen Weg wirklich annehmen und ihn nicht nur an andere weitergeben wollen.

- Der spirituelle Weg bietet Ihnen eine großartige Gelegenheit, Ihr Herz zu wecken und Ihr Herzzentrum zu entwickeln. Dies ist ein wesentlicher Schlüssel sowohl für Ihr Gleichgewicht als auch dafür, dass Sie sich wirklich gedeihlich entwickeln. Mit wachem Herzen können Sie nichts falsch machen.

Sind Sie eine Chakra-Fünf-Persönlichkeit?

Der folgende Selbsttest hilft Ihnen zu beurteilen, wie viel Prozent des fünften Chakra-Typs Sie in sich haben. Achten Sie darauf, dass dieser Moment der Selbstbeurteilung entspannt und spielerisch verläuft. Versuchen Sie, das Vorhandensein von Hinweisen auf diesen Typ nicht in Bezug auf andere Typen zu bewerten. Prüfen Sie einfach, wie sehr Sie die Eigenschaften des Chakra-Fünf-Typs in Ihrer Seinsweise, Ihrer Wahrnehmung der Welt und Ihren natürlichen und unmittelbaren Vorlieben erkennen. Versuchen Sie, kein intellektuelles Urteil zu fällen. Vertrauen Sie einfach darauf, dass sich etwas in Ihnen mühelos selbst erkennt.

Wenn es Ihnen schwerfällt, diesem Chakra-Typ einen Prozentsatz zuzuweisen, dann lesen Sie die folgenden Aussagen und überlegen Sie, wie stark Sie sich damit identifizieren können. Wenn Ihre Antwort auf alle Fragen jeweils die erste ist, weist das darauf hin, dass Sie sich sehr stark mit diesem Typ identifizieren. Wenn all Ihre Antworten der vierten Variante entsprechen, ist das vermutlich nicht der Fall. Ziehen Sie bei der Einschätzung, ob Sie zu diesem Typ gehören, daher auch diese Antworten zurate. Sobald Sie diesem Typ einen Prozentsatz zugeordnet haben, schreiben Sie ihn auf, damit Sie ihn mit Ihren anderen Selbsteinschätzungen vergleichen können. Das wird Ihnen bei der Bestimmung Ihrer Drei-Typen-Persönlichkeitsstruktur helfen.

- Ich stehe gern zwischen verschiedenen Typen von Menschen, Systemen, Ansätzen und Lebensweisen und baue gern Brücken zwischen ihnen.

  1. Stimmt genau.
  2. Kommt meiner Erfahrung ziemlich nahe.
  3. Entspricht in etwa meiner Erfahrung.
  4. Entspricht überhaupt nicht meiner Erfahrung.

- Meine größte Befriedigung ziehe ich aus dem Gefühl, dass es mir gelingt, das Leben vieler Menschen zu beeinflussen, und auch aus der Hoffnung, dass ich ihre Herzen und ihr Bewusstsein in irgendeiner Weise beeinflusst habe.

  1. Damit identifiziere ich mich sehr.
  2. In gewissem Maße.
  3. Ein wenig.
  4. Überhaupt nicht.

- Ich entwerfe gern großartige Visionen, habe große Träume und denke über unbegrenzte Möglichkeiten nach – manchmal nicht nur in Bezug auf mein eigenes Leben, sondern auch auf die ganze Menschheit.

  1. Stimmt genau.
  2. Stimmt in gewissem Maße.
  3. Da ist etwas Wahres dran.
  4. Stimmt gar nicht.

- Wenn ich auf eine gute Idee stoße, übersetze ich sie in Gedanken in etwas leicht Erklärbares, das viele Menschen erreichen und ihr Leben verändern kann.

  1. Immer.
  2. Manchmal.
  3. Selten.
  4. Nie.

- Ich verspüre einen starken Drang, meine inneren Wahrheiten und Ideen, mein Wissen und meine Weisheit zum Ausdruck zu bringen. Ich kann mir nicht vorstellen, sie in meiner inneren Welt festzuhalten.

  1. Stimmt genau.
  2. Stimmt größtenteils.
  3. Stimmt nur manchmal.
  4. Ich verspüre diesen Drang überhaupt nicht.

TEIL III

Mental-spirituelle Typen

Die dritte Gruppe von Chakra-Persönlichkeitstypen kommuniziert auf die abstrakteste Weise mit der Welt. Sie besteht aus Chakra-Sechs- und Chakra-Sieben-Typen, welche die Welt nicht wirklich unmittelbar erleben. Für sie ist die Welt eher eine Idee und sie übersetzen ihre Erfahrungen in abstrakte Prinzipien. Die Interessen und Affinitäten des sechsten und siebten Chakra-Typs sind weit weniger irdisch und greifbar als die anderer Typen. Im menschlichen Körper entsprechen der mental-spirituellen Gruppe der Kopf und das Gehirn.

KAPITEL 6

SECHSTES CHAKRA – STIRNCHAKRA

Die Denker

Die Denker

Weltweit: etwa 5 Prozent der Bevölkerung

Öffentliche Wirkungsstätten:: akademische Welt, Wissenschaftsgemeinde, Forschung, Bibliotheken, Welt der Bücher

Inder Regel zu finden unter: Philosophen, Naturwissenschaftlern, Forschern, Erfindern, Sachbuchautoren, Kritikern

Dosha, Konstitution: Pitta/Vata (Feuer/Luft)

Dominiert vom: Denkzentrum, Verstand, Bewusstsein

Schattenselbst: der hilflose Intellektuelle

Zeitzone: die grenzenlose, unbekannte Zukunft

Traditionelles Tier: Falke

Berühmte Persönlichkeiten: Pythagoras, Sokrates, Platon, Issak Luria, Isaac Newton, Leonardo da Vinci, Albert Einstein, Stephen Hawking, Sigmund Freud, C. G. Jung, Immanuel Kant, René Descartes, Friedrich Nietzsche, Barbara McClintock, Jean-Paul Sartre, Hannah Arendt, Jiddu Krishnamurti, Daniel Kahneman, P. D. Ouspensky, Ken Wilber

Ein Chakra wird umso abstrakter, je weiter oben im Körper es liegt. Schon der fünfte Chakra-Typ kann sich sehr viel mehr für Visionen und Träume begeistern als für die realen Menschen und ihre Gefühle. Der sechste Chakra-Typ bringt jedoch eine völlig neue Ebene der Selbstreflexion ins Spiel. Er ist in Gedanken und Ideen verliebt. Dieser Typ lebt in einer Welt, die von der, die wir kennen, ziemlich weit entfernt ist.

Wesen

Das Stirnchakra oder Dritte Auge liegt zwischen den Augenbrauen. Es enthält die Essenz der alles organisierenden Intelligenz des Kosmos. Wir haben es hier erstmals mit einer Essenz zu tun, die nicht *in* der Natur zu finden ist, sondern eher *hinter* der Natur. Diese Essenz kommt nicht in Phänomenen unserer Alltagsumgebung wie Vulkanen, Bergen, Elefanten oder Flüssen zum Ausdruck. Sie besteht vielmehr aus der verborgenen Ordnung und den in der Natur und im Kosmos als Ganzem geltenden Regeln und Gesetzen.

Ob wir an Gott glauben oder nicht – die meisten von uns erkennen an, dass es eine unbekannte organisierende Intelligenz gibt, die das Universum nach bestimmten Gesetzen hervorbringt. Diese verborgenen Muster und Strukturen, welche die gesamte Schöpfung orchestrieren und in Bewegung setzen, bilden die Essenz des sechsten Chakras. Sie sind gewissermaßen der »Geist Gottes«.

Das Stirnchakra umfasst die Intelligenz und die vollkommene Ordnung, die hinter allem steht – die innere Logik, die alles verbindet. Diese Logik kann uns nie vollständig offenbart werden, aber wir können zumindest versuchen, sie zu verstehen – wenn auch nur fragmentarisch. Ein Blick in das majestätische und komplexe Netzwerk der kosmischen Intelligenz kann Ehrfurcht gebietend und überwältigend sein. Wir bewundern Einstein und Newton, weil sie in der Lage waren, einem winzigen Bruchteil dieser wunderbaren verborgenen Ordnung mit ihren zahllosen Ebenen und Schichten auf die Spur zu kommen. Je mehr Sie versuchen, sie zu verstehen, desto klarer wird Ihnen, dass sie viel komplexer und subtiler ist, als wir uns das vorstellen können.

Was hat es mit diesem »Geist Gottes« auf sich? Wie denkt »Gott«? Das Ergebnis sehen wir in Form von Giraffen und Nilpferden, Bäumen und Pflanzen und so weiter – in allen Objekten unserer Erfahrung. Wir haben erkannt, dass eine unermessliche Intelligenz all diese Moleküle und Zellen zusammenhält, ihnen Form gibt und sie einer natürlichen Ordnung unterwirft. Die Quelle dieser Intelligenz und der geltenden Gesetze ist der Bereich, den alle Philosophen, Wissenschaftler und Denker betreten und verstehen wollen. An diesem Ort werden sowohl neue Muster und Strukturen des Lebens konzipiert als auch jede Idee, jeder Grundgedanke, jede große Philosophie und jede weltverändernde Gleichung, die ein menschlicher Geist jemals formulieren wird. Es ist ein unbegrenzter, unermesslich tiefgründiger Bereich, ein nicht entschlüsselbares Geheimnis.

Stellen Sie sich die Ekstase vor, die ausgelöst werden kann, wenn jemand auch nur einen kleinen Blick auf diese natürliche Ordnung erhascht. Es ist die Ekstase, die Archimedes dazu brachte, aus der Badewanne zu springen, nackt auf die Straße zu rennen und zu rufen: »Heureka!« (»Ich habe es gefunden!«). Der menschliche Geist ist das einzige Phänomen in der Natur, das wir als ein Abbild der Stirnchakra-Essenz betrachten können. Der menschliche Geist – das Bewusstsein als selbstreflektierende Erweiterung des universellen Rätsels – ist das einzige Werkzeug, mit dem dieses Geheimnis erforscht werden kann. Einfach ausgedrückt: Ihre Intelligenz bietet die einzige Möglichkeit, mit dieser großartigen Intelligenz in Kontakt zu kommen.

Was das Ganze noch spannender macht, ist die Tatsache, dass die Evolution unseres Verständnisvermögens kein Ende hat. Nachdem die Menschheit schon so viel hinterfragt, untersucht und entdeckt hat, suchen wir immer noch nach den Strukturen dieser Ordnung und decken ab und zu etwas davon auf – was bedeutet, dass wir jeden Tag ein wenig mehr lernen können. Und das wird so lange zutreffen, wie der menschliche Geist da ist, fragt und wissen will.

Konstitution

Chakra-Sechs-Typen sind eine Mischung aus Pitta und Vata (Feuer und Luft). Zweifellos ist ihr Hauptmerkmal ein großes Feuer – das Feuer einer intensiven und forschenden Intelligenz, die zu verstehen versucht und von einem ausgeprägten Sinn für eine bestimmte Richtung unterstützt wird. In gewisser Weise sind Stirnchakra-Typen ähnlich zielgerichtet wie Solarplexuschakra-Typen, nur dass ihr Ehrgeiz eher auf den Verstand konzentriert bleibt, als sich auf die Welt zu richten. Gleichzeitig verfügen diese Persönlichkeiten über ein sehr aktives Vata-Element, das sie höchst abgehoben, distanziert und gleichgültig machen kann.

Denker haben einen festen, durchdringenden Blick. Chakra-Sechs-Typen wie Einstein, Freud, Krishnamurti oder Nietzsche hatten einen intensiven und doch irgendwie verschleierten und in die Ferne gerichteten Blick. Auf Bildern scheinen sie sehr konzentriert zu schauen, Sie aber nicht anzuschauen. Statt Sie zu sehen, wirkt es eher, als würden sie versuchen, Sie wie ein Objekt oder ein Phänomen zu erfassen. In ihren fragenden Blick mischt sich oft eine gewisse Arroganz, weil dieser Typ tendenziell das Gefühl hat, alles zu wissen. Das ergänzt ihren Gesichtsausdruck um eine subtile Ironie. Mit diesem ironischen Blick beobachten sie alles und jeden.

Chakra-Sechs-Typen sind fast immer ziemlich dünn, weil sie irdischen Dingen wie Essen – dem merkwürdigen Zeug auf einem Teller, das sie vom Nachdenken ablenkt – nicht genügend Aufmerksamkeit schenken. Ihre Schlankheit ist auch das Ergebnis ihrer Selbstdisziplin und ihrer hehren Entschlossenheit, über den gewöhnlichen und mittelmäßigen menschlichen Erfahrungen zu stehen und davon unberührt zu bleiben. Diese Entschlossenheit führt bei ihnen in der Regel zu einer stolzen und edlen Grundhaltung.

Denker konzentrieren ihre gesamte Energie auf ihren äußerst angeregten Intellekt. Sie sind zwar geistig wach, aber körperlich sind sie in der Regel nicht besonders stark. Sie leiden zuweilen auch an einem schwachen Knochenbau und einer schwachen Muskulatur. Das macht sie zu energischen Geistern, die ihren weit weniger interessanten und relativ schwachen

Körper mitreißen. In Filmen sehen wir Außerirdische mit riesigen Köpfen und sehr dünnen Körpern. In vielerlei Hinsicht ist dies auch ein passendes Bild für die Denker, weil sich auch bei ihnen die gesamte Energie im Kopf konzentriert.

Einflussbereich

Denker machen nur fünf Prozent der Weltbevölkerung aus. Ihr klassisches Abbild ist das des Philosophen, man denke nur an die bekannte Bronzeskulptur von Auguste Rodin: die in sich gekehrte Person, die inmitten einer hektischen Schöpfung sitzt und nachdenkt und tief im eigenen Inneren nach Antworten sucht.

Denker sind die großen Beobachter des Lebens und der Menschheit. Man kann sie schon in einer frühen Lebensphase leicht als die Kinder ausfindig machen, die andere Kinder genau beobachten. Sie sitzen da, schauen zu, wie alle anderen herumrennen und spielen, und fühlen sich selbst fast wie Außerirdische zwischen allen anderen. Sie wirken wie alte Seelen im Körper eines Kindes. Sie beobachten alles mit großer Aufmerksamkeit, offensichtlichem Ernst und einer gewissen inneren Ruhe. Schon als Kinder scheinen sie sehr stille Wesen zu sein, die sich immer Fragen über die Geheimnisse von Leben und Tod stellen und wissen wollen, worum es wirklich geht. Dies führt dazu, dass sie ziemlich unstet sind. Ihr Geist ist rastlos, immer zweifelnd und hinterfragend, immer mitten in einem intensiven Nachforschungsprozess, immer beobachtend und Schlüsse ziehend.

Denker werden zu mächtigen Individuen, die sehr eigensinnig und weit weg von der Masse und den Meinungen anderer sind. Sie hassen es, wie alle anderen zu denken. Ihre innere Unnahbarkeit bewirkt, dass es viele von ihnen in die akademische Welt zieht: ein guter Ort, um sich hinter Büchern zu vergraben und der Außenwelt distanziert und mit einer gewissen Arroganz zu begegnen. Aber auch innerhalb der Wissenschaftsgemeinde tun sie sich als Individuen hervor, die sich ihre eigenen Wege des Denkens suchen. Sie sind die Forscher, die sich von den herkömmlichen

Dogmen lösen und eine innovative Forschung betreiben oder intensiver als andere nach Möglichkeiten suchen, um den Geheimnissen des Universums auf die Spur zu kommen. Manchmal bringt ihr Individualismus sie dazu, sich gegen das akademische Gruppendenken aufzulehnen und sich schließlich als Einsiedler und einsame Denker in ihre eigene mentale Welt zurückzuziehen. Sie werden zu mystisch Kontemplativen wie Sokrates, der halb metaphysische, halb intellektuelle Konzepte entwickelte.

Das Bedürfnis der Denker, die Welt zu verstehen, führt sie manchmal zur Naturwissenschaft, wo sie sich damit beschäftigen können, die Geheimnisse des Lebens im Kosmos zu ergründen. Manchmal zieht es sie auch zu den Sozial- und Geisteswissenschaften, wo sie die Gesellschaft und die menschliche Psyche erforschen. Sie analysieren gern und untersuchen, wie kosmische und menschliche Muster funktionieren. Wurzelchakra-Typen sind ebenfalls daran interessiert, Strukturen zu verstehen. Ihre Leidenschaft richtet sich jedoch vor allem auf das »Wie« der Dinge – das Lösen praktischer Probleme und das Verstehen der Mechanik der Dinge. Sie möchten wissen, wie Autos gebaut werden und wie sie besser funktionieren könnten. Im Gegensatz dazu wollen Chakra-Sechs-Typen alles über das »Warum« der Dinge wissen – warum Dinge so funktionieren, wie sie funktionieren. Einsteins berühmte Gleichung $E = mc^2$ wurde aus reinem Interesse am Ergründen der Naturgesetze formuliert. Die Atombombe, die dann folgte, war die schreckliche Anwendung seiner Theorie durch eher praktisch veranlagte Wissenschaftler.

Die extremste Ausdrucksform des Stirnchakra-Typs ist ein fast destruktiver Ehrgeiz – destruktiv nicht nur für ihn selbst, sondern auch für die Menschen in seinem Umfeld. Leute dieses Typs müssen *alles* verstehen. Nur einen Teil der Dinge zu verstehen, kann sie nicht zufriedenstellen, selbst wenn dieser Teil das Leben anderer verändern kann. Sie wollen zu »vollständiger Weisheit« gelangen. Albert Einstein, Stephen Hawking und der amerikanische Philosoph Ken Wilber, alles Chakra-Sechs-Typen, haben immer wieder versucht, zu dem zu gelangen, was sie die »Theorie von allem« nannten – eine Theorie, die *alles* erklärt. In gewisser Weise wollten sie, dass sich das gesamte Universum ihrem Geist unterwirft.

Einstein, der wohl größte Geist der Geschichte, versuchte dies mit seiner unvollendeten »einheitlichen Feldtheorie«. Interessanterweise machte es ihm nicht wirklich etwas aus, dass er ständig versagte, denn für ihn – wie für jeden Chakra-Sechs-Typ – war allein sein beharrliches Bemühen, die Theorie zu entwickeln, die wahre Quelle für Sinn und Ekstase. Wie Ken Wilber es so schön sagte: »Die Zeit vergeht, und die Ganzheiten von heute sind die Teile von morgen.« Die Einsicht von heute, behauptete er, ist Teil des vollständigen Verständnisses von morgen. So sehen Menschen des Stirnchakra-Typs die Welt: als ewiges Puzzle, das sie Stück für Stück vollenden wollen. Dabei wird dieses Puzzle immer größer und offenbart immer mehr unbekannte Tiefen. Der Denker lebt mit einem starken Gefühl der Sinnhaftigkeit, will ein umfassendes Verständnis erlangen und weiß doch, dass es niemals erreicht werden kann.

Denker beschäftigen sich intensiv mit der Suche nach der perfekten Ordnung hinter allem. Durch ständiges Beobachten versuchen sie, eine verborgene Struktur oder eine der Welt, in der sie leben, zugrunde liegende Logik aufzudecken. Freud und Jung haben versucht, eine Logik in der unlogischen menschlichen Psyche zu finden – einen inneren Sinn, der sich hinter unseren Gedanken und der mentalen und emotionalen Unruhe verbirgt. Sokrates und Platon suchten nach den grundlegenden Gesetzen, die das Universum steuern. Immanuel Kant, eine Kombination aus Stirn- und Wurzelchakra-Typ, forschte nach unveränderlichen und unberührten Wahrheiten, die er als *Erkenntnis a priori* bezeichnete. Wo immer die Denker hinschauen, hoffen sie, unveränderliche Muster einer perfekten Ordnung zu finden. Dafür grübeln sie oft Stunden, Tage und Wochen.

Denker wollen alles ausarbeiten. Sie wollen Modelle bauen, Leitern aufstellen und Entwicklungshierarchien entwickeln. Modelle – psychologische, soziale oder spirituelle – bringen alles in eine Ordnung und gliedern Prozesse in klare und systematische Wachstums- und Entwicklungsstufen. Denker suchen nach Antworten, indem sie diese Modelle und Hierarchien aufbauen und annehmen.

Chakra-Sechs-Typen sind anspruchsvolle Denker. Wenn ein Halschakra-Typ ein Buch schreibt, ist es in der Regel unterhaltsam, vergnüglich und kommunikativ. Der Stirnchakra-Typ hingegen schreibt normalerweise Bücher, die nur wenige verstehen. Ihre Bücher sind anstrengend zu lesen und geben einem das Gefühl, sie nicht vollständig verstehen zu können – dass das, was sie zu sagen haben, einfach zu hoch für einen ist, weil es das eigene Begriffsvermögen übersteigt. Dieser Typ weiß die Macht der Worte als Hauptwerkzeug des menschlichen Intellekts zwar zu schätzen, aber er bringt sich nicht unbedingt verbal zum Ausdruck; er kann auch künstlerisch begabt sein. Doch selbst als Künstler neigen Menschen dieses Typs zu einem eher philosophischen Ansatz und streben danach, eine gewisse Tiefe der Wahrnehmung zu erreichen und eine entsprechende Bedeutung zum Ausdruck zu bringen.

Rolle in der Geschichte der Menschheit

In der Geschichte der Menschheit waren Chakra-Sechs-Typen die Einzelgänger des Stammes. Sie zeigten sich der praktischen Bewältigung des Alltagslebens gegenüber gleichgültig und suchten sich lieber einen Stein, auf dem sie sitzen und nachdenken konnten. Als sich die menschliche Intelligenz weiterentwickelte, setzten sie ihre gesamte mentale Energie ein, um ihre neu entdeckten kognitiven Fähigkeiten sehr viel besser zu nutzen. Sie waren diejenigen, die alle wesentlichen Konzepte und Denkstrukturen in allen Wissensgebieten entwickelten. Sie waren die Autoren der indischen *Veden* und *Upanishaden* sowie der *Kabbala*, des komplexen mystischen Systems des Judentums. Sie waren auch im antiken Griechenland sehr erfolgreich und säten die Samen der westlichen Philosophie, Wissenschaft und Logik.

In der Regel findet man Stirnchakra-Typen unter den Entwicklern jeder Art von grundlegenden Konzepten. Sie stehen von jeher am Anfang einer Gedankenkette. Deshalb werden sie auch als »Ideengeber« bezeichnet. Denker *erschaffen* Ideen und legen oft den Grundstein für neue Ideologien und Denkschulen. Freud beispielsweise begründete die moderne Psychologie, wie wir sie kennen. Obwohl viele seiner wichtigsten Ideen widerlegt wurden, dienten seine Prinzipien als erste Erkenntnisse, die zu einem ganz neuen Forschungsfeld führten.

Denkern ist es bestimmt, die Schöpfungsordnung und die Gesetze der menschlichen Psyche zu entschlüsseln. Das kann jedoch eine undankbare Rolle sein. Wenn sie neue Konzepte vorstellen, werden diese oft entweder strikt abgelehnt oder haben nur geringe Auswirkungen. Das liegt daran, dass sie dazu neigen, ihrer Zeit weit voraus zu sein, weshalb es seine Zeit braucht, bis ihre radikalen Gedanken durchdringen. Es liegt aber auch daran, dass Denker oft nicht sehr gut darin sind, anderen ihre Ideen zu vermitteln. Normalerweise sind es die aufgeweckten und smarten Halschakra-Typen, die ihre Ideen aufgreifen und sie in etwas überführen, das Auswirkungen hat, weil sie darauf entsprechende Institutionen und Organisationen aufbauen.

Weltsicht

Aus der Sicht eines Chakra-Sechs-Typs ist die Welt ein Rätsel, das gründlich untersucht werden muss. Für Menschen dieses Typs ist die Existenz unlösbarer Fragen daher eher aufregend als ärgerlich. Sie lassen sie aufblühen und sind der Grund, warum sie so wachsam bleiben. Ihre einzig wahre Liebe ist Weisheit, woher die Philosophie ihren Namen hat: Sie ist die »Liebe zur Weisheit«. Wenn Chakra-Sechs-Typen diese Liebe mit anderen teilen und mit großer Klarheit kommunizieren, können sie einen geistigen Zusammenschluss erreichen, der eine Quelle großen Glücks ist. Für sie entsteht Nähe zu anderen in einem Moment des gegenseitigen Verstehens – wenn Menschen zusammen zur selben Einsicht gelangen.

Denker wollen unbedingt verstehen, was im »Geist Gottes« vor sich geht; sie wollen Gottes Gedanken kennen, wie Einstein es ausgedrückt hat. Ihre Intuition sagt ihnen, dass das Universum voller Informationen ist, die darauf warten, von ihrem forschenden Verstand entdeckt zu werden. Irgendwo am Rande des Universums erwartet sie ein vollständiges und endgültiges Verständnis. Und sie sind immer auf der Suche nach einem Schlüssel, der ihnen alle Türen öffnet. Ihr Streben nach Wissen wird nicht unbedingt von dem Wunsch nach einem zufriedenstellenden und erfolgreichen Ergebnis befeuert. Denker wollen verstehen, denn wenn sie verstehen, kommen sie dem Sinn des Lebens näher. Für spirituelle Denker ist dies auch die Quelle ihrer spirituellen Passion – das Gefühl, dass sie sich mit dem Göttlichen oder einer höheren Realität vereinigen können, sobald ihre begrenzte menschliche Intelligenz das Unfassbare erfasst.

Der Gott der Chakra-Sechs-Typen ist eine erschaffende und alles organisierende Intelligenz, die sie verstehen, indem sie ihren eigenen Geist mit ihr verbinden. Sie glauben, dass es einen göttlichen Masterplan gibt, und wenn sie nur einen kleinen Blick darauf werfen können, sind sie zufrieden. Selbst wenn sie großes körperliches Leid erfahren müssen – wie etwa Freud, Nietzsche, Einstein oder Hawking –, macht ihnen das nichts aus, solange ihr Verstand klar und leistungsfähig bleibt. Für sie ist es das höchste Glück, ihren Verstand einzusetzen, um auf etwas Höheres und Edleres hinzuarbeiten und sich damit weit über die Trivialitäten des Lebens zu erheben, um so die höchste Glückseligkeit des Geistes zu verwirklichen.

Das Bedürfnis der Denker, alles zu verstehen, ist fast so stark wie das sexuelle Verlangen anderer Typen. Für sie ist es manchmal eine Frage von Leben und Tod. Sie müssen »die Wahrheit und nichts als die Wahrheit« einfach kennen. Manchmal heben sie derart ab, dass sie ihren Körper ganz vergessen. Einstein konnte sich stundenlang ausschließlich damit beschäftigen, über das große Wunder des Kosmos nachzudenken. Er bezeichnete diese Art der Kontemplation als seine »Religion«. Wenn er sich auf seinem Boot aufhielt, war er oft so sehr in Gedanken verloren, dass er stundenlang abdriftete, in Seenot geriet und gerettet werden musste.

Was wir als »Denkzentrum« bezeichnen, hat für Chakra-Sechs-Typen nicht nur etwas mit Denken zu tun. Der tägliche Akt des Denkens kreist meist um Sorgen und Planungen. Denker setzen ihren Verstand ganz anders ein. Für sie ist er eher ein äußerst wertvolles Werkzeug als etwas, gegen das man ankämpfen oder das man beruhigen muss. Sie sehen keine

Notwendigkeit, dem Verstand zu entkommen, weil sie der Verstand *sind.* Descartes hat dies mit seinem »Ich denke, also bin ich« perfekt ausgedrückt. Mit diesen fünf einfachen Worten fasst er die gesamte Erfahrung der sechsten Chakra-Persönlichkeit zusammen. Als Denker, der er selbst war, versuchte er, dieses Prinzip universell anzuwenden, weil er glaubte, seine Art, die Welt zu sehen, sei tatsächlich die Realität.

Der Tod ist für Chakra-Sechs-Typen nur ein weiteres Rätsel, das erforscht und verstanden werden muss. Im *Phaidon,* Platons klassischem Werk, führt Sokrates ein intensives Gespräch mit seinen Schülern, während er den tödlichen Schierlingsbecher trinkt. Sicherlich konnte nur ein Chakra-Sechs-Typ ein tödliches Gift trinken und gleichzeitig eifrig seine Gefühle und Reaktionen bezüglich der Frage erforschen, ob es etwas gibt, das über den Tod hinausgeht. Und während er starb, formulierte eine umfassende logische Erörterung darüber!

Für Denker ist das Leben etwas, das beobachtet und studiert werden will. Diese intensiven, freigeistigen Individuen vertreten in vielerlei Hinsicht die Haltung, sich das Spiel anzuschauen, ohne wirklich mitspielen zu wollen. Als geborene Wissenschaftler nehmen sie sich und ihr Leben nicht als vertraute Subjekte wahr, sondern als ihre Forschungsobjekte. Wenn die meisten anderen Typen eine starke Emotion erleben, werden sie dabei von ihr erfasst. Chakra-Sechs-Typen hingegen wollen sie sofort untersuchen: »Was ist das Wesen dieser Emotion? Warum tritt sie auf?« Deshalb fallen ihnen spirituelle Übungen wie das »neutrale Gewahrsein« leicht. Sie brauchen nur wenig Ermutigung, um sich von der Alltagswirklichkeit zu lösen. Sie haben den ersten Schritt in die Meditation bereits getan, der ihnen jene grundlegende Ruhe und Stille verleiht, die sich andere Typen erst hart erarbeiten müssen. Sie sind auch geborene Zuhörer, weil ihr Verstand nicht ständig damit beschäftigt ist zu antworten.

Darüber hinaus fühlen sich Denker veranlasst, alles zu interpretieren. Selbst wenn sie eine ekstatische oder spirituelle Erfahrung machen, analysieren sie diese sofort. Es fällt es ihnen schwer, etwas zu erleben, sei es nun gut oder schlecht, ohne es sofort zu interpretieren und verstehen zu müssen.

Allgemeine Charakteristika

Viele von uns waren in der Kindheit Chakra-Sechs-Typen, und zwar in den Jahren, in denen wir versuchten, die Welt zu verstehen, indem wir den Erwachsenen um uns herum schwierige Fragen stellten, etwa: »Warum müssen Menschen sterben?« Oder: »Warum gibt es arme Menschen auf der Welt?« Manche von uns haben die Freude am Lernen um des Lernens willen an der Universität in Vorlesungen entdeckt, die ihnen die Augen öffneten und sie das angesammelte Wissen der Menschheit bewundern ließen.

Wann immer wir Wissenschaftler sprechen hören oder ihre Bücher lesen und über ihrer Genialität staunen, kommen wir der Welt des Stirnchakra-Typs ein Stück näher. Manchmal machen wir uns sogar den Philosophen in uns selbst zunutze – wenn wir uns in einem unerwarteten philosophischen Gespräch wiederfinden, über die großen Fragen des Lebens nachdenken, uns ekstatisch, hellwach und stark fühlen oder plötzlich das gesamte menschliche Drama von außen betrachten, als seien wir nüchterne Wissenschaftler und nicht einfach nur Mitspieler wie alle anderen.

Denker haben es in ihrer Kindheit und Jugend nicht leicht, weil sie sich in dieser Zeit nicht als Kinder und Teenager empfinden können. Sie leben zwar in einem jungen Körper, fühlen sich aber innerlich irgendwie alt. Sie fügen sich fast nie in ihre Altersgruppe ein, weil ihnen alle anderen so dumm und oberflächlich vorkommen. Das treibt sie zu Büchern und in den Dialog mit den seltenen Menschen, die klüger sind als sie. Sie fühlen sich in der Regel auch intelligenter als ihre Lehrer. Sie sprechen wie Erwachsene, üben Kritik wie scharf beobachtende Journalisten und analysieren alle. Das kann eine verwirrende Erfahrung für sie sein, weil ihr kindlicher Körper und Gefühle Teil der Gesellschaft sein wollen, aber ihr Geist davon abgestoßen wird und von ihr isoliert bleiben will. Im Umgang mit dem praktischen menschlichen Leben – vom Absolvieren eines Führerscheins bis zum Eingehen enger Beziehungen – werden sie ziemlich langsam erwachsen. Es dauert sehr lange, bis sie genau wissen, wer sie sind und wo sie stehen.

Chakra-Sechs-Persönlichkeiten erfahren das Leben nicht von innen. Das ist für die meisten anderen Typen unvorstellbar. Wenn Denker über die Welt nachsinnen, betrachten sie sie normalerweise aus einem erhöhten Blickwinkel. Sie sehen eher Prinzipien und Gesetze als tatsächliche Dinge und Menschen. Das Leben rund um diese Gesetze und Prinzipien ist nur dazu da, sie widerzuspiegeln und aufzuzeigen. Das heißt, dass sie mit Beziehungen und Gefühlen, die natürlich eine aktive Teilnahme am Geschehen erfordern, wenig anfangen können.

Auf Partys tanzen Stirnchakra-Typen nicht. Wenn sie es versuchen, beobachten sie sich selbst beim Tanzen und kommen sich ziemlich unbeholfen vor. Außerdem gefällt es ihnen nicht, die gleichen Bewegungen zu machen wie alle anderen. Ganz allgemein erscheint es ihnen wenig sinnvoll, ihren Körper zu sehr zu bewegen, sodass sie kraftvolle Sportarten in der Regel meiden.

Weil ihr Geist so überfrachtet ist, bewegen sich Denker im Allgemeinen eher langsam. Sie mögen Routinen und neigen dazu, einen strengen Tagesablauf einzuhalten. Anders als die Wurzelchakra-Typen bevorzugen sie diese Routinen, weil sie sich über nichts Weltliches Gedanken machen wollen. Sie wollen, dass ihre Tage mehr oder weniger automatisch ablaufen, damit sie sich in Reflexionen versenken können. Ihr Verstand ist zwar schnell, aber sie geben selten ein direktes Feedback zu dem, was sie hören. Als gute Zuhörer brauchen sie Zeit, um Dinge in sich aufzunehmen, und natürlich, um darüber nachzudenken.

Denker sind altmodisch und lehnen neue Technologien tendenziell ab. In vielerlei Hinsicht fühlen sie sich von früheren Zeiten angezogen. Sie lieben alte Philosophen und lesen gern Bücher. Sie scheuen Menschenmassen. Obwohl sie über ein gewisses Charisma verfügen, stehen sie nicht gern im Vordergrund. Sie sind nämlich nicht geerdet und engagiert genug, um mit allzu viel Aufmerksamkeit umgehen zu können. Oft sind sie auch zu sehr mit ihren eigenen Ideen beschäftigt, um leitende Funktionen auszuüben. Beispielsweise ziehen sie als Wissenschaftler die Forschung der

Lehre vor und erklären sich nur aus Pflichtbewusstsein bereit zu unterrichten, nicht aus Leidenschaft.

Chakra-Sechs-Typen widersetzen sich Autoritäten und jeder Struktur, in der von ihnen erwartet wird, dass sie sich an ein allgemein akzeptiertes Dogma halten, ohne es zu hinterfragen. Wenn sie aufgefordert werden, an etwas oder jemanden zu glauben, fragen sie: »Warum?« Sie schätzen ihr größtes Vergnügen – das Zweifeln – und kämpfen für seinen Erhalt. Die Liebe zum Zweifeln macht sie zu höchst schwierigen Gläubigen. Sie bestehen darauf, sich auf ihren eigenen Verstand als Quelle des Verstehens zu verlassen und die Dinge so zu sehen, wie sie sind, ohne Projektionen und unbewusste emotionale Beeinflussung. Sie sind Pessimisten und es graut ihnen vor Optimisten, die sie als oberflächlich oder sogar als hoffnungslose Fälle betrachten. Ihre Sicht auf die Welt und die Menschen ist ziemlich düster und sie neigen dazu, schlecht über die menschliche Natur und ihr Veränderungspotenzial zu denken.

Stärken und Potenzial

Denker verfügen über einen hochgradig wissenschaftlichen Verstand und sind in der Regel ziemlich brillant. Sie sind erfinderisch und ihre Denkweise ist individualistisch und unkonventionell, was sie dazu bringt, unbekannte und gewagte gedankliche Wege zu gehen. Sie haben die Fähigkeit, alles mit neuen Augen zu sehen, als seien sie die Ersten, die ein Thema unter die Lupe nehmen. Sie sind von Natur aus nicht traditionell und denken über den Tellerrand hinaus, wenn sie ein wissenschaftliches Feld betreten. Während andere Wissenschaftler im Rahmen des akzeptierten Paradigmas forschen, lehnen sie alte Denkweisen kühn ab und wenden sich dem Problem zu, das alle anderen ignorieren. Das versetzt sie in die Lage, neue Konzepte und bahnbrechende Ideen zu entwickeln.

Denker sind sehr neugierig, wach und aufmerksam. Sie sind außerdem gute Zuhörer. Sie hören Ihnen immer aufmerksam zu und unterbrechen Sie nicht, um Ihnen zu sagen, was sie denken. Das kann Ihnen das Gefühl geben, vollständig akzeptiert und verstanden zu werden. Sie sind außergewöhnlich einfühlsam und achtsam und verstehen Dinge tendenziell sehr viel schneller als jeder andere Typ. Generell sind sie von allen sieben Typen die mit dem meisten Tiefgang.

Herausforderungen

Weil sie nur in ihrer Gedankenwelt leben, neigen Menschen dieses Typs dazu, die reale Welt zu vergessen. Deshalb brauchen sie gut geerdete Menschen um sich, die sich um die Alltagsdinge kümmern können. Eines der offensichtlichsten weltlichen Dinge, die sie gern vergessen, ist ihr eigener Körper, von dem sie sich nur allzu leicht lösen können. Diese Trennung vom eigenen Körper führt zu allen möglichen psychosomatischen und chronischen Beschwerden. Sie sind außerdem der Gefahr eines mentalen Burn-outs ausgesetzt, weil sie zu viel denken. Leider neigen Denker dazu, ihre mangelnde Erdung wie einen Orden zu tragen. Sie sind zutiefst davon überzeugt, dass sie ihren Geist nicht mit weltlichen Sorgen belasten sollten. Daher versuchen sie, Kleinigkeiten wie finanzielle Sorgen oder Details der Haushaltsführung zu ignorieren und sich mit dem zu beschäftigen, was »wirklich wichtig ist«.

Ihr üblicherweise eindrucksvolles Bestreben, originell zu sein, kann sich in Sturheit und Starrheit verwandeln, wenn sie darauf bestehen, alles selbst zu machen und von niemandem zu lernen. Hinzu kommt, dass Stirnchakra-Typen, auch wenn sie vielleicht als hellwache Rebellen angefangen haben, die sämtliche Dogmen infrage stellen, manchmal sogar noch rigider werden als die Dogmen, die sie in der Vergangenheit kritisiert haben. Ihre Obsession, selbst ihre Quelle der Einsicht zu sein, kann sie daran hindern, Unterstützung anzunehmen.

Chakra-Sechs-Typen sind stolz, wertend und sehr kritisch. Sie schauen auf alle anderen Typen herab und sind der Ansicht, dass alle im Unrecht sind. (Glücklicherweise sind sie normalerweise so reserviert, dass sie anderen nicht offen sagen, was sie von ihnen halten.) Sie sind rigide bis zur Schmerzgrenze. Welche Theorie sie auch immer vertreten, sie halten sie für zweifellos »real«. Sie ziehen endgültige Schlussfolgerungen über die Welt und mögen keine Beweise, die diese Schlussfolgerungen widerlegen könnten. Sie sind so besessen davon, Handlungen und Verhaltensweisen zu interpretieren, dass sie die Menschen dahinter kaum beachten. Weil sie von Natur aus schnell denken, erheben sie sich über alle anderen, die diese Fähigkeit nicht haben. Das macht sie ungeduldig gegenüber denen, die langsamer sind als sie. Sie beurteilen Menschen nur nach dem Grad ihrer Intelligenz, wobei dies vielleicht dadurch abgemildert wird, dass sie die Forderung nach Klarheit und Perfektionismus auch an sich selbst stellen. Manchmal genießen sie es geradezu, missverstanden zu werden, denn das bedeutet, dass sie anderen an Intelligenz überlegen sind.

Denker sind an menschlichen Emotionen eher uninteressiert. Sie verstehen nicht einmal, was menschliche Emotionen sind. Weil sie sich nicht wirklich auf Erfahrungen einlassen können, neigen sie zu der Ansicht, dass es reicht, über Erfahrungen *nachzudenken*. Sie sind ziemlich isoliert – nicht, weil sie keine Gesellschaft finden, sondern weil sie keine Gesellschaft mögen. Es kann ihnen leicht passieren, dass sie tagelang ohne jede Anregung von außen in einem kleinen Zimmer sitzen.

Denker sind vor allem mit ihren Ideen verheiratet, und ihre Gedanken sind ihre Kinder. Aus diesem Grund engagieren sie sich in Beziehungen nicht genug. Dank ihres edlen Wesens und der Tiefe ihres Intellekts werden sie jedoch in der Regel von Familienmitgliedern und Freunden, die zu ihnen aufschauen und für die sie Autoritätspersonen sind, sehr respektiert. Ihr sicherlich größtes Manko, über das sie ständig hinwegsehen wollen, besteht darin, dass es nicht ausreicht, das Leben von außen zu beobachten. Das Leben und die Liebe kann man nur von innen kennenlernen und erleben.

Schattenselbst

Denker neigen dazu, sich ihrer eigenen Menschlichkeit zu widersetzen. Sie alle haben das deutliche Gefühl, nicht an der menschlichen Erfahrung teilzuhaben. Sie weichen menschlichen Erfahrungen nicht nur aus, sie verstehen sie nicht. Sie versuchen sie zwar zu verstehen und beschäftigen sich so eingehend wie möglich damit. Aber weil sie vor allem Beobachter sind, können sie nie genug Einblick in die menschliche Erfahrung bekommen, um sie wirklich zu verstehen. Menschliche Erfahrung erfordert naturgemäß ein unmittelbares Engagement und eine direkte Beteiligung. Diejenigen, die sich nicht darauf einlassen, können also niemals wissen, was es damit auf sich hat. Sie können nur beobachtend außen stehen und sich fragen: »Worum geht es hier?« Deshalb nenne ich dieses Schattenselbst »den hilflosen Intellektuellen«.

Das größte Problem für Stirnchakra-Typen besteht darin, dass sie sich nie die Finger schmutzig machen, sondern immer elegant distanziert bleiben wollen. Deshalb schauen sie sich alles mit großem Interesse an, weigern sich jedoch, Beziehungen einzugehen und sich mit den kleinen, nervigen Details des Lebens zu beschäftigen. Das Alltagsleben erscheint ihnen viel zu kleinteilig und unter ihrer Würde. Sie reagieren fast angewidert auf menschliche Erfahrungen, fühlen sich jedoch oft zwischen zwei Impulsen hin- und hergerissen. Sie sind vom Leben angewidert, wollen aber trotzdem daran teilhaben. Diese widersprüchlichen Impulse schließen sich natürlich gegenseitig aus, sodass sie hilflos zwischen zwei Welten feststecken.

Sich die Finger schmutzig zu machen ist der Preis für die Teilhabe am menschlichen Erleben. Genau das macht uns menschlich. Weil Denker in der Regel nicht bereit sind, diesen Preis zu zahlen, schweben sie dauerhaft zwischen der Welt des reinen Intellekts und der Welt der menschlichen Erfahrung. Sie fühlen sich nicht wohl mit dem Leben, weil sie nicht wirklich wissen, was sie damit anfangen sollen. Sie haben das Gefühl, nicht mit dem menschlichen Leben zurechtzukommen. Emotionen und Beziehungen hinterlassen bei ihnen eine große Hilflosigkeit. Sie fühlen sich inkompetent, und das hält sie in einem Zustand der Unsicherheit und Vermeidung gefangen.

Chakra-Sechs-Typen bewältigen diese Unsicherheit, indem sie alles analysieren. Sie bauen eine Mauer zwischen sich und der Realität auf und versuchen, sie von einer Position hinter dieser Mauer aus zu verstehen. Einstein beispielsweise war ehrlich genug zuzugeben, dass er sich bei persönlichen Problemen – schwierigen Beziehungen oder intensiven Gefühlen – sofort in die Wissenschaft flüchtete. Weil er das Gefühl hatte, dass die Wissenschaft absolut rein und perfekt, menschliche Beziehungen jedoch kompliziert und chaotisch waren, beschloss er, in diesen sauberen Raum zu flüchten.

Chakra-Sechs-Typen glauben, dass sie sich mit dem Leben beschäftigen, wenn sie es analysieren und alles darüber in Erfahrung bringen. Dafür setzen sie jedoch nur einen Teil ihres Seins ein, ihren Intellekt. Und natürlich sind sie sehr stolz auf ihre innere Distanz, weil sie sich dadurch als etwas Besonderes und denen überlegen fühlen, die im Sumpf des menschlichen Lebens stecken.

Denker versuchen, sich hinter Büchern, Theorien und Rationalisierungen zu verstecken. Sie führen mit jedem, der sie aus ihrem Versteck hervorzulocken versucht, intellektuelle Streitgespräche und gehen daraus normalerweise als Sieger hervor, weil niemand so klug ist wie sie. Sie kompensieren ihre Unfähigkeit, sich mit ihrem Selbstwertgefühl, ihrer Arroganz und Kritik auseinanderzusetzen, dadurch, dass sie alles und jeden kritisieren. Die Wahrheit ist jedoch, dass sie zugleich eifersüchtig auf diejenigen sind, die sie verachten, weil sie tief in ihrem Inneren ebenfalls menschlich sein, sich einbringen und als organischer Teil des Lebens fühlen wollen. Doch diesen Wunsch verbergen sie sorgfältig. Daher werden sie von ihren fehlgeschlagenen Versuchen, der menschlichen Welt und Gesellschaft anzugehören, gequält. Das wird noch verschlimmert durch die Tatsache, dass sie nicht verstehen können, warum sie abgelehnt und zurückgewiesen werden.

Um die Auswirkungen ihres Schattenselbst abzuschwächen, müssen Denker erkennen, dass sie mit schwachen Wurzeln auf die Welt gekommen sind, quasi ohne Beine. Sie müssen anerkennen, dass sie nicht wirklich mit beiden Beinen auf der Erde stehen und vor allem ein Kopf sind, der auf einem schwachen Unterbau sitzt. Sie müssen anerkennen, dass sie dazugehören wollen, und akzeptieren, dass sie Schwächen haben wie alle anderen auch. Sie müssen sich die Finger schmutzig machen, um Erfahrungen zu sammeln und zu erkennen, dass sogar sie Emotionen haben. Es reicht nicht, die menschliche Erfahrung zu verstehen. Man kann sie nicht wegdenken, man muss darin eintauchen. Nietzsche reagierte auf dieses Problem mit dem, was er als »ewige Wiederkunft des Gleichen« bezeichnete – mit der Anerkennung, dass sich alles in einer endlosen Lebensschleife wiederholt, ohne jede Hoffnung auf ein Entkommen.

Höheres Potenzial und Bestimmung

Chakra-Sechs-Typen sind die großartigsten Lehrer der Welt, wenn es um die Wonne des Lernens geht. Sie lehren uns, dass unser Denkzentrum mehr sein kann als eine Quelle quälender Gedanken und dass der Verstand ein Segen ist, kein Fluch. Er kommt uns nur vor wie ein Fluch, wenn wir nicht wissen, wie man ihn richtig nutzt. Der richtige Gebrauch des Verstandes, geleitet von einer wahren Liebe zur Weisheit und einem Durst nach Erkenntnis, ist ein glücklicher und befriedigender Weg durchs Leben.

Denker erwecken in uns ein Gefühl dafür, dass unser Verstand nach Klarheit, Brillanz und Einsicht dürstet, genau wie unsere Kehle Durst empfindet. Sie erinnern uns daran, dass es schön ist nachzufragen, nachzudenken, zu beobachten und zu erforschen. Viele Menschen kennen das Gefühl der Wachheit, das aktives und engagiertes Denken hervorbringen kann, überhaupt nicht. Manchmal vermeiden sie es ganz bewusst, weil sie Wissenserwerb mit ihrer Schul- oder Hochschulzeit in Verbindung bringen, in der sie es nicht unbedingt mit inspirierenden Lehrern zu tun hatten. Denker bringen uns bei, wie wir die Kräfte unseres Intellekts zum Wohle eines höheren Denkens nutzen können.

Chakra-Sechs-Typen sind die Vertreter der wahren Tiefgründigkeit – der Fähigkeit, einer Sache auf den Grund zu gehen und verborgene, bislang unbekannte Schichten offenzulegen. Sie sagen uns, dass sich die Blüte der Geheimnisse des Lebens früher oder später vor unserem inneren Auge öffnen wird, wenn wir uns mit Verstand, Herz und Körper für unseren Wunsch nach einem vollständigen Verständnis eines Sachverhalts einsetzen. Sie inspirieren uns, frei und unabhängig zu zweifeln und Dinge zu hinterfragen, und sie lassen uns den Drang verspüren, Antworten mit unserem eigenen Intellekt zu finden. Sie statten uns mit der Zuversicht aus, die wir brauchen, um tatsächlich selbst nach Antworten zu suchen und sie auch zu finden. Wir können uns darauf verlassen, dass unser Verstand über höhere Kapazitäten verfügt und dass diese eine eigene Quelle der Weisheit sein können. Damit dies geschieht, so sagen sie, müssen wir lernen, bewusst und nicht nur automatisch zu denken. Wir müssen unseren Verstand aktivieren, wachsam sein und wissen wollen.

Der Stirnchakra-Typ inspiriert uns, das Leben und uns selbst etwas mehr aus der Distanz zu sehen – nicht nur, um in das beeindruckende Schauspiel des Lebens einzutauchen, sondern auch, um unsere wissenschaftlichen Fähigkeiten dafür einzusetzen innezuhalten und alles von außen zu betrachten, um zu Objektivität und Neutralität zu gelangen. Sie zeigen uns Karten, Modelle und Entwicklungsstufen, die uns auf unserem Weg des Wachstums und der Evolution leiten können. Diese Modelle machen es uns möglich, unsere Erfahrungen bewusster zu untersuchen und sie im richtigen Kontext zu bewerten und zu interpretieren. Sie verhindern, dass wir uns auf unserem Weg festfahren, und helfen uns zu erkennen, dass wir unser Verständnis und die Tiefe unserer Überlegungen immer noch erweitern können. Es gibt immer eine größere Wahrheit, eine tiefere Einsicht und eine hilfreichere Wahrnehmung.

Schließlich erinnern uns Denker daran, dass über unseren Köpfen das große kosmische Rätsel hängt und darauf wartet, gelöst zu werden. Wir können unser Leben nicht einfach leben, ohne zumindest zu versuchen, dem Geheimnis von Leben und Tod auf die Spur zu kommen. Wir sind alle »kosmische Ermittler«, und wenn wir den Drang verspüren, uns selbst zu erkennen und in Bezug auf unser Bewusstsein und Wissen zu wachsen, kommen wir mit der organisierenden Intelligenz, die hinter allem steht, in Kontakt.

Gleichgewicht erlangen

Als Chakra-Sechs-Typ können Sie mehrere Veränderungen an Ihrer Lebensweise vornehmen, um die in Ihrer Konstitution liegenden Extreme ins Gleichgewicht zu bringen:

- Sorgen Sie dafür, dass Sie mindestens eine gut geerdete und bodenständige Person in Ihrer Nähe haben – jemanden, der sich um die alltäglichen Details kümmert. Andernfalls driften Sie möglicherweise ab wie Einstein in seinem Boot. Wenn Sie zu sehr in Ihrer Gedankenwelt versinken, müssen Sie möglicherweise sogar daran erinnert werden, ab und zu etwas zu essen, Ihr Zimmer zu verlassen oder sich ein wenig zu bewegen. Versuchen Sie das Undenkbare: Denken Sie ab und zu nicht!

- Es kann sehr hilfreich für Sie sein, Wurzelchakra-Typen als Partner, Freunde oder unterstützende Familienmitglieder zu haben, um Ihr schwaches Erdelement auszugleichen. Sakralchakra-Typen können Sie daran erinnern, nicht allzu ernst zu sein. Herzchakra-Typen können Ihnen helfen, gelassener zu werden. Natürlich können Ihnen diese Typen auch leicht auf die Nerven gehen, weil sie Kräfte repräsentieren, die im Widerspruch zu Ihren eigenen stehen. Sie müssen bereit sein, vom hohen Ross herunterzukommen und zu akzeptieren, dass es durchaus Dinge gibt, die Sie nicht vollkommen erfassen und verstehen können.

- Versuchen Sie, Ihre Tendenz zum mentalen Burn-out in den Griff zu bekommen. Denken Sie sich nicht zu Tode. Achten Sie auf Ihr geistiges Gleichgewicht und stellen Sie sicher, dass Ihnen genug Zeit für Aktivitäten bleibt, bei denen Sie nicht viel denken müssen.

- Bleiben Sie in Kontakt mit der Natur, besonders mit Wäldern, Flüssen und Seen. Würdigen Sie die perfekte Ordnung und Harmonie, die sich in der Natur offenbaren. Das kann Sie zu mühelosen Einsichten inspirieren. Die Natur als »gedankenfreie« Domäne hat auch einen kühlenden Aspekt, der Ihren Geist entspannt. Schwach beleuchtete Räume und Musik können ebenfalls dazu beitragen, Ihr Gleichgewicht wiederherzustellen, wenn auch in geringerem Maße.

- Halten Sie nach Situationen und Umfeldern Ausschau, die Ihnen Humor und körperliche Bewegung bieten. Schwimmen und Laufen, Sex und Geselligkeit tun Ihnen gut. Auch wenn Sie solche Situationen am liebsten meiden würden, sollten Sie nicht vergessen, dass es für Sie äußerst wichtig ist, Ihr Wurzel- und Ihr Sakralchakra gesund zu erhalten, weil Sie dazu neigen, den Boden unter Ihren Füßen zu verlieren.

- Versuchen Sie, Dinge zu erleben, ohne sie zu interpretieren oder zu verstehen. Lassen Sie beispielsweise einen Gefühlszustand auf sich wirken, ohne ihn gleich analysieren zu wollen.

- Ihre größte Herausforderung ist die Arroganz. Um ihr etwas entgegenzusetzen, sollten Sie sich in Demut üben. Gehen Sie nicht in die Falle zu glauben, dass Ihr schneller Verstand und Ihr tief greifendes Verstehen Sie anderen überlegen machen.

- Machen Sie sich keinen Spaß daraus, missverstanden zu werden. Geben Sie zu, dass alles, was Sie sagen, vermutlich auch sehr viel einfacher gesagt werden kann. Hören Sie auf, ständig außergewöhnlich brillant sein zu wollen. Versuchen Sie, Ihre Gedanken so auszudrücken, dass andere sie verstehen, damit Sie sich mit ihnen darüber austauschen können.

- Üben Sie sich darin, nicht wertend zu sein. Widerstehen Sie Ihrem Bedürfnis, die ganze Zeit kritisch zu denken. Sobald Sie das gefunden haben, was Sie für die »Wahrheit« halten, neigen Sie dazu, alle anderen Gedanken zunichtezumachen. Lernen Sie, menschliche Gefühle zu respektieren, und beschränken Sie Ihre Kritik auf Ideen, statt sie gegen einzelne Menschen zu richten.

Erfüllung finden

Es gibt verschiedene Wege, die Sie als Chakra-Sechs-Typ beschreiten können, um das Potenzial Ihrer Konstitution zu verwirklichen:

- Achten Sie darauf, dass Sie genügend Zeit für sich allein haben, in denen es ruhig ist und Sie nicht gestört werden. Verbringen Sie Zeit mit sich selbst. Dazu gehört auch, dass Sie sich von allen Gedanken und Einflüssen anderer Menschen frei machen. Nehmen Sie sich Zeit, um sich selbst zuzuhören, Ihren Verstand zu erforschen und eine distanzierte Haltung einzunehmen, um für bestimmte Dinge ein tiefes Verständnis entwickeln zu können. Schweigend spazieren zu gehen oder Schreiben kann Ihnen dabei helfen.

- Verbringen Sie nicht allzu viel Zeit in Menschenmengen. Sie haben eine natürliche Abneigung dagegen. Folgen Sie Ihren Instinkten und passen Sie sich nicht zu sehr an, nur weil andere das für eine gute Idee halten.

- Freuen Sie sich an der Philosophie und an der Begegnung mit großen Geistern – etwa indem Sie Bücher lesen, Entwicklungsmodelle studieren oder sich von verschiedenen Denksystemen inspirieren lassen. Sie brauchen das systematische Denken und vollkommene Klarheit, um Ihr Bedürfnis nach der Aufstellung einer intelligenten Ordnung zu befriedigen.

- Achten Sie darauf, dass Sie im Studium oder in der Berufsausbildung Ihren zentralen Impuls zum Beobachten folgen können. So erfordert Schreiben beispielsweise die Fähigkeit, Dinge von außen, aus der Sicht eines Beobachters, zu sehen. Eine akademische Laufbahn bietet Ihnen die ideale Möglichkeit zu forschen und wissenschaftlich zu arbeiten. Auch die Arbeit in einer Bibliothek, bei der Sie ständig von Büchern umgeben sind, kann gut zu Ihnen passen.

- Wenn Sie ständig mit anderen Menschen zusammenarbeiten müssen, bringt Sie das aus dem Gleichgewicht und regt Sie unnötig auf. Suchen Sie daher nach Arbeitsmöglichkeiten ohne den direkten Kontakt mit anderen. Stellen Sie sicher, dass Sie genügend Zeit und Abstand haben, um in Ruhe beobachten zu können und nicht von anderen erdrückt zu werden. Schaffen Sie sich einen weitläufigen Rahmen für Ihre Erkundungen. Geben Sie sich Gelegenheit, kritisch zu sein und vielleicht sogar zu rebellieren.

Versenken Sie sich in die Entwicklung und Synthese neuer Ideen. Versuchen Sie nicht, ein Zielstrebiger oder eine Zielstrebige zu sein oder vorzugeben, dass Sie ein Redner oder eine Rednerin sind, denn beides wird Sie nur frustrieren. Entwickeln Sie Konzepte, die für andere inspirierend und übernehmenswert sind. Halschakra-Typen sind in der Regel die Schnellsten, wenn es darum geht, Ideen aufzugreifen; für Solarplexuschakra-Typen gilt das in geringerem Maße.

Ihr spiritueller Weg ist ohne Zweifel der Weg der Weisheit – wie die Tradition des Jnana-Yoga. Suchen Sie sich einen Weg der Selbstbefragung, der Kontemplation und des Studiums von Schriften, der auf einem seriösen Denksystem basiert, das Sie beeindruckt. Suchen Sie sich hochintelligente Lehrer, die Sie geistig fordern und nicht von Ihnen verlangen, dass Sie sich irgendwelchen Dogmen unterwerfen. Suchen Sie nach Lehrern, die Sie inspirieren wollen, statt nach solchen, die versuchen, Sie zu überzeugen. Ihre Seele fordert Sie nämlich vor allem anderen auf, um jeden Preis Ihre eigene Autorität zu sein.

Wählen Sie einen individualistischen spirituellen Weg. Schaffen Sie sich einen eigenen Raum für Ihre Entwicklung, statt sich auf feste Rahmenbedingungen und starre Systeme einzulassen. Auf Ihrer Reise brauchen Sie Raum für Zweifel, damit Sie Dinge überdenken und sich gegen akzeptierte Ideen auflehnen können, einschließlich Ihrer eigenen Denkweise. Ihnen ist es nicht bestimmt, passiv an irgendein System zu glauben. Ihr Gott ist Bewusstsein, unendliche Intelligenz und das Mysterium des Universums, wenn Sie überhaupt irgendeinen Gott akzeptieren.

Wenden Sie sich einer aktiven Art von Meditation zu, weil es für Sie ganz natürlich ist, wachsam zu bleiben. Eine stille Meditation mit geschlossenen Augen wird Sie nicht zufriedenstellen, weil Beobachten und Hinterfragen zu Ihrer Spiritualität gehört. Vermeiden Sie monotone Meditationen, die auf jede intellektuelle Stimulation verzichten. Das wird Sie schnell langweilen. Sobald Sie ein Prinzip verstanden haben, wollen Sie weitergehen, weswegen Mantras und andere traditionelle Übungen für Sie nicht geeignet sind.

Um Ihren Weg zu vervollständigen, sollten Sie auf Ihrer Reise auch Mitgefühl und den Dienst am Nächsten üben. Ihre Neigung, sich zu isolieren und abzukapseln, ist stark ausgeprägt. Lassen Sie sich also nicht Gelegenheiten zum Entwickeln von ausgleichenden Eigenschaften entgehen. Sorgen Sie dafür, dass von Zeit zu Zeit spirituelle Erfahrungen und Phasen der Stille ohne jede Interpretation ein Teil Ihres Programms sind, was jedoch nicht zum Ausschluss anderer Erfahrungen führen sollte.

Sind Sie eine Chakra-Sechs-Persönlichkeit?

Der folgende Selbsttest hilft Ihnen zu beurteilen, wie viel Prozent des sechsten Chakra-Typs Sie in sich haben. Achten Sie darauf, dass dieser Moment der Selbstbeurteilung entspannt und spielerisch verläuft. Versuchen Sie, das Vorhandensein von Hinweisen auf diesen Typ nicht in Bezug auf andere Typen zu bewerten. Prüfen Sie einfach, wie sehr Sie die Eigenschaften des Chakra-Sechs-Typs in Ihrer Seinsweise, Ihrer Wahrnehmung der Welt und Ihren natürlichen und unmittelbaren Vorlieben erkennen.

Versuchen Sie, kein intellektuelles Urteil zu fällen. Vertrauen Sie einfach darauf, dass sich etwas in Ihnen mühelos selbst erkennt.

Wenn es Ihnen schwerfällt, diesem Chakra-Typ einen Prozentsatz zuzuweisen, dann lesen Sie die folgenden Aussagen und überlegen Sie, wie stark Sie sich damit identifizieren können. Wenn Ihre Antwort auf alle Fragen jeweils die erste ist, weist das darauf hin, dass Sie sich sehr stark mit diesem Typ identifizieren. Wenn all Ihre Antworten der vierten Variante entsprechen, ist das nicht der Fall. Ziehen Sie bei der Einschätzung, ob Sie zu diesem Typ gehören, daher auch diese Antworten zurate. Sobald Sie diesem Typ einen Prozentsatz zugeordnet haben, schreiben Sie ihn auf, damit Sie ihn mit Ihren anderen Selbsteinschätzungen vergleichen können. Das wird Ihnen bei der Bestimmung Ihrer Drei-Typen-Persönlichkeitsstruktur helfen.

- Die Welt ist ein Raum des endlosen Lernens und Wissens, und unsere Rolle besteht darin, unsere Einsichten und unseren Erkenntnisstand möglichst umfassend auszuweiten.

  1. Damit identifiziere ich mich sehr.
  2. In gewissem Maße.
  3. Ein wenig.
  4. Überhaupt nicht.

- Am liebsten verbringe ich meine Zeit damit, dass ...

  1. ... ich mich stundenlang intensiv mit einem Buch eines großen Philosophen beschäftige.
  2. ... ich ein tiefschürfendes Gespräch mit einem klugen Menschen führe.
  3. ... ich mit einem guten Freund einen langen Spaziergang in einer schönen Umgebung mache.
  4. ... ich das Zusammensein mit meiner Familie genieße.

- Von Kindheit an habe ich mich mit der Welt vor allem verbunden gefühlt durch ...

  1. ... Beobachtung
  2. ... Neugier.
  3. ... die Suche nach Glück.
  4. ... starke Gefühle.

- Wenn ein überwältigendes Gefühl in mir aufsteigt, untersuche ich es sofort wie ein Wissenschaftler.

  1. Stimmt genau.
  2. Stimmt in gewissem Maße.
  3. Da ist etwas Wahres dran.
  4. Das entspricht überhaupt nicht meiner Erfahrung.

- Was ist Ihrer Meinung nach der aktivste Teil von Ihnen?

  1. Geist und Intellekt.
  2. Wille und Ehrgeiz.
  3. Körper und Gefühle.
  4. Emotionen.

KAPITEL 7

SIEBTES CHAKRA – KRONENCHAKRA
Die Yogis

Die Yogis

Weltweit: etwa 1 Prozent der Bevölkerung

Öffentliche Wirkungsstätten:: Kirchn, Klöster, geheime Orden, Sekten, Ashrams, Höhlen, religiöse und spirituelle Gemeinschaften, Meditationsversammlungen und -festivals

In der Regel zu finden unter: Mystikern, Heiligen, Priestern, Mönchen, Nonnen, Kontemplativen, Asketen, Yogis, Schamanen, Entsagenden, Sadhus, Zauberern, spirituellen Meistern

Dosha, Konstitution: Vata (Luft)

Dominiert vom: spirituellen Zentrum, Wesenskern

Schattenselbst: der lebensfeindlich Meditierende

Zeitzone: das Ewige

Traditionelles Tier: keines, symbolisiert durch erleuchtetes Wesen

Berühmte Persönlichkeiten: Gautama Buddha, Adi Shankara, Mahavira, Schimon ben Jochai, Antonius von Lérins, Maria von Ägypten, Benedikt von Nursia, Baal Schem Tov, Teresa von Ávila, San Giulio (Julius I.), Lahiri Mahasaya, Mahavatar Babaji, Ramakrishna, Ramana Maharshi, Anandamayi Ma, Meher Baba, Nisargadatta Maharaj, Sai Baba (Shirdi), Bhagawan Nityananda, Bernadette Roberts, Ajja, Mooji, Adyashanti

An der Spitze der Chakra-Kette steht der siebte Persönlichkeitstyp. Das Kronenchakra ist das oberste Element des Chakra-Systems, und die Chakra-Sieben-Typen gehören zu den seltensten Typen auf der Erde und sind von allen menschlichen Tätigkeiten am weitesten entfernt. Das Eintreten in ihre Sphäre entspricht sowohl buchstäblich als auch metaphorisch dem Betreten der Weltspitze, wo die Definition und die Erfahrung von »Persönlichkeit« vage und unwesentlich sind. In dieser Domäne können Sie die Luft einer anderen Welt schnuppern, die Ihrer eigenen sowohl ganz nah als auch weit von ihr entfernt ist. Dennoch hat dieser Typ, der nur ein Prozent der Weltbevölkerung ausmacht, eine deutliche Spur in der menschlichen Kultur hinterlassen und die anderen sechs Typen stark beeinflusst.

Die Kronenchakra-Persönlichkeit als zweite innerhalb der mental-spirituellen Gruppe kommuniziert am abstraktesten mit der Welt. Die auf Ideen basierende Wahrnehmung der Welt von Stirnchakra-Typen schließt immer noch eine intensive Untersuchung des Lebens und des Kosmos ein, was einem im Vergleich zum spirituellen Zentrum der Kronenchakra-Typen geradezu irdisch und geerdet vorkommt. Der Unterschied zwischen den beiden Typen lässt sich am einfachsten als Unterschied zwischen Denken und Spiritualität umschreiben. Beide werden mit einer verfeinerten Wahrnehmung und einer introvertierten Aktivität verbunden, aber der erste Typ dieser Gruppe ist intellektuell, während der zweite rein meditativ ist.

Wesen

Anders als das Wesen der sechs anderen Chakras ist das Wesen des Kronenchakras keine Kraft, die zur Manifestation im Kosmos oder der Welt führt. Dieses Chakra, das am Scheitelpunkt des Kopfes liegt, beinhaltet vielmehr jene magnetische Kraft, die alles zurück ins Zentrum des Kosmos oder zum Ursprung aller Dinge zieht. Mit anderen Worten: Es zieht alle Objekte zu dem einen höchsten Subjekt. Diese magnetische Kraft bringt uns dazu, in den ursprünglichen Zustand zurückzukehren, der vor Beginn der Schöpfung existierte – zurück zum Beginn der Zeit, als vollkommene Harmonie, Ordnung und Einheit ein natürlicher Zustand waren.

Wenn wir in Phasen tiefer Meditation dieser Kraft folgen, verlieren wir das Interesse an der objektiven Welt, weil diese Kraft uns nach innen zieht, in die Welt des Seins ohne Objekt. Das Wesen des Kronenchakras ist das genaue Gegenteil dessen, was das Wurzelchakra als erstes Chakra ausmacht. Beim Wurzelchakra – dem Chakra des reinen Objekts – geht es ausschließlich um Struktur und Form. Das Wesen des siebten Chakras ist der ursprüngliche Zustand des reinen Subjekts.

Wir werden von dieser Kraft in den zeitlosen, unveränderlichen und formlosen Zustand am Grunde des Seins gezogen. Buddhisten nennen dies »Leere« oder »Nichts«. Es ist ein ewiger und unendlicher Raum, der alle Objekte enthält, aber an sich leer ist – wie ein Behälter, aus dem alles hervorgeht und in dem sich alles auflöst. Wir können ihn uns auch als dunklen, endlosen Raum vorstellen, der gegenüber den darin schwebenden Objekten indifferent und so unendlich ist, dass alle Objekte, selbst wenn man sie zusammenfassen würde, im Vergleich dazu nur ein Staubkorn wären. Dieser dunkle, unendliche Raum ist der Ursprung allen Lebens. Wie wir ein Gemälde nur dank der Leinwand sehen, auf die es gemalt wurde, oder einen Ton nur vor einem Hintergrund der Stille hören, nehmen wir Objekte nur bewusst wahr, weil sie in diesem Raum der Leere auftauchen.

Versuchen Sie zu spüren, wie diese Kraft Sie in das Zentrum zieht, aus dem sich alle Bewegungen und Aktivitäten entfalten. Keine Bewegung kann diesen Raum verändern. Er bleibt neutral, lässt alles zu und bleibt gleichzeitig auf immer von allen Inhalten unberührt. Dinosaurier kommen und gehen, schreckliche Weltkriege brechen aus und werden beendet und selbst die Sonne könnte eines Tages nicht mehr aufgehen. Doch dieses Zentrum bleibt bestehen und stuft keines seiner Objekte als gut oder schlecht ein, weil es nichts mit der Welt der Gegensätze zu tun hat. Spirituelle Meister sagen, genau wie wir zum Leben hingezogen werden würden, poche auch das Gegenteil bewusst oder unbewusst in uns – die Sehnsucht, zu einem unteilbaren und unsichtbaren Zustand zurückzukehren, die fast dem Wunsch nach einer Rückkehr in den Mutterleib entspricht.

Jedes Zimmer ist nur ein leerer Raum mit Objekten darin. Unsere objektorientierten Sinne neigen jedoch dazu, nur die Objekte zu bemerken und die großen Lücken zwischen ihnen zu ignorieren. Das Wesen des siebten Chakra-Typs kann durch diese riesigen freien Räume symbolisiert werden – durch den endlosen Himmel über uns, der niemals Gestalt annimmt, durch die Weite des Ozeans, ja selbst durch das Zentrum der Galaxie und die schwarzen Löcher. Es ist die Mitte, die Grundlage, der Ursprung und das Gefäß von allem, was man sich vorstellen kann.

Konstitution

Der siebte Chakra-Typ ist reines Vata (Luftelement) ohne begrenzende oder ausgleichende Kräfte. Und so wie der Wurzelchakra-Typ, der reines Kapha (Erde) ist, von seiner Konstitution her übermäßig geerdet ist, ist der Kronenchakra-Typ übermäßig ungeerdet.

Wenn wir das wissen, können wir uns leicht vorstellen, wie Chakra-Sieben-Typen sind. Als reiner Raum sind sie energetisch kühl wie die tiefe Dunkelheit der Nacht, in der kein Ton zu hören ist und keine Aktivität stattfindet. Sie sind wie Heliumballons, die von keiner Schnur mehr gehalten werden. Sie schweben »weit oben« und bleiben auf Abstand. Sie beobachten noch nicht einmal, wie es die Stirnchakra- Typen tun. Aus ihrer einzigartigen Perspektive gibt es nichts zu beobachten. Also bleiben sie von allem losgelöst und interessieren sich nicht für die Welt der Objekte.

Yogis sind fast immer sehr schlank, weil sie kein Interesse am Essen haben und das natürliche Hungergefühl nicht beachten. Sie haben einen leichten Körperbau und wirken ziemlich zerbrechlich. Ihr Blick ist oft verschleiert, unbeteiligt und in die weite Ferne gerichtet, als lebten sie in ihrer eigenen Welt und hätten mit unserer überhaupt nichts zu tun. Ihr ganzes Sein ist das eines Verzichtenden, und das bringen sie auch zum

Ausdruck. Sie sind meistens ruhig und gelassen, weil sie eine sehr kühle Energie haben. Diese Kühle macht sie zwar angenehm im Umgang, kann sie aber auch recht kalt werden lassen. Ihnen fehlt die angenehm warme Energie der Herz- und der Wurzelchakra-Typen, und es bleibt immer eine gewisse Distanz zwischen ihnen und anderen, weil sie nie wirklich ganz da sind.

Einflussbereich

Chakra-Sieben-Typen machen nur etwa ein Prozent der Weltbevölkerung aus, und zwar aus dem einfachen Grund, dass die meisten Menschen an der Welt interessiert sind, in der sie leben. Nur wenige sind so leidenschaftslos wie Yogis oder haben ihre Leidenschaft so konsequent in ihre innere Welt verlagert. Selbst viele große spirituelle Meister, die Verzicht lehren, sind aktiver als die Yogis mit der Welt verbunden. Die Kronenchakra-Typen umfassen alle Arten von geborenen Asketen oder Mönchen aus jeder Kultur und Nation. Entsprechend sind sie am häufigsten unter denen zu finden, die von Natur aus für das Klosterleben bestimmt zu sein scheinen und schon früh beschließen, der geschäftigen Menschenwelt den Rücken zu kehren.

Weil Yogis tendenziell nach Wegen suchen, die ihrem Bedürfnis entsprechen, der inneren Erfahrung größtmögliche Aufmerksamkeit zu schenken, sind sie häufig in Klöstern, Orden, Kirchen oder Ashrams zu finden. Es zieht sie in eine unterstützende Umgebung, in der sie ihren natürlichen Neigungen folgen können: den Blick nach innen zu richten, um zu meditieren, sich Gott zu widmen oder die feinstofflichen und mystischen Bereiche zu erforschen. Das unterscheidet sie sogar von den meisten anderen Mönchen. Viele Mönche sind Erschaffer, Fürsorgende oder Redner, aber Yogis sind die frömmsten und introvertiertesten unter ihnen. Sie interessieren sich nicht einmal für die Angelegenheiten ihrer eigenen heiligen Institutionen. Obwohl sie mehr als alles andere eine klare Repräsentation des übernatürlichen Geistes in der Welt von Zeit und Raum sind, finden sich in diesem einen Prozent der Weltbevölkerung viele beeindruckende Persönlichkeiten, darunter zahlreiche Heilige aus allen Traditionen.

Ich habe das Bild des Yogis für diesen Typ gewählt, weil Asketen in der fernöstlichen Welt – besonders in der hinduistischen und buddhistischen Tradition – ein wesentlich höheres Ansehen genießen als bei uns. In den fernöstlichen Traditionen werden diese geborenen Einsiedler verehrt und nicht als irritierendes Phänomen betrachtet, das der herrschenden Kultur zuwiderläuft. In fernöstlichen Traditionen blickt man zu den perfekten Vertretern des Kronenchakra-Typs auf; dazu gehören etwa Gautama Buddha, Mahavira sowie in jüngster Zeit Ramana Maharshi, Nisargadatta Maharaj, Bhagawan Nityananda, Meher Baba oder Anandamayi Ma. Indische *Sadhus* – Heilige, die alles hinter sich lassen, auf alles verzichten und oft fast völlig nackt umherwandern – sind der Archetyp dieses Typs. Es gibt aber auch in der westlichen Welt viele Beispiele, von christlichen Mystikern bis zu jüdischen Rabbinern, die genauso ungeerdet und weggetreten sind wie die Heiligen im fernen Osten.

Von den meisten Menschen dieses Typs, die im Laufe der Jahrhunderte gelebt haben und von denen noch immer welche unter uns leben, haben wir möglicherweise noch nie etwas gehört, weil sie nicht darauf aus sind, bekannt zu werden. Wenn sie auch vor den schützenden Klöstern oder Ashrams zurückschrecken, verlieren sie meist jeden Kontakt zur menschlichen Welt und leben tief im Wald oder in abgelegenen Höhlen oder Hütten ganz oben in den Bergen. Sie haben keinerlei Interesse daran, irgendwelche Spuren in der menschlichen Kultur zu hinterlassen, weil sie keine Bindung an das irdische Leben und all das, was dort als Errungenschaft gilt, haben. Wenn sie doch bekannt werden, liegt das nur daran, dass andere, eher weltlich orientierte Typen sie berühmt gemacht haben.

Diese spirituellen Lehrer reagieren fast nur auf ihre Schüler (die oft rein zufällig zu ihnen finden) und machen in der Regel nicht auf sich selbst aufmerksam. Häufig halten sie lange *Samadhi*- oder Fastenperioden ein. Sie führen ein sehr einfaches, ärmliches Leben, sprechen nur wenig und lehren nicht sehr engagiert, auch wenn sie eine große Anhängerschaft haben.

Manchmal findet man sie in verborgenen Sekten und geheimen Orden – wie die Pythagoräer oder die Essener, die als Gemeinschaft ein Leben in Askese, Armut und täglicher Versenkung führten.

Weil Chakra-Sieben-Typen mit großer Begeisterung subjektive Bereiche und subtilere Bewusstseinszustände untersuchen, findet man sie auch unter Mystikern und Kontemplativen, die ihr Leben damit verbringen, die innere Welt zu vermessen und verschiedene Methoden der spirituellen Verfeinerung ausfindig zu machen. Ihre Meditation ist tief und ausdauernd, und sie widmen sich den Feinheiten der Wahrnehmung und der Energie mit der gleichen Genauigkeit, die ein Wissenschaftler der objektiven Welt gegenüber aufbringt. Ihr Interesse an den inneren Bereichen kann bei ihnen auch eine tiefe Leidenschaft für die Kommunikation und Zusammenarbeit mit unsichtbaren Kräften auslösen. Diese Leidenschaft kann sie dazu bringen, Priester und Priesterinnen zu werden, Zauberer oder Schamanen, die psychoaktive Substanzen oder ungewöhnliche Techniken einsetzen, etwa das Sprechen mit Geistern, das Durchführen von Initiationen oder die Suche nach bisher unerforschten Gebieten in sich selbst. Das sind alles Beispiele für ihren Durst nach inneren Reisen.

Im sehr viel weniger unterstützenden Umfeld der westlichen Gesellschaft und außerhalb jedes religiösen oder spirituellen Rahmens verlagern Menschen dieses Typs ihren Lebensraum manchmal in gedankliche Höhlen. Die verlassen sie selten und versinken darin tief in ihrer eigenen Welt. Aus psychologischer Sicht mögen sie wie gestörte Weltflüchtende wirken, aber wenn sie in ein wohlwollenderes Umfeld hineingeboren worden wären, würde man sie als Heilige betrachten oder zumindest als Bewohner eines Ashrams willkommen heißen. Stattdessen stecken sie in einer ihnen fremden Gesellschaft fest, unfähig, den Grund für ihr Herausfallen aus dem gesellschaftlichen Rahmen auszumachen, noch nicht einmal für sich selbst. Die Wirklichkeit, in der alle anderen ganz natürlich leben, ist nicht ihre. Deshalb werden sie von ihrer Familie und ihren Freunden oft dafür kritisiert, dass sie sich weigern, mit dem klarzukommen, was die anderen für das »reale Leben« halten.

Rolle in der Geschichte der Menschheit

In der Menschheitsgeschichte waren die Yogis diejenigen, die das Konzept der spirituellen Erfahrung und des inneren spirituellen Lebens in die Welt brachten. Sie waren beispielsweise die ersten *Rishis* oder Seher des alten Indien, die den Weg zur spirituellen Erleuchtung aufzeigten und Methoden für sein Beschreiten lehrten wie Meditation, Mantras, Atemübungen und *Prana*-Arbeit. Sie inspirierten auch die Autoren der tiefsinnigen *Upanishaden*.

Yogis vertraten auch als Erste die Vorstellung, dass die göttliche Realität nicht nur aus einer Vaterfigur besteht, der wir gehorchen müssen, sondern auch ein Bewusstseinszustand in uns selbst ist. Sie übermittelten das Prinzip der Vereinigung mit dem Göttlichen, die durch eine unerschütterliche Hingabe an den Geist und den Verzicht auf alle weltlichen Bindungen zu erreichen sei. Diese Offenbarung wurde von Chakra-Sieben-Typen aufgezeigt, die das mystische Herz spiritueller Traditionen erweckten und kleine, aber engagierte Gruppen Gläubiger entstehen ließen. In der Folge entwickelten sich etwa Hinduismus, Buddhismus, der jüdische Chassidismus, die Kabbala, das Christentum oder der Sufismus.

Sie setzten auch die Idee von der Befreiung in die Welt, vom Ende des ewigen Kreislaufs aus Geburt und Tod durch die vollkommene Identifikation mit unserer wahren Natur als reinem Geist. Wir verdanken ihnen auch die Schaffung von struktureller Einrichtungen, die Entsagung und spirituelle Hingabe fördern, etwa Mönchsorden, visionäre Sekten, mystische Schulen oder Ashrams.

Weltsicht

Die Weltsicht der Yogis basiert prinzipiell auf ihrem starken intuitiven Wissen, dass sie weniger der Schöpfung angehören als dem Geist. Obwohl sie dadurch, dass sie Gestalt angenommen haben, »in Ungnade gefallen« zu sein scheinen, ist ihre wahre Existenz immer rein spirituell geblieben.

»Der Himmel auf Erden« ist für sie kein Ideal, sondern Realität. Im Grunde ihres Herzens haben sie den spirituellen Bereich nie wirklich verlassen.

Auf der anderen Seite haben sie das eindeutige Gefühl, vom Geist getrennt zu sein – schon allein deshalb, weil sie momentan in einem Körper leben. Und das ist sehr schmerzhaft für sie. Dieses Gewahrsein mündet in die intensive Sehnsucht und Motivation, zum Geist zurückzukehren. Ihnen kommt die Welt wie ein riesiges transparentes Objekt vor, durch das sie hindurchschauen. Sie sehen sie kaum, weil sie nicht wirklich an ihr interessiert sind. Sie bleiben mühelos gleichgültig und betrachten die Welt als Schleier, der zurückgezogen werden muss, um die eine wahre, unsichtbare und subjektive Welt des Geistes zu enthüllen.

Für sie ist diese Welt nicht nur nicht existent, sondern auch unwichtig. Alles kommt und geht. Geschichte ist zyklisch. Was wirklich zählt, ist die unveränderliche Wahrheit, die jeder natürlichen Veränderung zugrunde liegt. Diese ewige Wahrheit ist immer dieselbe. Sie verändert sich nie und entwickelt sich nicht weiter. Yogis bleiben daher von globalen Schicksalswendungen unberührt und gehen unbeirrbar ihren Weg. Sinn und Zweck des Lebens finden sie nur auf der inneren Reise, indem sie in das Bewusstsein eintauchen, sich intensiv mit unsichtbaren Wirklichkeiten beschäftigen und spirituelle Erleuchtung erlangen. Aus ihrer Sicht besteht unsere Aufgabe in der Welt nur darin, uns von ihr zu befreien, indem wir uns auf dem gesamten Weg des Werdens von ihr zurückziehen und schließlich in den Zustand des reinen Seins eingehen, der in sich vollkommen ist. In diesem Zustand gibt es nichts zu tun und nichts zu erreichen. Die Welt ist einfach ein Raum, in dem wir voneinander getrennt zu sein scheinen. Doch das ist nur eine falsche Vorstellung, die wir korrigieren müssen. Die wichtigste Frage lautet, wie wir menschliche Erfahrungen machen und dabei vollkommen von ihnen unberührt bleiben können. Unser Ziel ist es einfach, dieser Welt zu entkommen, ohne dass irgendetwas davon an uns »hängen bleibt«.

Versuchen Sie, das Leben für einen Moment als nichts anderes als ein göttliches Spiel zu sehen – als ewiges Versteckspiel, das der Geist in unzähligen Formen und Energien mit sich selbst spielt. Aber insgeheim weiß er, dass nur er existiert. Wir gewinnen dieses Spiel durch Befreiung, indem wir erkennen, dass niemand es gewinnen kann, weil es immer nur einen Spieler gegeben hat. In dieser Welt des Einen gibt es keinen wirklich freien Willen. Die Welt wird von höheren Mächten in Gang gehalten, und wir müssen nichts weiter tun, als einen bereits gebahnten Weg zu gehen.

Es ist unsere einzige Aufgabe in diesem Leben, unsere ganze Energie in die göttliche oder subjektive Wirklichkeit zu stecken und ablenkende Nichtigkeiten möglichst zu vermeiden. Doch wir müssen uns dieser Aufgabe vollkommen konzentriert widmen. Offensichtlich ist die wichtigste Aktivität für Chakra-Sieben-Typen eine spirituelle Praxis, die unmittelbare Erfahrung ermöglicht, ohne dass sie sie als Praxis oder Übung wahrnehmen. Anders als aktivere Typen, die sich disziplinieren müssen, um still sitzen und ihren Blick nach innen richten zu können, lieben Yogis die Meditation und jede andere zurückgezogene Aktivität.

Für Yogis ist das Leben einzigartig und auch einfach. Die verschiedenen Energien von »da unten« müssen nur für die innere Reise gesammelt und vereinigt werden. Für sie ist Liebe keine Emotion, sondern eher ein leidenschaftsloses, strahlendes Licht, das sie einfach deshalb wärmt, weil es dort scheint, wo sie gerade sind. Der Tod hingegen ist eine Art kosmischer Witz. Es gibt keinen wirklichen Tod, weil nur das Ewige real ist. Wenn überhaupt, ist Sterben eine Art Gipfelerfahrung, eine Zeit der Erlösung, in der wir uns endlich von der letzten Schicht der Illusion befreien.

Glück ist *Samadhi*, eine tiefe Selbstversenkung, in der wir mit der höchsten Glückseligkeit unseres innersten Wesens in Kontakt kommen. Die Erweiterung des Bewusstseins, der Verlust aller Einschränkungen und das Aufsteigen der Lebenskraft zur Unendlichkeit sind unsere einzigen wahren Quellen der Freude. Yogis sind am glücklichsten, wenn sie spüren, dass sie nichts Irdisches mehr an sich haben, sondern vielmehr am Ende aller menschlichen Anstrengung in der Welt der Objekte angelangt sind und alle Freuden, Schmerzen und irdischen Bindungen überwunden haben. Für sie gibt es keine größere Erfüllung als das Gefühl, dass die Ketten von ihrem wahren Wesen abgefallen sind und sie als vollkommen befreite Seelen »nach Hause« gehen können.

Allgemeine Charakteristika

Im erholsamen Tiefschlaf sind wir alle Chakra-Sieben-Typen. Das bedeutet, dass wir erkennen, wie wichtig es sein kann, dass wir uns vollkommen von der Welt lösen und in einen Zustand der nicht unterbrochenen Entspannung in uns selbst eintreten.

Viele von uns sind zumindest manchmal Chakra-Sieben-Typen, nämlich dann, wenn sie in eine tiefe Meditation oder irgendeine andere Art der tiefen spirituellen Konzentration eintauchen. Wenn wir uns in einem Zustand befinden, in dem uns die Welt der Objekte bedeutungslos vorkommt, werden wir von allen existenziellen Spannungen befreit. Und wenn wir das Gefühl haben, dass allein unser reines Sein wirklich ist, möchten wir vielleicht nicht einmal in die materielle Welt zurückkehren. Die Zeit steht still und wir sind sorgenfrei – befreit von der ständigen Notwendigkeit, Probleme zu lösen und Herausforderungen zu meistern.

Auch wenn wir uns zu einer Schweigeklausur zurückziehen, identifizieren wir uns tendenziell mit dem Weltbild des Chakra-Sieben-Typs. Diese Art von Erfahrung mag zunächst unheimlich und desorientierend sein, doch wenn wir unseren anfänglichen Widerstand erst einmal überwunden haben, möchten wir oft gar nicht mehr in die Sphäre der Kommunikation zurückkehren. Die Welt, die wir hinter uns gelassen haben, verliert jede Bedeutung.

Wir fühlen uns vielleicht auch wie Chakra-Sieben-Tyen, wenn wir von einem spirituellen Lehrer oder einer heiligen Schrift berührt werden oder wenn eine tief greifende Erfahrung uns mit einer seltsamen Sehnsucht, »nach Hause zurückzukehren«, erfüllt – wenn wir plötzlich spüren, dass wir nur Durchreisende sind auf dieser Welt und eigentlich dem Reich des Geistes angehören. Manchmal verspüren wir womöglich sogar den Drang, alles hinter uns zu lassen und uns in einen Ashram oder in ein Leben in Einsamkeit zurückzuziehen. Wenn wir diesem Drang nicht nachgeben, liegt das normalerweise daran, dass wir zu einem anderen Typ gehören und unsere Leidenschaft noch immer der Welt der Objekte gehört.

Mit den Sakralchakra-Typen, den Künstlern, teilen die Kronenchakra-Typen die lustvolle Freude am Jetzt, am gegenwärtigen Moment. Sie wissen intuitiv, dass das wahre Leben im Zeitlosen stattfindet und dass angesichts der Schönheit des reinen Seins alles andere bedeutungslos wird. Künstler interessieren sich jedoch für das sinnliche Jetzt – für Schönheit und Ekstase, die von den Sinnen erfasst werden. Yogis hingegen zieht es ins Jetzt, weil sie sich dort aus der Zeit und der objektiven Welt ins subjektive Sein zurückziehen können. Dominiert vom spirituellen Zentrum, das sie zur reinen Subjektivität führt, verkörpern sie in Abwandlung von Descartes' Maxime das Prinzip »Ich bin, also bin ich«.

Yogis zieht es in einen reinen Zustand. Jeder Zustand, der makellos, fleckenlos rein und endlos verfeinert ist, kommt ihnen irgendwie »realer« vor als die weltliche Realität. Schließlich wollen sie zu dem zurückkehren, was sie als den reinsten Zustand vor Beginn der Schöpfung begreifen. Die Schöpfung kommt ihnen zu vielfältig und widersprüchlich vor. Sie wollen vom Raum oder vom Licht absorbiert werden. Aus diesem Grund fühlen sie sich auch so sehr von der Idee der spirituellen Erleuchtung angezogen, nach der sie sogar ihre eigene Persönlichkeit hinter sich lassen und alle Eigenschaften verlieren, die sie von anderen unterscheiden.

Dies macht sie zu unprätentiösen Menschen, deren Psyche einfach ist. Sie sprechen nicht viel und verwenden nur wenige Worte, um sich zum Ausdruck zu bringen. Sie haben auch keine großen Ambitionen, wohl aber ein klares Verständnis von der Wirklichkeit. Sie sehen und würdigen eine Sache und weigern sich, Paradoxe oder Widersprüche anzuerkennen. Sie interessieren sich auch kaum für tiefschürfende philosophische Erörterungen.

Wenn Yogis in eine bestimmte Tradition hineingeboren werden, folgen sie ihr einfach. Wenn man ihnen sagt, sie sollen zu Shiva beten, beten sie nur zu Shiva. In diesem Punkt unterscheiden sie sich stark von dem anderen Typ der mental-spirituellen Gruppe, den Denkern, die mit ihrem ständigen Drang zu fragen und zu zweifeln alles immer besonders kompliziert machen müssen. »Warum Shiva? Und warum soll ich überhaupt beten?«

Yogis sind auf ewig ungeerdet und können sich in langen Stunden der Versunkenheit leicht selbst vergessen. Sie finden ihre innere Welt so faszinierend, dass sie sich schnell von der Außenwelt lösen und in ihrer Innenwelt verlieren. In östlichen Kulturen wird diese Neigung normalerweise sehr positiv gesehen. Als der 15-jährige Nepalese Ram Bahadur Bomjon Stunden, Tage und Monate ohne Ende unbewegt in Meditation verbrachte, wurde er nicht verachtet, sondern als »neuer Buddha« gefeiert. In der westlichen Gesellschaft sind Exzesse dieser Art meist eher unerwünscht werden manchmal als psychische Abnormalität betrachtet. Westliche Yogis haben daher das Gefühl, dass sie diese Tendenzen möglichst verstecken oder unterdrücken müssen.

Auf die Außenwelt wirken Chakra-Sieben-Typen vielleicht introvertiert, verträumt, umnebelt und fast durchsichtig. Sie beschäftigen sich jedoch intensiv mit der reichen Erfahrung ihrer inneren Welt. Das kann sie ziemlich beschäftigen. Sie sind in der Lage, stundenlang am Stück zu meditieren, ohne dass ihnen langweilig wird, und können lange Zeit allein in der Natur verbringen, in ihrem zeitlosen Raum, in dem sich jeder Tag wie tausend Jahre anfühlt. Stille ist für sie ganz natürlich, sodass sie längere Zeiten ohne Kommunikation nicht fürchten. Da sie sich gern leicht und luftig fühlen, lieben sie auch Fastenphasen in der Zurückgezogenheit.

Yogis fehlt die Neigung, am Drama der Welt teilzunehmen. Sie meiden meist feste Bindungen und ziehen sich gern zurück. Ihre Lebenshaltung ist oft ziemlich passiv und sogar deterministisch, und sie handeln selten willentlich und absichtlich. Deswegen liegt ihnen auch kaum etwas am Arbeiten. Da sie nicht daran interessiert sind, Besitztümer anzuhäufen, kommen sie mit sehr wenig Geld aus, um ihren Lebensunterhalt zu bestreiten. Viele führen bereitwillig ein Leben ein Leben in Armut.

Chakra-Sieben-Typen haben naturgemäß eine geringe Libido und sehr wenig mit körperlichen Trieben zu kämpfen. Sie sind auch nicht daran interessiert, Beziehungen zu Partnern oder innerhalb ihrer eigenen Familie aufzubauen. Und wenn sie es doch tun, stehen diese Beziehungen sicher nicht im Zentrum ihres Lebens. Es fällt ihnen zudem schwer, für irgendetwas verantwortlich zu sein. Weil sie Komplikationen scheuen, gefallen ihnen auch die Probleme nicht, die es in Beziehungen oft gibt. Sie sind gern allein. Und selbst wenn sie ihr Leben mit jemandem teilen, bleiben sie innerlich einsam und wollen häufig allein gelassen werden.

In der Regel sind Chakra-Sieben-Typen in der Lage, ihre Wünsche problemlos aufzugeben. Als Repräsentanten des Vata-Elements halten sie nicht zu stark an etwas fest. Deshalb sind sie in ihrer höchsten Ausprägung oft nahezu vollkommene Heilige. Während andere die Welt vielleicht nach einem langen und inspirierenden Rückzug hinter sich lassen wollen, fühlen sich Yogis regelrecht dazu getrieben und können diesen Wunsch auch verwirklichen, weil sie nur wenige Triebe, Energien und Werte haben, die ernsthaft mit ihrem Drang konkurrieren, sich zurückzuziehen und eins mit dem Geist zu werden.

Stärken und Potenzial

Wegen ihres zutiefst subjektiven und introvertierten Wesens haben Menschen dieses Typs eine sanfte und luftige Ausstrahlung. Sie wirken eher kühlend auf ihre Umgebung und sind harmlose Wesen, die selten wütend werden oder Forderungen stellen. Sie sind unkompliziert in ihrer Einstellung zum Leben und im Umgang mit Beziehungen. Der leichte und sorglose Ansatz, mit dem sie auf Ereignisse in ihrem Leben reagieren, kann anderen Typen, die sich schneller aufregen, als Vorbild dienen. Ihr deterministisches Weltbild erlaubt es ihnen, die Realität ohne großen Widerstand und inneren Stress zu akzeptieren. Außerdem lassen sie ihren Gefährten und Familienmitgliedern aufgrund ihres nicht besitzergreifenden Wesens viel Raum zum Atmen.

Yogis sind von einer tiefen Stille erfüllt und müssen nicht viel an spiritueller Praxis und Meditation aufwenden, um sie zu pflegen. Sie haben eine hohe spirituelle Intelligenz und erfassen intuitiv, was andere nur mit Mühe verstehen. Mit ihrer Fähigkeit, Besitz und Bindungen loszulassen, können sie auf dem Weg der Selbsttranszendenz schnell vorankommen. Ihre innere Stille vermittelt ihnen zudem ganz mühelos ein Gefühl der Harmonie und Einheit mit der Natur.

Herausforderungen

Betrachten Sie die Erfahrung des menschlichen Lebens für einen Moment wie das schrittweise Erbauen eines siebenstöckigen Hauses, dessen Fundament das erste und dessen Penthouse das siebte Chakra ist. Wäre es vernünftig, mit dem Bau des siebten Stockwerks zu beginnen, ohne dass man die entsprechende Infrastruktur und die sechs unterstützenden Stockwerke darunter hat? Das kann nicht funktionieren, doch genau das versucht der unausgewogene Chakra-Sieben-Typ.

C. G. Jung schrieb einmal, dass Neurosen manchmal eine Frage der Kultur sind. Manche Menschen werden in bestimmten Kulturen vielleicht als neurotisch betrachtet, während man sie in anderen als völlig normal wahrnimmt. Eine Neurose ist oft nur die Unfähigkeit, sich in eine bestimmte Gesellschaft einzugliedern, weil Normalität an den akzeptierten Werten gemessen wird. Magier und Schamanen beispielsweise können in der einen Kultur hohes Ansehen genießen, während sie in der anderen als Verrückte betrachtet werden.

Genau das ist bei Yogis der Fall. In einer Kultur zu leben, die spirituelle Neigungen nicht wertschätzt, führt bei einigen Chakra-Sieben-Typen unweigerlich zu Konflikten. In einer materialistischen und säkularen Gesellschaft hält man sie vielleicht für asozial, unfähig und nicht bereit, das Ihre zum Allgemeinwohl beizutragen. Sie entsprechen einfach nicht den Erwartungen der westlichen Gesellschaft, die verlangt, dass wir alle klar definierte Individuen sind – stark, zielbewusst, eigenständig, engagiert und habgierig. Vor diesem Hintergrund wahrgenommen zu werden, hält viele in einem ständigen Frustrations- und Kampfmodus. Auf der einen Seite wissen sie, dass sie nie dazugehören werden, auf der anderen Seite versuchen sie hilflos genau das. Am Ende bleiben sie zwischen den Welten hängen und wissen nicht, ob sie den materiellen Bereich wirklich loslassen sollen.

Von Natur aus regeln Chakra-Sieben-Typen ihre äußeren Angelegenheiten desorientiert und wenig geerdet. Sie haben einfach kein Interesse daran und bringen nicht genug Energie auf, um angemessen auf die Herausforderungen des Lebens zu reagieren. Sie zeigen wenig Begeisterung für

Dinge wie Finanzen, Arbeit oder Ehrgeiz. Als Folge davon schweben sie eher durchs Leben, als mit beiden Beinen auf dem Boden zu stehen, und können die harte Realität oft nicht bewältigen. Ständig fragen sie sich, was wohl ihr Platz in der Welt sein mag. Und selbst wenn sie beschlossen haben, sich ihren Problemen zu stellen, merken sie, dass sie dies im Grunde ihres Herzens gar nicht wirklich wollen.

Dies ist die größte Herausforderung für Menschen des Kronenchakra-Typus: nicht zu Streunern zu werden, die arbeitsunfähig sind, sich der Welt gegenüber gleichgültig und überempfindlich verhalten und sich anderen gegenüber abschirmen. Sie versuchen vielleicht, auf eine abgeschiedene Weise zu leben, die asozial wirkt, und entwickeln tiefgreifende Kommunikationsprobleme. In diesem Zustand schweben sie über allem Irdischen, ohne jede substanzielle objektive Realität und ohne Klarheit oder Orientierung. Möglicherweise können sie ihre Energie nicht einmal auf die Meditation und eine spirituelle Praxis richten und erfahren daher nur die negativen Aspekte des Losgelöstseins von allem Irdischen, weil sie sich dann sowohl von der Welt trennen als auch von jeder transzendenten Existenz. Komplizierte und schwierige Situationen ignorieren sie vielleicht einfach, und Unangenehmes versuchen sie so gut es eben geht zu übersehen. Sie ziehen es auf jeden Fall vor, sich meditativ treiben zu lassen, ganz eingetaucht in die denkbar größte Leichtigkeit. Das führt dazu, dass sie Emotionen, die ihren inneren Frieden bedrohen könnten, mit großem Widerstand begegnen.

Der Wunsch, angesichts des menschlichen Dramas gleichgültig zu bleiben, macht sie in persönlichen Beziehungen, die an sich schon kompliziert, widersprüchlich und voll von leidigen Erwartungen sind, ziemlich nachlässig und gefühllos. Daher sind Chakra-Sieben-Typen keine großartigen Partner. Nicht nur lehnen sie es ab, Konflikte auszutragen (auch konstruktive), sie sind auch alles andere als hilfreich und unterstützend. Wenn die Beziehung zu schwierig wird, trennen sie sich einfach und beobachten die Situation aus der Ferne. Deshalb kommen sie nur mit Partnern aus, die selbst spirituell sind und zugleich ein großes Verständnis für sie haben. Sie brauchen jemanden, der tatsächlich bereit ist, ihnen den ganzen Raum zu geben, den sie brauchen, und nichts von ihnen erwartet – was diesen Partner natürlich zu einer Art Heiligen macht.

Ihr Widerwille, sich voll und ganz auf eine intime Beziehung einzulassen, macht sie verantwortungslos und unproduktiv, was die Menschen in ihrer Umgebung oft dazu zwingt, sich allein um die irdischeren Aspekte ihres gemeinsamen Lebens zu kümmern, einschließlich der finanziellen Stabilität. Yogis können es sich vor allem deshalb leisten, Geld und andere materielle Notwendigkeiten zu verachten, weil andere diese Verantwortung für sie übernehmen. Als Folge ihrer Hilflosigkeit gegenüber den Anforderungen des Lebens und ihrer Abhängigkeit von anderen haben sie manchmal Angstzustände und Depressionen. Das Gefühl, nichts selbst regeln zu können, gepaart mit dem missglückten Versuch, ein Teil der Welt zu werden, kann bei ihnen zu einer wachsenden inneren Spannung führen, die sie nur noch weiter von der Ruhe und dem Frieden entfernt, die sie suchen.

Wenn Yogis in eine tiefe Meditation eintreten, können sie leicht den Boden unter den Füßen verlieren, weil ihr Vata-Element aktiviert wird. Als Folge davon werden sie noch abhängiger, verletzlicher, überempfindlicher und verantwortungsloser. Wenn sie von einem Leben in der Abgeschiedenheit eines Klosters träumen, vergessen sie leicht, dass sie selbst dort Verantwortung und Pflichten übernehmen müssen – was sie erneut mit ihrer mangelnden Erdung und ihrer Tendenz zur Verantwortungslosigkeit konfrontiert.

Diese mangelnde Erdung führt auch dazu, dass sie ihren Körper ablehnen, von dem sie fast losgelöst sind. Sie finden es merkwürdig, sich überhaupt in einem Körper aufhalten zu müssen, und ziehen es generell vor, diesen »Irrtum« zu korrigieren und einen körperlosen Zustand zu erlangen. Aus diesem Grund versuchen sie zu verdrängen, dass sie sich in einem Körper aufhalten.

Das erbauliche Bild eines Mönchs oder Sadhus, der allen irdischen Besitztümern entsagt hat, stellt nicht unbedingt jemanden dar, der ein spirituell beeindruckendes Wesen hat. Die so Dargestellten neigen oft zu spiritueller Überheblichkeit, weil sie ein so hohes Maß an Leidenschaftslosigkeit erreicht haben, und sie wollen für ihre »Besonderheit« anerkannt werden. In Wirklichkeit verfügen sie aber oft nur über ein begrenztes Verständnis spiritueller Wahrheiten und sonnen sich im Glanz eines Wissens, das hauptsächlich auf Aberglauben basiert.

Schattenselbst

Yogis widersetzen sich jeder Existenz – nicht nur der menschlichen. Sie wollen nichts fühlen, nichts wissen und nicht einmal etwas *sein*. Mit anderen Worten: Sie wollen sich in Luft auflösen, was bedeutet, dass sie, zumindest bis zu einem gewissen Grad, am liebsten sterben würden. Aus ihrer Sicht ist das Leben an sich eine Belästigung, und sie selbst empfinden sich als vollkommen überflüssig. Sie leugnen all ihre Erfahrungen in einem physischen Körper und scheinen in einen Zustand zurückkehren zu wollen, in dem nichts passiert und keine Entwicklung nötig ist. Für sie ist Meditation, psychologisch gesprochen, eine Nahtoderfahrung – eine Art selbstmörderische Flucht. In Wirklichkeit haben sie eine Abneigung gegen alles Lebendige, einschließlich sich selbst, als sei alles Leben nur ein unnötiger Behälter für ihr reines Sein. Deshalb nenne ich ihr Schattenselbst »den lebensfeindlich Meditierenden«.

In gewisser Weise sind die Yogis von dem morbiden Verlangen getrieben, zu fühlen und letztendlich »unberührt« zu bleiben. Stirnchakra-Typen wollen sich nicht die Hände schmutzig machen, Kronenchakra-Typen wollen gar nicht erst Hände haben. Sie wollen leicht und luftig bleiben wie eine Feder, die nie den Boden berührt. Das hält sie in einem Zustand der Selbstverleugnung. Sie wollen alle Probleme ignorieren und glauben, dass außer einem ununterbrochenen Frieden nichts existiert. Sie wollen über alles hinwegsehen, was ihnen begegnet, als existiere es überhaupt nicht. Sie wollen sich nichts anschauen, was mit Leben zu tun hat, und sind nicht bereit dazuzugehören. Sie wollen einfach verschwinden.

Yogis reagieren auf diese Tendenz, indem sie noch tiefer in ihre innere Welt eindringen. Oft verschleiert ihre Meditation die Tatsache, dass sie einfach nichts angehen möchten. Sie wollen nur ihre Ruhe haben und so tun, als wüssten sie nicht einmal, dass es ein Problem gibt, mit dem sie sich befassen müssen. Sie versuchen, das Leben nicht wahrzunehmen, weil der Tod eine so starke Anziehungskraft auf sie ausübt. Sie sind stolz auf ihre substanzlose Natur und merken nicht, dass das »Nichts« keineswegs auf Kosten des »Etwas« erreicht werden muss.

Chakra-Sieben-Typen möchten, dass alle um sie herum die erforderlichen harten Arbeiten ausführen und sich um sämtliche Details kümmern. Sie sind Experten darin, andere zu finden, die für sie alles Finanzielle und alle weiteren Alltagsdinge erledigen. Sie selbst bleiben allgemein auf Abstand zur Welt und verlassen sich darauf, dass andere für ihren Lebensunterhalt sorgen. Sie sind stolz darauf, dass sie nichts tun, von allem unberührt bleiben, an nichts interessiert und völlig leidenschaftslos sind und sich jenseits von »all dem« fühlen. Wann immer das Leben ihnen Schwierigkeiten bereitet und sie zwingt, herunterzukommen und sich der Realität selbst zu stellen, ist das für sie eine traumatische Erfahrung. Sie fühlen sich hilflos angesichts der Belastungen des Lebens und fragen: »Warum passiert das ausgerechnet mir? Ich kann nicht damit umgehen!«

Yogis müssen lernen zuzugeben, dass ein bestimmter Teil ihres meditativen Lebens nichts anderes ist als der Wunsch, Probleme zu vermeiden und deren Existenz zu leugnen. Sie müssen bereit sein, sich dem Leben zumindest bis zu einem gewissen Grad selbst zu stellen und ihre Lasten nicht immer nur auf andere abzuwälzen. Es ist für sie nicht sinnvoll, dass andere sie unterstützen und ihren Alltag regeln. Außerdem müssen sie Frieden mit ihrem Körper schließen, dankbar für ihn sein und ihn als Geschenk betrachten, nicht als kosmischen Fehler. Generell müssen sie sich besser erden und aufhören, sich gegen ihre Gefühle aufzulehnen und sie zu leugnen. Sie müssen akzeptieren, dass sie, solange sie atmen, auf der Erde sind und eben nicht im Himmel. Sie haben keine Flügel und sie sind keine Engel, sondern Menschen.

Höheres Potenzial und Bestimmung

Chakra-Sieben-Typen propagieren die Idee einer *inneren* Reise. Sie machen uns deutlich, dass das Eintauchen in den unsichtbaren Bereich unseres eigenen Bewusstseins eine unschätzbar bereichernde Lebenserfahrung ist. Sie lehren uns etwas über die Erleuchtung und zeigen uns, wie wichtig es für unsere seelische Gesundheit ist, ein inneres Leben zu haben. Ohne solch eine Erfahrung sind wir nicht mehr als Köpfe, in denen das Geplapper nie endet, und unser Glück ist dann vollkommen von den äußeren Umständen abhängig. Wenn wir innerlich nicht geerdet sind, haben wir nichts, wohin wir uns wenden können, wenn es schwierig wird. Yogis offenbaren uns die Bedeutung der Stille als Hintergrund für alle Aktivitäten und den Wert der inneren Grenzenlosigkeit als Ausgleichsbasis für alles Ungemach des Lebens. Letztendlich sind die Kronenchakra-Typen diejenigen, die uns zeigen, dass eine gründliche Erkundung der subjektiven Welt dazu führt, dass wir am Ende »Gott« finden oder die göttliche Wirklichkeit ins uns selbst.

In unserer von Stress geprägten Gesellschaft ist es eigentlich leicht, die Existenz von Chakra-Sieben-Typen zu würdigen. Wir verdanken ihnen die Möglichkeit, Meditation als Mittel gegen das Geplapper in unserem Kopf und seine Folgen einzusetzen – selbst wenn die meisten von uns nie so weit reisen würden, wie Menschen dieses Typs es in ihrem inneren Bereich tun.

Eines der wertvollsten Geschenke der Chakra-Sieben-Typen besteht darin, dass sie den Aspekt der Stille für uns verkörpern – den Ort im Kern unseres Wesens, der für immer unerschütterlich bleibt wie das Bild des Gottes Shiva, der seit Äonen ohne jede Veränderung im Lotossitz sitzt. Sie stehen auf natürliche Weise in Verbindung mit diesem Zentrum, das seit Anbeginn der Zeit unberührt ist. Es ist das Ewige in uns, das unverändert bleibt – das unverfälschte Element, das Zeit, Erfahrungen und Erinnerungen niemals schwächen oder verringern können.

Das Geschenk der Yogis ist das Buddha-Lächeln, das sanfte kleine Lächeln der Mona Lisa, das den Unterschied kennt zwischen dem Vergänglichen und dem, was ewig ist. Anders als das Lachen der Künstler ist es ein tiefgründiges Lächeln, in dem sich ein stiller Humor widerspiegelt, der um die Absurdität des Lebens im Licht der Ewigkeit weiß. Der Kronenchakra-Typ flüstert uns ins Ohr, dass es keinen Sinn macht, unser gesamtes Sein auf das unaufhörliche Wirbeln und die ständige Unruhe des spannenden, aber schmerzhaften menschlichen Dramas zu gründen, weil sich im Zentrum nichts dergleichen abspielt. Wenn wir einem Yogi in die Augen schauen, wird uns klar, dass eigentlich nichts wirklich wichtig ist. Was uns dramatisch und bedeutend erscheint, ist aus der Perspektive der Unendlichkeit einfach nur lächerlich.

Der Kronenchakra-Typ hilft uns, aus dem Hamsterrad auszusteigen und zu lernen, was wirkliche Ruhe ist – auf ganz ähnliche Weise wie die Perspektive der Alten eine Anregung für das Leben der übermäßig aktiven und aufgewühlten Jungen sein kann. Hier geht es nicht um die oberflächliche Erholung, die uns der Tiefschlaf oder eine gute Massage bieten, sondern eher um die Erkenntnis, dass die andere Hälfte des Lebens Erholung ist. Meditation, lehren uns die Yogis, ist eine wunderbare Unterstützung für das aktive Leben, weil Erholung die jedes Handeln ergänzende zweite Hälfte ist. Sie stattet uns mit einer Grundlage für alle Aktivitäten aus und mit dem süßen Duft der Wahrheit, der jede Aktivität umweht.

Der siebte Chakra-Typ lehrt uns Stille – die Fähigkeit, jedes Interesse an unseren Gedanken zu verlieren und sie einfach loszulassen, selbst wenn es sich um Gedanken einer erhabenen spirituellen Philosophie handelt. Hinter all der verbalen Komplexität steht die große Einfachheit der Stille. Dieser Typ lehrt uns also auch eine echte, authentische Einfachheit.

Yogis fordern uns auf, uns nicht an Objekte, Menschen und unsere physische Existenz zu klammern. Sie erinnern uns daran, dass wir allein gekommen sind und allein wieder gehen werden. In der Zeit dazwischen müssen wir lernen, diese grundlegende Einsamkeit wertzuschätzen. Weil das Kronenchakra in unserem Körper als siebtes Chakra über den sechs anderen liegt, zieht uns dieser Chakra-Typ wie eine magnetische Kraft nach oben, damit wir die Leichtigkeit und Luftigkeit des Loslassens und Nicht-Anhaftens spüren können. Er lenkt unsere Aufmerksamkeit auf das, was nach dem Tod von uns bleibt. Auf diese Weise lehrt er uns, den Tod nicht zu fürchten, sondern ihn als ekstatische Selbstauflösung und als Tor zur Ewigkeit zu betrachten. Verschwinden ist nicht unbedingt weniger schön als Erscheinen. Chakra-Sieben-Typen zeigen uns gewissermaßen unser eigenes Ende – das, was in der Stille auf uns wartet, nachdem der ganze Rummel des Lebens sein Ende gefunden hat.

Dieser Persönlichkeitstyp lehrt allen anderen Typen, dass am Ende nur die göttliche Wirklichkeit zählt. Sie sollte unser Schwerpunkt sein, der Dreh- und Angelpunkt unserer gesamten Existenz, das, wohin unser gesamtes Sein fließt. Ohne diesen Fokus bleiben wir in unserem vergänglichen Leben gefangen und klammern uns daran, obwohl wir wissen, dass es mit jedem Tag, der vergeht, ein wenig mehr im Nichts verschwindet. Die klare Botschaft der Chakra-Sieben-Typen lautet, dass unser einziges wahres Zuhause im Geist liegt und dass wir, wenn wir jemals die Wahrheit erfahren wollen, nach innen gehen müssen. Nur dadurch, dass wir sämtliche Schichten unserer oberflächlichen Identität beherzt entfernen, erkennen wir, dass sich das Göttliche in unserem Innersten verbirgt. »Gott« war die ganze Zeit in uns.

Gleichgewicht erlangen

Als Chakra-Sieben-Typ können Sie mehrere Veränderungen an Ihrer Lebensweise vornehmen, um die in Ihrer Konstitution liegenden Extreme ins Gleichgewicht zu bringen.

- Lernen Sie zu akzeptieren, dass es einen Sinn hat, in einem Körper zu sein und ein menschliches Leben zu erfahren. Wenn der göttliche Ursprung gewollt hätte, dass wir formlose Wesen sind, hätte er seine Energie nicht damit verschwendet, eine materielle Ebene zu erschaffen. Weil wir sicher davon ausgehen können, dass die Existenz des physischen Universums auch ein Ausdruck des göttlichen Willens ist, müssen wir die Struktur unseres physischen und menschlichen Lebens entsprechend würdigen.

- Versuchen Sie, das Leben von einem objektiven Standpunkt aus zu erfahren, und erkennen Sie, dass es mehr als eine mögliche Perspektive gibt. Ziehen Sie in Betracht, dass es noch andere Arten von Erfahrungen gibt. Der Sakralchakra-Typ in Gestalt des Künstlers beispielsweise ermutigt uns, uns voll und ganz auf die jeweilige Erfahrung einzulassen und auf ein distanziertes Beobachten zu verzichten. Andererseits lehrt uns der Stirnchakra-Typ eine objektive, wissenschaftliche Sichtweise, die alles von außen betrachtet, uns selbst eingeschlossen. Den gesamten Kosmos als bloße Projektion unserer eigenen Innenwelt zu sehen, ist also eine ziemlich einschränkende Perspektive.

- Lernen Sie, von Ihrem Herzzentrum aus zu werten und zu handeln. Das menschliche Herz schlägt eine Brücke zwischen tiefer Spiritualität und dem Leben in der Welt. Es gibt Ihnen einen guten Grund, ein menschliches Leben zu führen, weil es im Gegensatz zu Ihrem meditativen Zentrum der Welt nie gleichgültig gegenübersteht und auf natürliche Weise darin involviert ist. Wenn Sie nicht auf Ihr Herz hören, kann Ihnen die Welt leicht als Illusion vorkommen. Wenn Sie jedoch auf Ihr Herz hören, können erleuchtete Eigenschaften wie Fürsorge, Sensibilität, Mitgefühl, Hingabe und die Bereitschaft zu dienen hervortreten und eine tiefere Bedeutung aufzeigen. Alle Übungen, die das Herz erwecken – wie die buddhistische Praxis des Mitgefühls und der liebenden Güte –, sind gut geeignet, um den übertrieben gleichgültigen siebten Chakra-Typ ins Gleichgewicht zu bringen.

- Achten Sie darauf, dass Sie auch mit den anderen Komponenten Ihres Wesens im Kontakt sind. Lassen Sie die feurige Leidenschaft des Lebens, für die das Sakralchakra steht, nicht verkümmern. Klammern Sie den Ehrgeiz und den starken Willen des Solarplexuschakras nicht aus. Den Wunsch nach Manifestation des Halschakras sollten Sie ebenso wenig ignorieren wie die unterscheidende Weisheit des Stirnchakras, die für Ihr Wohlbefinden von entscheidender Bedeutung ist, weil Sie dazu neigen, Ihr gesamtes Weltbild auf eine einfache und ungerichtete Lebensweise zu reduzieren. Klare Unterscheidungen können Ihnen helfen, verantwortungsvollere Entscheidungen zu treffen.

- Übernehmen Sie Verantwortung für etwas oder jemanden, und sei es »nur« für ein Haustier. Verantwortung zwingt Sie, sich um andere zu kümmern und an die kleinen Details zu denken, die Ihr Herz öffnen und Sie auf den Boden der Realität bringen können.

- Arbeiten Sie an der Zügelung Ihres Vata-Elements. Weil Sie von diesem Element beherrscht werden, kann Sie jedwede Stimulation des Luftelements noch luftiger machen. Meditationen, spirituelle Energie und eine wenig geerdete Lebensweise können einen Heliumballon aus Ihnen machen, der sofort in den Himmel steigen will, wenn Sie ihn loslassen. Denken Sie daran, dass Sie bei zunehmendem Vata eine Überempfindlichkeit entwickeln können, die sich in Symptomen wie emotionaler Verletzlichkeit, der Unfähigkeit, selbst mit geringen Belastungen und Außeneinflüssen umzugehen, Schlafstörungen, Albträumen, Übelkeit, Angstzuständen und dergleichen äußert. Das kann Ihnen das Gefühl geben, dass Ihr Nervensystem weit offen und allen Außeneinflüssen ausgesetzt und unfähig ist, sie zu filtern.

- Überwinden Sie Ihren Widerstand, sich zu erden. Im Grunde wollen Sie Ihr Vata-Element gar nicht unterdrücken. Vielleicht verspüren Sie sogar den Drang, es zu vermehren, um sich immer erhabener fühlen zu können. Hier müssen Sie wieder einmal akzeptieren, dass Sie in einer Welt der Zeit, des Raumes und der Körperlichkeit leben und nicht schwerelos in einer Astralwelt schweben. Ihr grundlegendes Missverständnis besteht darin, dass jede Anerkennung der physischen Welt Ihrer Spiritualität abträglich ist. Dabei könnte diese Art des Ausgleichs sie tatsächlich wesentlich stärker, wirkungsvoller und lohnender machen.

- Tun Sie etwas, um Ihr Vata-Element täglich ins Gleichgewicht zu bringen. Das gilt besonders für spirituell intensive Phasen. Sie können dieses Gleichgewicht herstellen, indem Sie das Erdelement durch Sport, das Feuerelement durch intellektuelles Verstehen und das Wasserelement durch liebevolle Beziehungen fördern.

- Bei der Auswahl einer Sportart sollten Sie sich nicht für eine allzu anstrengende entscheiden, weil das nicht zu Ihrer zarten Konstitution passt. Yoga-Asanas oder schnelles Gehen sind wahrscheinlich eine gute Wahl.

- Ihre sekundären und unterstützenden Chakras können eine ausgleichende Wirkung haben und bestimmte erdende Elemente ins Spiel bringen, die Ihr entrücktes Wesen abmildern. Wenn in Ihrer Drei-Typen-Struktur keine erdenden Chakras vorhanden sind, können Sie für Ausgleich sorgen, indem Sie Zeit mit Menschen verbringen, die diesen Typen angehören. Beispielsweise stärkt das emotionale Herzchakra Eigenschaften wie Fürsorglichkeit und fördert die Aufnahme von Beziehungen zur Welt. Der Wurzelchakra-Typ weckt ein Bewusstsein für die Erde, den Planeten und das gesamte Leben. Würdigen Sie diese inneren oder äußeren Einflüsse und halten Sie sie in Ihrem Leben aktiv. Manche Komplementärchakras bringen Sie sogar Ihren höheren spirituellen Zielen näher. Beispielsweise erfordert der Pfad der spirituellen Erleuchtung die zielgerichtete Entschlossenheit und Selbstdisziplin des Solarplexuschakras. Es ist eine gute Übung für Sie, sich andere Chakra-Typen in sich selbst und im Außen anzuschauen und zuzugeben, wie sehr Sie sie brauchen, um das spirituelle Leben fördern zu können, das Sie so sehr schätzen.

Erfüllung finden

Es gibt verschiedene Wege, die Sie als Chakra-Sieben-Typ beschreiten können, um das Potenzial Ihrer Konstitution zu verwirklichen:

- Sehen Sie ein, dass Sie sich nicht mit aller Kraft bemühen müssen, ein »Ich« zu erschaffen, weil Sie nicht wirklich eines haben können. Sie versuchen vielleicht, andere zu imitieren, die offenbar ein gefestigtes und klar definiertes Ich haben, während Sie sich luftig und ungestaltet fühlen. Es ist zwar gut, ein gewisses Maß an Willen, Ehrgeiz und Zielstrebigkeit zu besitzen, aber absolut nicht notwendig, dass Sie Ihre gesamte Energie in das große Projekt der Selbsterschaffung investieren. Seien Sie sich des Drucks von außen bewusst und widersetzen Sie sich allen Versuchen, Sie zu einem »Jemand« in der Welt zu machen. Sie werden niemals die ausformte und gesetzte Persönlichkeit haben, die Sie bei anderen beobachten.

- Suchen Sie nach Möglichkeiten, als Chakra-Sieben-Typ in der säkularen und zynischen Gesellschaft der westlichen Welt zu leben. Seien Sie darauf vorbereitet, als inakzeptabel oder sogar als verrückt angesehen zu werden, aber verinnerlichen Sie diese Sichtweise nicht und denken Sie nicht, dass mit Ihnen etwas nicht stimmt. Die Lösung lieg auf einem schmalen Grat in der Mitte.

- Sehen Sie ein, dass die Schwierigkeiten, die Sie haben, sich in Ihre Umwelt zu integrieren, nicht allein durch Angst, Unterdrückung und Vermeidung verursacht werden, sondern dass sie eher durch Ihre eigene Wesensstruktur bedingt sind, die Sie akzeptieren müssen. Akzeptieren Sie, dass das Leben in der säkularen und kapitalistischen westlichen Gesellschaft niemals wirklich zu Ihnen passen wird.

- Wenn Sie sich allerdings entscheiden, trotzdem an dieser Lebensweise teilzunehmen, sollten Sie das zumindest bewusst tun und in dem Wissen, warum Ihnen das so schwerfällt. Finden Sie Möglichkeiten, sich in Ihrer Umwelt zu verwurzeln und ein Teil davon zu werden. Nehmen Sie Ihre Entscheidung an, etwas für Sie eher Ungewöhnliches zu tun: Stellen Sie sich mit beiden Füßen auf die Erde.

- Wenn Sie sich weigern, eine bewusste Entscheidung zu treffen, bleiben Sie für immer in der Mitte stecken. Das ist das traurige Dilemma der meisten Chakra-Sieben-Typen in unserem System. Viele finden sich nie wirklich selbst. Aber wenn Sie sich entschieden haben, in der westlichen Gesellschaft zu leben, dann leben Sie auch dort. Wenn Sie deren Lebensweise jedoch nicht mögen, sollten Sie in ein anderes, authentischeres Leben wechseln und sich in einen Ashram, ein Kloster oder an einen abgelegenen Ort in der Natur zurückziehen, wo das Leben einfacher ist. Wenn Sie in der Mitte stecken bleiben, können Sie weder Ihre natürliche Konstitution genießen noch die weltlichen Aktivitäten, die das Leben um Sie herum zu bieten hat. Dann verbringen Sie Ihre Zeit damit, von dem Tag zu träumen, an dem Sie alles hinter sich lassen und sich ganz dem spirituellen Leben verschreiben werden.

- Tragen Sie Ihrem Bedürfnis nach Meditation, Rückzügen und Zeiten der Isolation und Stille Rechnung. Achten Sie darauf, in Ihrer unmittelbaren Umgebung eine sakrale Atmosphäre zu schaffen. Machen Sie Ihr Zuhause zu einem spirituellen Ort. Das ist schließlich Ihr einziger Weg zum wahren Glück. Bauen Sie sich also sorgfältig und mit Bedacht Ihre eigenen meditativen Strukturen auf.

- Stellen Sie sicher, dass Sie alles haben, was Sie brauchen, aber nicht mehr. Wenn Sie relativ arm bleiben, ist das vollkommen in Ordnung. Nicht jedem ist es bestimmt, reich zu werden – besonders nicht den Chakra-Sieben-Typen.

- Da Sie kein Interesse an Geld oder einer »Karriere« haben, sollten Sie sich einfache, anspruchslose Tätigkeiten suchen, durch die Sie Ihre Bedürfnisse erfüllen können, oder sich nach Berufen umsehen, die Sie in einem spirituellen Rahmen ausüben können. Lassen Sie sich nicht auf eine intensive Arbeit ein, bei der Sie ständig unter Druck stehen. Um sich voll entfalten zu können, brauchen Sie eine harmonische und ruhige Umgebung – idealerweise eine, in der Sie Spiritualität und das

Verdienen Ihres Lebensunterhalts mühelos in Einklang bringen können. Das ist etwa beim Unterrichten von Yoga oder einer anderen spirituellen Methode der Fall. Oder werden Sie Teil einer spirituellen Organisation oder eines spirituellen Zentrums. Eine nicht spirituelle Arbeit, die Ihnen so viel inneren Raum wie möglich lässt, kann ebenfalls für Sie geeignet sein. Gartenarbeit beispielsweise ist eine Form des stillen Dienens, die Rücksicht auf Ihre eigenbrötlerische Konstitution nimmt, sehr wenig Kommunikation erfordert und Sie in Verbindung mit der ähnlich stillen und meditativen Pflanzenwelt bringt.

- Versuchen Sie nicht, Ihr eigener Chef zu sein. Chakra-Sieben-Typen tun sich selbst als Angestellte ziemlich schwer. Als Chefs sind sie völlig hilflos. Suchen Sie sich eine Arbeit, bei der Sie jemandem unterstellt sind, der von Natur aus gut geerdet ist und in den Bereichen, in denen Sie eher schwach sind, gern für Sie einspringt.

- Vergessen Sie nie, dass Ihr einzig wahrer Vollzeitjob die Hingabe an das innere Leben, die Meditation oder Gott ist. Integrieren Sie spirituelle Übungen in Ihren Beruf und achten Sie darauf, dass Sie nie in die Falle einer Beschäftigung geraten, die den Broterwerb in den Mittelpunkt Ihres Lebens stellt.

- Kronenchakra-Typen fällt es schwer, sich sehr intensiv auf Beziehungen einzulassen, also versteifen Sie sich nicht darauf. Schließlich ist Ihr wichtigster romantischer Partner der Geist in und außerhalb von Ihnen. Die beste soziale und emotionale Lösung für Sie ist es, einer spirituellen Gemeinschaft oder einem Ashram beizutreten, wo Sie sich in ein größeres Kollektiv integrieren können, das Sie auf viele Arten unterstützt.

- Der spirituelle Weg, den Sie als Yogi gehen, ist eigentlich kein »Weg«, sondern Ihr Leben. Für welche Praxis auch immer Sie sich entscheiden – sei es Meditation, kraftvolle Kundalini-Übungen oder die absolute Hingabe an einen Lehrer –, achten Sie darauf, dass sie Ihrem Bedürfnis nach Intensität Rechnung trägt, das nur durch langes und beharrliches Üben befriedigt werden kann.

- Stellen Sie sicher, dass Ihr spiritueller Weg klug ausbalanciert ist. Ein rein meditativer Weg kann zu einem gefährlich unkontrollierten Vata-Ausbruch führen. Zügeln Sie Ihren Weg durch eine wichtige Zutat oder sogar durch ein paar wichtige Zutaten wie intellektuelles Verstehen, eine bessere Verbindung zu Ihrem Körper, den Einsatz für andere oder irgendetwas, das die Bedeutung eines gesunden materiellen Lebens würdigt. Einer spirituellen Gemeinschaft anzugehören, die die soziale Interaktion fördert, kann eine ganz eigene ausgleichende Wirkung haben.

- Da Sie von Natur aus traditionsbewusst sind und Einfachheit zu schätzen wissen, kann auch hingebungsvolles Singen oder das Rezitieren von heiligen Namen und Mantras ein Meilenstein auf Ihrem Weg sein. Auch einfache koanartige und intuitive Fragen, die der Selbsterforschung dienen, können hilfreich sein, etwa: »Wer bin ich?« Im Gegensatz zu den Denkern, die solche Übungen als langweilig oder sogar nervtötend empfinden, betrachten Yogis Übungen, die den Geist auf ein einfaches Element fokussieren, als Möglichkeit, mit dem Ewigen und Unveränderbaren zu kommunizieren.

- Und widerstehen Sie schließlich Ihrer Tendenz, in ätherische Bereiche des Geistes abzudriften. Achten Sie darauf, dass Sie sich nicht in höchst subjektiven Reisen verlieren und in irgendeiner astralen Welt aufgehen, wo Sie mit Geistern kommunizieren oder nach außergewöhnlichen spirituellen Erfahrungen süchtig werden. Bleiben Sie dem Herzstück Ihrer spirituellen Praxis treu, indem Sie achtsam sind und versuchen, die Einheit mit dem Leben als Ganzem zu erreichen. Das kann Ihnen zu der Erkenntnis verhelfen, dass das Leben selbst göttlich ist – sowohl in Ihnen als auch außerhalb von Ihnen.

Sind Sie eine Chakra-Sieben-Persönlichkeit?

Der folgende Selbsttest hilft Ihnen zu beurteilen, wie viel Prozent des siebten Chakra-Typs Sie in sich haben. Achten Sie darauf, dass dieser Moment der Selbstbeurteilung entspannt und spielerisch verläuft. Versuchen Sie, das Vorhandensein von Hinweisen auf diesen Typ nicht in Bezug auf andere Typen zu bewerten. Prüfen Sie einfach, wie sehr Sie die Eigenschaften des Chakra-Sieben-Typs in Ihrer Seinsweise, Ihrer Wahrnehmung der Welt und Ihren natürlichen und unmittelbaren Vorlieben erkennen. Versuchen Sie, kein intellektuelles Urteil zu fällen. Vertrauen Sie einfach darauf, dass sich etwas in Ihnen mühelos selbst erkennt.

Wenn es Ihnen schwerfällt, diesem Chakra-Typ einen Prozentsatz zuzuweisen, dann lesen Sie die folgenden Aussagen und überlegen Sie, wie stark Sie sich damit identifizieren können. Wenn Ihre Antwort auf alle Fragen jeweils die erste ist, weist das darauf hin, dass Sie sich vermutlich sehr stark mit diesem Typ identifizieren. Wenn all Ihre Antworten der vierten Variante entsprechen, ist das nicht der Fall. Ziehen Sie bei der Einschätzung, ob Sie zu diesem Typ gehören, daher auch diese Antworten zurate. Sobald Sie diesem Typ einen Prozentsatz zugeordnet haben, schreiben Sie ihn auf, damit Sie ihn mit Ihren anderen Selbsteinschätzungen vergleichen können. Das wird Ihnen bei der Bestimmung Ihrer Drei-Typen-Persönlichkeitsstruktur helfen.

- Die faszinierendste und aufregendste Erfahrung im Leben ist die innere Reise.

  1. Damit identifiziere ich mich sehr.
  2. In gewissem Maße.
  3. Ein wenig.
  4. Überhaupt nicht.

- Werden Sie von anderen als versponnen, weggetreten, nicht geerdet und leidenschaftslos betrachtet?

1. Ständig.
2. Ziemlich oft.
3. Manchmal.
4. Überhaupt nicht.

- Was ist Ihrer Meinung nach der aktivste Teil von Ihnen?

1. Das spirituelle Zentrum.
2. Geist und Intellekt.
3. Emotionen.
4. Körper und Gefühle.

- Ich kann mir gut vorstellen, den Rest meines Lebens in einem Kloster, in einem Ashram oder an einem abgeschiedenen Ort in der Natur zu verbringen.

1. Absolut.
2. Ziemlich gut.
3. Vielleicht eine Zeit lang.
4. Auf keinen Fall.

- Lange mit geschlossenen Augen zu meditieren, fühlt sich für mich ganz natürlich an und gelingt mir mühelos.

1. Ja, ich fühle mich in der Meditation zu Hause.
2. Ja, aber nur unter bestimmten Umständen.
3. Nur ab und zu.
4. Überhaupt nicht.

TEIL IV

Das System anwenden

Wenn Sie Ihren Chakra-Typ kennen und Ihre Drei-Chakra-Persönlichkeitsstruktur verstehen, kann Ihnen das helfen, das, was Sie innerlich antreibt, wovon Sie sich angezogen fühlen und was Sie zur wahren Erfüllung führt, zu begreifen und zu handhaben. Sie erkennen so Ihren Seelenplan, der Ihre einzigartige Persönlichkeit ausmacht. Je besser Sie diesen Plan verstehen, desto mehr sind Sie in der Lage, ihn so umzusetzen, dass er sich optimal entwickelt und entfaltet. Das kann verhindern, dass Sie in einer Lebensstruktur stecken bleiben, die nicht wirklich zu Ihnen passt. Dieses Wissen hilft Ihnen auch, die richtigen Entscheidungen zu treffen. Und was noch wichtiger ist: Es hilft Ihnen, sich in sich selbst und in Ihrem Leben zu Hause zu fühlen. Wenn Sie mit Ihrem Chakra-Typ im Einklang sind – nicht nur mental, sondern auch in der Alltagswirklichkeit –, sind Sie, existenziell betrachtet, zur richtigen Zeit am richtigen Ort.

KAPITEL 8

Wie Sie Ihre Drei-Typen-Struktur analysieren

Nun ist es an der Zeit, dass Sie Ihre drei Haupt-Chakra-Typen, in deren Beschreibung Sie sich am deutlichsten wiedererkannt haben, zusammenzustellen und Ihre dreiteilige Struktur verstehen. Ihr Haupt-Chakra-Typ ist in Ihrem Selbsttest vermutlich als der Typ zutage getreten, in dem Sie Ihre Persönlichkeit zu 70 bis 100 Prozent erkannt haben. Wenn Sie etwas über diesen Typ lesen, sollte es sich fast anfühlen, als würden Sie ein Kapitel über sich selbst lesen. Sie müssen sich nicht mit jedem Detail identifizieren können. Konzentrieren Sie sich lieber darauf, wie Sie die Welt sehen, und auf das Zentrum der Wahrnehmung, von dem aus Sie beobachten, interpretieren und reagieren; darauf, was Ihnen auffällt und was Sie übersehen, was Sie für bedeutsam halten und was für bedeutungslos.

Ihr Haupt-Chakra-Typ ist derjenige, der in Ihrem Selbstbewertungsprozess die höchste Punktezahl erreicht hat. Wenn Ihr Höchstmaß an Identifikation mit einem der Chakra-Typen 70 Prozent oder mehr beträgt, können Sie ihn als Ihren Haupt-Chakra-Typ betrachten. Sekundär-Chakra-Typen kommen in der Regel auf zwischen 60 und 80 Prozent. Aber selbst wenn Sie einen Chakra-Typ haben, der nur etwa 50 Prozent erzielt, können Sie ihn als Ihren Sekundär-Chakra-Typ einstufen, solange dies Ihr zweithöchstes Ergebnis ist. Ihr dritter, unterstützender Chakra-Typ kommt vermutlich auf zwischen etwa 30 und 60 Prozent. Wenn bei Ihnen noch andere Typen auf ein Ergebnis kommen, das irgendwo zwischen 30 und 40 Prozent liegt, bedeutet das, dass Sie mit zusätzlichen Eigenschaften und Fähigkeiten ausgestattet wurden. Das ist natürlich fantastisch, spielt aber für diesen Prozess keine Rolle.

Schreiben Sie nun in absteigender Reihenfolge die drei Chakra-Typen auf, die in Ihrem Selbsttest am besten abgeschnitten haben. Es sollte so aussehen:

1. Mein Haupt-Chakra-Typ: (beispielsweise Chakra-Vier-Typ, 95 Prozent)
2. Mein Sekundär-Chakra-Typ: (beispielsweise Chakra-Zwei-Typ, 70 Prozent)
3. Mein unterstützender Chakra-Typ: (beispielsweise Chakra-Fünf-Typ, 50 Prozent)

Eine visuelle Art, dies zu illustrieren, sind drei ineinander liegende Kreise. Setzen Sie Ihren Haupt-Chakra-Typ, der den Kern Ihrer Persönlichkeit darstellt, in den inneren Kreis, Ihren Sekundär-Chakra-Typ in den mittleren Kreis und Ihren unterstützenden Typ in den äußeren Kreis an die Peripherie. Dieses Bild kann hilfreich sein, denn es erfasst die Persönlichkeitswellen, die sich von Ihrer Seele ausgehend kreisförmig verbreiten.

Meine Drei-Typen-Struktur

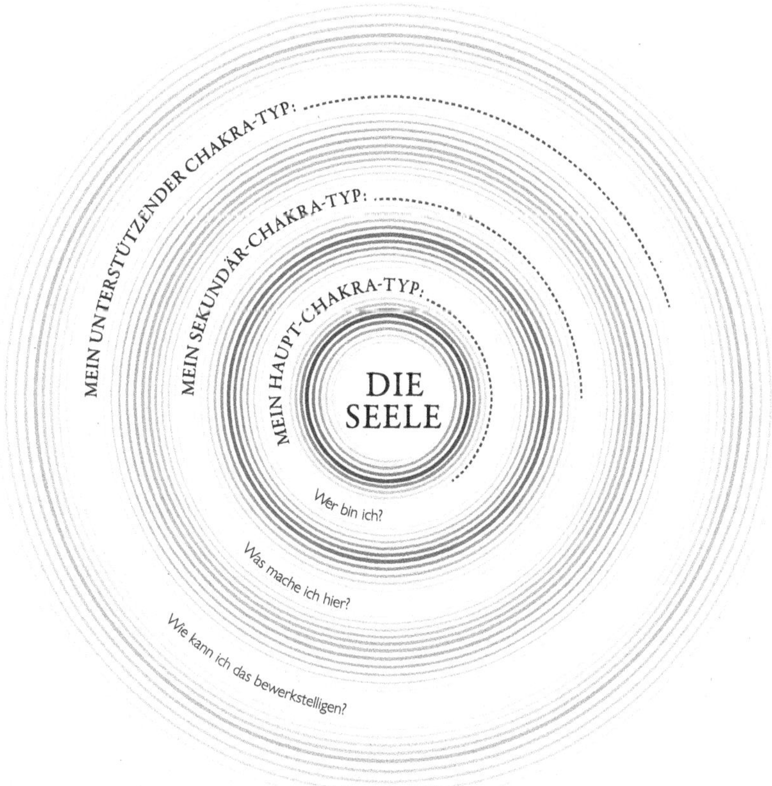

Die naheliegende Frage lautet jetzt: Was bedeutet das alles?

Wer, was und wie

Obwohl Ihr Haupttyp eindeutig der wichtigste Faktor Ihrer Persönlichkeitsgestaltung ist, wäre Ihre Persönlichkeit ohne die beiden anderen, weniger wichtigen Typen fast so etwas wie ein Archetyp – und keiner von uns ist ein reiner Archetyp. Wenn die Einflüsse des Sekundär-Chakras und des unterstützenden Chakras hinzukommen, wird Ihr Haupt-Chakra-Typ plötzlich eine lebendige und komplexe Person – ein einzigartiges Individuum mit verschiedenen Neigungen, Macken und Nuancen. Aus diesem Grund ist die Drei-Typen-Struktur wesentlich für den eigentlichen Prozess der Individuation.

Das Erste, was Sie über Ihre Drei-Typen-Struktur wissen müssen, ist, dass jeder Chakra-Typ darin eine andere Rolle spielt. Diese Struktur beschreibt nicht nur drei starke Tendenzen Ihres Wesens, sie erfasst auch eine bestimmte Dynamik, die jeden Tag in Ihrer Persönlichkeit stattfindet. Wenn Sie die subtilen Beziehungen zwischen Ihren drei Chakra-Typen verstehen, kann Ihnen das wichtige Einblicke in Ihre individuelle Seelenkonstruktion geben.

Ihr Haupttyp bestimmt Ihr Weltbild. In ihm spiegelt sich Ihr tiefstes Selbst wider – die Art, wie Sie die Welt sehen, interpretieren und verstehen. Es ist das Zentrum, das zuerst aktiviert wird, wenn Sie mit der Welt in Kontakt kommen. Jeder von uns nimmt die Welt von einem anderen Standpunkt aus wahr. Wir alle haben ein Zentrum, das bei Weitem das aktivste ist. Dieses Zentrum filtert unsere Wahrnehmungen und wirkt wie unsere ganz private Linse. Ihr Haupttyp legt fest, was aus Ihrer Sicht am meisten Sinn und Glück in Ihr Leben bringt. Es gibt sieben Arten von Lebenssinn und Glück, die wir alle genießen und von denen wir alle profitieren können, aber nur eine davon schenkt uns wahre Erfüllung.

Ihr Haupttyp gibt nicht nur Ihrem Weltbild Gestalt, sondern auch Ihrem »Schattenselbst« – dem zentralen Kampf und Konflikt in Ihrem Leben, Ihrem stärksten inneren Widerspruch. Dieser Schatten beschäftigt Sie vermutlich für den Rest Ihres Lebens, weil er in Ihrer Konstitution verwurzelt ist. Wie sich Wasser nicht in Stein verwandeln und Feuer nicht zu Wasser werden kann, hat jedes Persönlichkeitskonstrukt seine eigenen Einschränkungen und Gegenkräfte, die den betreffenden Menschen in seiner jeweiligen Konstitution gefangen halten. Es ist also klug, wenn Sie sich von dem Ideal verabschieden, eines Tages perfekt zu werden, weil dieser Schatten als wichtiger Katalysator für Wachstum in Ihrem Leben immer präsent ist.

Unser Kampf im Leben kann nicht wirklich als »individuell« betrachtet werden. Wir halten uns oft für etwas Besonderes – als wären nur wir vor Herausforderungen gestellt, die niemand sonst teilt oder auch nur verstehen kann. Der Grund für diese Illusion ist, dass wir uns mit Freunden und Familienmitgliedern vergleichen, die höchstwahrscheinlich andere Chakra-Typen sind. Aber wenn Sie Ihren eigenen Haupt-Chakra-Typ gründlich unter die Lupe nehmen, können Sie Kämpfe, von denen Sie glauben, dass nur Sie sie ausfechten, als grundlegende Unstimmigkeiten identifizieren, mit denen sich alle auseinandersetzen müssen. Wenn Sie eine andere Person kennenlernen, die denselben Haupt-Chakra-Typ hat wie Sie, werden Sie nach einem langen und vertrauensvollen Gespräch vermutlich feststellen, dass Sie beide mit ganz ähnlichen Herausforderungen konfrontiert sind.

Ihr Sekundär-Chakra-Typ hingegen ist bestimmend für den Verlauf Ihres Lebens. Er gibt Ihrem Haupt-Chakra-Typ Orientierung, indem er die Energie Ihrer wesenhaften Persönlichkeit in eine bestimmte Richtung lenkt. Ihr Sekundärtyp legt fest, wie sich Ihr Haupttyp in der Welt zum Ausdruck bringt – die Art, wie Ihre wahre Bestimmung im Idealfall ausgelebt werden sollte. Daher ist der Sekundärtyp von großer Bedeutung für Ihre Berufswahl, weil er Ihnen zeigt, wie Sie als Persönlichkeit Erfüllung finden. Stellen Sie sich den Unterschied zwischen Ihrem Haupttyp und Ihrem Sekundärtyp als den Unterschied zwischen dem »Wer« und dem »Was« Ihrer Persönlichkeit vor. Das »Wer« ist Ihr Haupttyp, Ihr wahres Selbst – der Kern dessen, was Sie ausmacht. Das »Was« hingegen ist Ihr Sekundärtyp – der zentrale Ausdruck Ihres Selbst.

Ihr dritter, unterstützender Chakra-Typ steht für Ihre wichtigste Eigenschaft – die Hauptenergie, die Ihre Persönlichkeit unterstützt, die entscheidende Fähigkeit, die ihren freien Fluss ermöglicht. Weil dieser Chakra-Typ Sie mit einer bestimmten tragenden Energie ausstattet, die Ihnen Kraft gibt, ist er das »Wie« Ihrer Persönlichkeit.

Um diese Dynamik besser zu veranschaulichen, ergänzen Sie Ihre Chakra-Liste oder Ihre drei Kreise um die folgenden drei Fragen:

1. Mein Haupt-Chakra-Typ: *Wer bin ich?*
2. Mein Sekundär-Chakra-Typ: *Was mache ich hier?*
3. Mein unterstützender Chakra-Typ: *Wie kann ich das bewerkstelligen?*

Die beste Metapher für die Dynamik innerhalb dieser Drei-Typen-Struktur ist das Autofahren. Der Haupt-Chakra-Typ bestimmt das Ziel, der Sekundär-Chakra-Typ legt den Weg fest und der dritte, unterstützende Chakra-Typ ist das Fahrzeug, in dem man sich auf die Reise macht. In dieser Analogie ist der Fahrer oder die Fahrerin des Autos der Haupt-Chakra-Typ – das »Wer« Ihrer Seele. Der Fahrer oder die Fahrerin bestimmt den Standpunkt, von dem aus Sie entscheiden, wohin die Reise geht und warum, und hat eine gewisse Ahnung davon, was er oder sie auf der Reise erleben möchte – buchstäblich davon, was die »treibende Kraft« hinter der Reise ist.

Der Sekundär-Chakra-Typ ist Weg und Ziel – das »Was« der Reise. Er weiß, wohin Sie wollen, und kennt den Weg, auf dem Sie dorthin gelangen können. Wenn der Fahrer das Ziel erreicht hat, hat die Reise ihren Zweck erfüllt. Die Seele kann Erfüllung finden, wenn sie den vom Sekundär-Chakra-Typ beschriebenen Weg einschlägt.

Das dritte Element ist das Auto, der unterstützende Chakra-Typ, das »Wie« der Reise – das Fahrzeug, das den Fahrer oder die Fahrerin vom Ausgangspunkt zum Ziel bringt. Das Auto steht für die Eigenschaften und grundlegenden Energien, die Sie brauchen, um Ihr Ziel zu erreichen.

Eine Persönlichkeit, die diese Beziehung zwischen Fahrer, Ziel und Fahrzeug gut veranschaulicht, ist der bekannte und umstrittene spirituelle Lehrer Osho, auch bekannt als Bhagwan Shree Rajneesh. Osho hatte das fünfte Chakra als Haupttyp, das zweite als Sekundärtyp und das sechste als unterstützenden Typ. Der Fahrer seines Autos war ein gewaltiger Visionär, ein charismatischer Redner, ein Revolutionär und der Anführer einer ganzen Generation von Suchern. Sein Weg, sein Ziel und seine zentrale Ausdrucksform wurzelten in einem Faible für Freiheit, Rebellion gegen gesellschaftliche Zwänge, Freude und Ekstase, für das Entfesseln der natürlichen Energien des Individuums und körperliche Befreiung. Sein Fahrzeug, seine unterstützenden Eigenschaften, waren große Klugheit, klare Einsichten, fundierte Kenntnisse der heiligen Schriften und philosophischer Scharfsinn.

Die Beziehung zwischen Haupt- und Sekundär-Chakra-Typ

In Kombination mit je einem Sekundärtyp bringen die sieben Haupt-Chakra-Typen 42 Persönlichkeiten hervor – sechs Varianten für jeden Typ. Wenn man den unterstützenden Typ hinzuzählt, ergeben sich 252 Chakra-Typen. Jeden Einzelnen dieser 252 Typen zu besprechen, wäre ziemlich umfassend – und ist zum Glück auch nicht nötig. Der für die Bestimmung Ihres Typs wichtigste Aspekt ist nämlich, dass Sie die Beziehung zwischen Ihrem Haupttyp und Ihrem Sekundärtyp verstehen.

Betrachten Sie die 42 Persönlichkeiten als Ergebnis einer Art Hochzeit von je zwei Typen, einer Verbindung, bei der ein alchemistischer Prozess stattfindet. Zwei sehr verschiedene Elemente werden vereint und bilden als Ganzes eine neue Seinsart. Um zu begreifen, wie unterschiedlich diese Elemente sind, denken Sie für einen Moment an die detaillierten Beschreibungen der sieben Persönlichkeitstypen in diesem Buch. In dieser Ehe bestimmt ein Partner darüber, wie das Paar die Welt sieht, während sich der andere um das Zusammenspiel der beiden kümmert und um ihren gemeinsamen Ausdruck in der Welt. Um dieses Prinzip zu demonstrieren, wollen wir einen kurzen Blick auf die sechs Erschaffertypen werfen, die wir durch Kombination mit je einem Sekundärtyp in der Welt finden können.

Ein Beispiel für eine perfekte Verbindung ist die Kombination aus erstem und zweitem Chakra-Typ, ein sich hervorragend ergänzendes und ausgleichendes Paar. Der zweite Chakra-Typ lässt den geerdeten ersten Typ regelrecht aufleuchten. Er bringt Humor, Lachen und Abenteuer ins Spiel und macht den ersten Typ weniger streng und gesetzestreu. Beide Typen sind erdgebunden, physisch und naturverbunden. Doch das Ergebnis dieser Verbindung ist eine Erdgebundenheit mit einer gewissen Leichtigkeit.

Wenn sich der erste Typ mit dem dritten vermählt, ist die kombinierte Energie jedoch weniger ausgewogen und sehr verstärkend. Der dritte Chakra-Typ gibt dem manchmal schläfrigen und repetitiven ersten Typ einen Energie- und Ehrgeizschub. Gemeinsam kommen sie zu guten Ergebnissen im Leben, denn sie arbeiten hart und sind sehr ausdauernd, entschlossen und zeitorientiert. Sie verfügen über eine bemerkenswerte Fähigkeit der Verfolgung langfristiger Visionen und sind ganz auf die Zukunft ausgerichtet.

Der erste und der vierte Typ schaffen ebenfalls ein gutes Gleichgewicht. Der vierte Chakra-Typ ergänzt die ohnehin schon ruhige und freundliche Art des ersten Typs um Anmut und Wärme. Beide Typen lieben Gesellschaft, weil sie gern unter Menschen sind. Das prädestiniert sie für ein Leben in Familie und Gemeinschaft. Sie sind loyal und gesetzeskonform – nicht nur, weil sie Sicherheit wollen, sondern auch, weil sie die Kommunikation, die Interaktion und den emotionalen Austausch lieben.

Der erste Chakra-Typ in Kombination mit dem fünften hat eine Vision, die über die Routine des Alltags hinausgeht. Der fünfte Typ ermöglicht es dem ersten, über seinen üblichen begrenzten Rahmen hinauszuschauen und das Gesamtbild zu sehen. Die Verbindung dieser beiden Typen stärkt das Manifestationselement des ersten Typs und den Wunsch nach einer besseren Zukunft für die Gesellschaft und die Menschheit insgesamt. Solche Persönlichkeiten sind normalerweise gute Redner und Pädagogen.

Wenn sich der erste Chakra-Typ mit dem sechsten verbindet, ist das Ergebnis ein exzellenter Wissenschaftler – jemand, der extrem methodisch vorgeht, sehr strukturiert denkt und klug nach allgemeinen Gesetzen sucht. Das ist jedoch keine bodenständige Ehe, sondern eher eine feurige. Sie strebt nach Originalität, die der erste Typ allein nicht erreichen kann.

Die Hochzeit zwischen dem ersten und dem siebten Chakra-Typ verbindet Himmel und Erde in einer Persönlichkeit. Es ist eine religiöse Kombination, aber eine, die Gesetze und Geist verbindet. Sie beschäftigt sich mit Möglichkeiten, den göttlichen Geist auf die Erde zu bringen, und damit, wie man die Erde in die Lage versetzen kann, den Himmel zu erreichen. Dieser Persönlichkeitstyp ist irdisch, aber nicht erdgebunden, weil ihn das siebte Chakra mit einer hohen Spiritualität ausstattet, die ihn erhebt. Solch eine Person ist zwar gut geerdet, aber nicht zu schwer.

Gleichgewicht und Ungleichgewicht

Ihr Sekundär-Chakra-Typ hat eine stark ausgleichende Wirkung auf Ihren Haupt-Chakra-Typ. Gleichzeitig erzeugt er einiges an Spannungen und Widersprüchen.

Als ausgleichendes Element trägt Ihr Sekundärtyp dazu bei, Ihre Persönlichkeit weniger engstirnig zu machen. Stellen Sie sich einen Moment lang vor, Sie wären nur Ihr Haupttyp – heraus käme eine Art Karikatur, ein derart verdichtetes Phänomen, dass Ihre Energie zu viel für eine Person wäre. Glücklicherweise sind Sie mit einem anderen maßgeblichen Chakra-Typ gesegnet, der Ihren Haupttyp entweder entspannt und abkühlt oder betont und stärkt.

Nehmen Sie zum Beispiel einen Chakra-Zwei-Typ in Kombination mit einem Chakra-Eins-Typ als Sekundärtyp. Der Künstler ist voller Energie, aber der Erschaffer bringt diese Energie auf den Boden und kühlt sie ab. Der erste Typ konzentriert die Energie des zweiten Typs und neutralisiert sie teilweise, was einen sehr viel verantwortungsbewussteren und gesetzteren Chakra-Zwei-Typ hervorbringt.

Die Kombination eines Chakra-Vier- und eines Chakra-Sieben-Typs führt zu einer tieferen und emotionaleren Verbindung mit dem Leben. Der Yogi ist von Natur aus eher gleichgültig, und der Fürsorgende mildert diese extreme Neigung ab, indem er Wärme und Menschlichkeit beiträgt. Auf der anderen Seite bekommt die Konstitution des schweren ersten Typs dadurch eine gewisse Leichtigkeit, dass der siebte Typ Eigenschaften wie Luftigkeit und Spiritualität einbringt.

Diese zwei Chakra-Typ-Kombinationen sind Beispiele für ein gutes Gleichgewicht. Andere Kombinationen sind diffiziler. Die Kombination aus Chakra-Vier-Typ und Chakra-Zwei-Typ kann zu einem Übermaß an Gefühlen und Emotionen führen. Wenn Sie jedoch etwas genauer hinschauen, werden Sie feststellen, dass der Künstler den übermäßig abhängigen Fürsorgenden mit seinem Sinn für Freiheit und Leichtigkeit ins Gleichgewicht bringt. Die Verbindung eines Chakra-Sechs-Typs mit einem Chakra-Sieben-Sekundärtyp mag einem zu luftig und philosophisch vorkommen, aber diese Kombination bringt einen Denker hervor, der deutlich weniger »im Kopf« lebt und über eine besondere Art von spirituellem und meditativem Intellekt verfügt. Sie können sich die Verbindung von Haupt- und Sekundärtyp als Kochrezept vorstellen, das sich die Intelligenz der Natur oder des Kosmos ausgedacht hat. Es ist immer ein gewisses Gleichgewicht erforderlich, damit das System funktioniert und in Fluss kommt.

Auf der anderen Seite gibt es immer grundlegende Spannungen zwischen Ihrem Haupt- und Ihrem Sekundär-Chakra-Typ. Sie ziehen in verschiedene Richtungen, und zwar so sehr, dass es sich manchmal anfühlen kann, als sei Ihre Persönlichkeit gespalten. Wenn wir uns zwischen zwei einander widersprechenden inneren Stimmen hin- und hergerissen fühlen, können wir diese Stimmen oft auf den ewigen Kampf zwischen unserem Haupt- und unserem Sekundär-Chakra-Typ zurückführen.

Nehmen Sie beispielsweise einen Denker, dessen Sekundärtyp ein Redner ist. Es liegt in der Natur des Denkers, Menschenmassen zu meiden, sich in einem schwach beleuchteten Raum zu verstecken und Ideen zu überdenken und zu entwickeln. Mit einem Redner, der von innen nörgelt, fühlt sich dieser Chakra-Typ jedoch hin- und hergerissen zwischen seiner primären Natur und einem gegensätzlichen Ruf nach einer hochgradig engagierten und exponierten öffentlichen Rolle. Oder denken Sie an den inneren Konflikt eines Künstlers, dessen Sekundärtyp ein Fürsorgender ist. Er wird für immer zwischen Freiheit und Hingabe, wilder Erfahrung und Verantwortungsbewusstsein hin- und hergerissen sein. Solch ein Mensch weiß möglicherweise nicht, auf welche dieser Stimmen er hören soll, weil beide Seiten hochgeschätzte Werte ihrer inneren Welt repräsentieren.

Es gibt jedoch eine Lösung für diese Spannungen. Entscheiden Sie sich immer für die Stimme Ihres wesentlichen Typs, Ihres Haupttyps – Ihrer Kernpersönlichkeit. Ihr Sekundärtyp ist nur dazu da, diesem Kern zu Diensten zu sein. Achten Sie also darauf, dass Sie nicht ganz in Ihren Sekundärtyp eintauchen und dadurch Ihre Mitte verlieren.

Ihre Drei-Typen-Struktur

Damit Sie Ihre Drei-Typen-Chakra-Persönlichkeit leichter analysieren können, werfen wir einen Blick auf meine eigene Drei-Typen-Struktur und überlegen, welche Einsichten sie ermöglicht.

1. Mein Haupt-Chakra-Typ: sechstes Chakra, 100 Prozent, Denker.
2. Mein Sekundär-Chakra-Typ: fünftes Chakra, 70 Prozent, Redner.
3. Mein unterstützender Chakra-Typ: drittes Chakra, 50 Prozent, Zielstrebiger.

Schauen wir zunächst auf die der Kombination aus diesen drei Chakra-Typen zugrunde liegende energetische Tendenz. Ist es generell eine feurige, luftige, wässrige oder erdige Kombination? »Feurig« bedeutet viel Energie, Intensität, Antriebskraft und Ehrgeiz. »Wässrig« ist emotional, empfindsam, zart und in Beziehung bringend. »Erdig« ist sinnlich, körperlich, bodenständig und materiell. »Luftig« ist ungeerdet, transparent, distanziert und spirituell. In Kombination wirken die Typen verbessernd oder auch verschlimmernd auf eines dieser Elemente.

Bei dieser speziellen Kombination aus sechstem, fünftem und drittem Chakra-Typ ist klar, dass diese drei Typen das Feuerelement im jeweils anderen verstärken. Es sind an sich schon energetisch intensive Typen – ein intensiver Intellekt, das Element der Führerschaft und der freien Rede sowie ein ehrgeiziger, auf Entwicklung gerichteter Charakter. Doch zusammen bringen sie diese Tendenzen auf eine ganz neue Ebene. Wenn diese Persönlichkeit nicht von einem ersten, vierten oder siebten Typ abgemildert wird, ist sie nicht nur feurig, sondern auch sehr aktiv und »männlich«.

Werfen wir nun einen genaueren Blick auf das Zusammenspiel zwischen Haupt- und Sekundärtyp – Chakra-Typ sechs und fünf. Der Denker entwickelt Ideen, der Redner bringt sie zum Ausdruck. Dies scheint eine großartige Verbindung zwischen Fahrer und Ziel zu sein – innovative Ideen und Theorien tauchen auf und werden in die Außenwelt geschleust. Interessanterweise ist dies eine der häufigsten Kombinationen für Denker, die auch Lehrer oder Redner wurden. Der fünfte Chakra-Typ als Sekundärtyp holt den sechsten Chakra-Typ, den Haupttyp, aus seiner Höhle und überzeugt ihn, in die Welt zu gehen, um seine Ideen umzusetzen. Dies ist für dieses Seelenkonstrukt das Ziel oder der Weg der Erfüllung. Wenn sich solch eine Person weigert, ihre Einsichten mit der Welt zu teilen, findet sie keine Erfüllung.

Dieser Kombination wohnt aber auch ein Konflikt inne. Der Fahrer, der Stirnchakra-Typ, zieht es vor, innerlich fokussiert zu bleiben, im Elfenbeinturm des reinen Denkens, und mag die Vorstellung nicht, herauszukommen und seine Gedanken anderen zu vermitteln, was sich für ihn ziemlich »billig« anfühlt. Dieser Typ bleibt gern unerklärlich und komplex. Das führt zu einem unvermeidlichen Konflikt zwischen den beiden Teilen der Persönlichkeit – dem Wunsch, Gedanken und Ideen mitzuteilen, und dem Widerwillen, das zu tun.

Das Problem wird noch verstärkt durch die Tatsache, dass Denker nicht wirklich wissen, wie sie ihre Ideen allgemein verständlich kommunizieren können. Wenn ihr Sekundär-Chakra-Typ der Redner ist, wird dieser sie zur Weitergabe ihrer Ideen drängen, doch die Frage, wie sie am besten übermittelt werden, wird immer im Raum stehen. Die vorherrschende Erfahrung bei dieser Kombination aus Chakra-Typen ist Verwirrung, wenn es darum geht, eine geeignete Sprache zu finden, um mit der »menschlichen Welt« zu kommunizieren. Das führt unweigerlich zur Frustration als zentraler Emotion der betreffenden Person.

Wenn man sich die Kombination dieser drei Chakra-Typen genauer anschaut, wird ein noch wichtigeres Element deutlich. Die drei Typen, die alle zukunftsorientiert sind, sind extrem getrieben und auf Weiterentwicklung aus. Das kann sie sehr ungeduldig machen – ähnlich dem Fahrer eines Rennwagens, der freie Bahn haben will und sich weigert zu bremsen oder langsamer zu fahren.

Natürlich ist diese Persönlichkeit nicht dazu verdammt, nur Frustration und Ungeduld zu empfinden. Diese Kombination hat auch ein paar klare Vorteile. Sie formt ein starkes Individuum, das ehrgeizig, kompromisslos und auch ziemlich unverwüstlich ist. Ein solches Individuum ist ein geborener Visionär und sehr innovativ, aber auch ausgestattet mit der Fähigkeit, seine Vision zu gestalten und umzusetzen. Der dieser Person innewohnende Ehrgeiz kann verwirklicht werden, weil sie über die entsprechende Fähigkeit verfügt, Ziele zu erreichen. Darüber hinaus ist sie zu tiefem Verständnis fähig, gepaart mit dem Vermögen, mit innerer Klarheit, Ordnung und Kreativität Nutzen aus bestimmten Einsichten zu ziehen.

Dieses Gefüge offenbart eine ziemlich effiziente Persönlichkeit – einen innovativen Denker mit dem starken Wunsch, Konzepte zu vermitteln und umzusetzen, und ausgestattet mit viel Energie, dies auch zu tun. Menschen mit dieser Kombination werden jedoch von Ideen und Visionen geleitet und wollen die höchsten Höhen erklimmen. Ihnen fehlen die Charakteristika der eher menschlich orientierten Typen wie die des Wurzel-, der Sakral- und des Herzchakra-Typs, die für Ausgleich sorgen könnten. Sie haben kein kühlendes und entspannendes Element. Eine Gefahr für diesen Persönlichkeitstyp ist die Tendenz, sich selbst auszubrennen.

Um solche Menschen ins Gleichgewicht zu bringen, brauchen wir uns nur die anderen vier Chakra-Typen anzuschauen, die in der Kombination fehlen, in diesem Fall der erste, der zweite, der vierte und der siebte. Hier ein paar Vorschläge von diesen Typen:

- Vom ersten Typ: Suchen Sie sich Routinetätigkeiten und schaffen Sie Rituale, die Ihrem sich permanent weiterentwickelnden System eine solide Grundlage geben. Beschäftigen Sie sich mit Details und mit praktischen Dingen. Nehmen Sie entspannende Kräuter wie Kamille oder Minze ein.

- Vom zweiten Typ: Ziehen Sie in eine beruhigende Umgebung mit Zugang zur Natur, zu Wäldern und Seen. Oder verbringen Sie Zeit in der Natur. Integrieren Sie leichte, angenehme körperliche Aktivitäten in Ihren Tagesablauf.

- Vom vierten Typ: Pflegen Sie liebevolle Beziehungen zu erfrischenden Menschen, etwa des vierten oder siebten und bis zu einem gewissen Grad auch des zweiten Chakra-Typs. Seien Sie sich jedoch dessen bewusst, dass der erste Chakra-Typ als ausgleichende Elemente zu gegensätzlich ist und mit Ihrer großen Intensität aneinandergeraten könnte.

- Vom siebten Typ: Meditieren Sie täglich, vorzugsweise immer zur gleichen Zeit.

Betrachten wir nun Ihre eigene Chakra-Kombination, damit Sie Erkenntnisse für eine ausgewogene und erfüllende Lebensweise gewinnen. Verwenden Sie die folgenden Fragen als allgemeinen Rahmen. Nehmen Sie sich Zeit, damit Sie so viel wie möglich über Ihre eigene Drei-Typen-Struktur lernen können.

Versuchen Sie, die erste und die zweite Frage so klar und unzweideutig wie möglich zu beantworten, also nicht so verschwommen wie: »Luftig, aber auch wässrig und ein wenig feurig«, oder: »Männlich, aber auch weiblich«. Das kann Sie davon abhalten, wichtige Schlussfolgerungen über sich selbst zu ziehen. Bemühen Sie sich um klare Definitionen. Decken Sie Extreme und Ungleichgewichte auf, damit Sie anschließend Möglichkeiten finden können, ein Gleichgewicht herzustellen.

1. Ist meine Struktur generell feurig, wässrig, luftig oder erdig?
2. Ist sie mehr männlich oder mehr weiblich?
3. Gibt es ausgleichende Elemente in meiner Persönlichkeit oder verstärken sich alle drei Chakras gegenseitig? Ist die Kombination zu entspannt?

4. Inwiefern fördert mein Sekundär-Chakra-Typ meinen Haupt-Chakra-Typ? Wie steht er dazu im Widerspruch?
5. Welchen Kampf fechten mein Haupt- und mein Sekundär-Chakra-Typ aus?
6. Welche positiven und negativen Emotionen folgen für mich daraus?
7. Was sind mögliche Berufe für mich und wie kann ich etwas für andere tun?
8. Welche Stärken kann ich in die Arbeit einbringen, die ich gegenwärtig verrichte? Wie sehr mühe ich mich damit ab?
9. Was muss ich tun, um meinen Haupt- und meinen Sekundär-Chakra-Typ ins Gleichgewicht zu bringen?
10. Jeder Chakra-Typ weist grundsätzlich bestimmte dominante Elemente aus. Doch bei einigen Kombinationen ändern manche Typen ihr Wesen und verstärken die anderen Elemente.
11. Die Chakra-Eins-Typen, die Erschaffer, können das Erdelement und weibliche Eigenschaften verstärken, wenn sie mit Künstlern, Fürsorgenden oder Yogis kombiniert werden. Aber in männlicheren Kombinationen – mit Zielstrebigen, Rednern oder Denkern – unterstützen sie das Feuerelement und »wenden sich« zum Männlichen.
12. Die Chakra-Zwei-Typen, die Künstler, können das Feuer und männliche Eigenschaften verstärken, wenn sie mit Zielstrebigen, Rednern oder Denkern kombiniert wird. Aber in weiblicheren Kombinationen – mit Erschaffern, Fürsorgenden oder Yogis – unterstützen sie das Wasserelement und »wenden sich« zum Weiblichen.
13. Die Chakra-Drei-Typen, die Zielstrebigen, verstärken das Feuer und die männlichen Eigenschaften in allen Strukturen.
14. Die Chakra-Vier-Typen, die Fürsorgenden, unterstützen das Wasser oder die Luft und die weiblichen Eigenschaften in allen Strukturen.
15. Die Chakra-Fünf-Typen, die Redner, vergrößern Feuer und maskuline Qualitäten in allen Strukturen.

16. Die Chakra-Sechs-Typen, die Denker, fördern das Feuer und die männlichen Eigenschaften in allen Strukturen.
17. Die Chakra-Sieben-Typen, die Yogis, unterstützen die Luft und die weiblichen Eigenschaften in allen Strukturen.

Seien Sie intuitiv, wenn Sie Ihre eigenen Chakra-Kombinationen analysieren. Nachdem Sie etwas über alle sieben Haupttypen erfahren haben, können Sie sich einfach die Prozentsätze anschauen, die Sie ihnen zugewiesen haben, und sie energetisch spüren. Wie *fühlen* Sie sich, wenn Sie Ihre Kombination betrachten?

So wie es keine »guten« oder »schlechten« Persönlichkeiten gibt, gibt es auch keine guten oder schlechten Chakra-Kombinationen. Jede Kombination kann ausgleichend und stärkend oder aber widersprüchlich sein. Die drei Hauptkomponenten Ihrer Persönlichkeit kennenzulernen, kann Ihnen helfen, Ihre eigene Konstitution so anzunehmen, wie sie ist. Fragen Sie sich: »Wie kann ich das Beste aus meiner Struktur machen, statt die Konflikte, die sie enthält, nur als eine Art inhärenten existenziellen Zustand akzeptieren?« Jeder Sekundär-Chakra-Typ kann ausgleichen, statt im Widerspruch zu stehen. Jedes fördernde Chakra kann wirklich unterstützend sein.

Auf der anderen Seite müssen wir mit einem gewissen Ungleichgewicht leben. Schließlich sind wir wie ein Gericht, das immer zu scharf, zu salzig, zu sauer oder zu süß sein wird. Wir können niemals vollkommen ausgeglichen sein und sollten uns an dieses Naturgesetz erinnern: Manchmal ist ein kleines Ungleichgewicht ein Teil des Gleichgewichts. Ein gewisses Maß an Reibung im System ist auch für Ihre eigene Entwicklung unerlässlich. Streben Sie ein optimales Gleichgewicht an und achten Sie darauf, dass Ihre Konstitution weder Ihnen noch anderen schadet.

KAPITEL 9

Wie Sie Ihrem Chakra-Typ entsprechend leben

Aus dem System der Chakra-Persönlichkeitstypen können Sie viel über Ihr Potenzial für inneren und äußeren Frieden lernen – über die Möglichkeit, Frieden mit sich selbst zu schließen, und darüber, wie Sie in Ihren Beziehungen zu anderen Frieden finden können.

Innerer Friede ist die Grundlage für jede andere Art von Frieden. Wenn Sie Frieden mit sich selbst gemacht haben, sind Sie viel besser in der Lage, andere zu akzeptieren und zu verstehen. Frieden mit sich selbst zu machen, bedeutet nicht, dass Sie einfach über die Einschränkungen und Nachteile Ihres Typs hinwegsehen. Es bedeutet nur, dass Sie sich nicht mehr als nötig darauf konzentrieren und den Gaben und Stärken der Person, die Sie wirklich sind, sehr viel mehr Aufmerksamkeit schenken.

Wir bewegen uns tendenziell immer zwischen zwei Extremen: zwischen Selbstakzeptanz und der Notwendigkeit, uns zu verändern und besser zu werden. Wenn Sie etwas über Ihr Seelenkonstrukt erfahren, lernen Sie ein Muster kennen, das Sie so annehmen sollten, wie es ist – mit all seinen Grenzen und Stärken. Gleichzeitig wollen Sie auch über dieses Konstrukt hinausgehen und Ihre Muster und Grenzen verändern, um ins Gleichgewicht zu kommen und Erfüllung zu finden. Keiner von uns kann ein rein individueller Entwurf bleiben, weil das Leben uns auffordert, uns in anderen Bereichen und Dimensionen weiterzuentwickeln, um ganze menschliche Wesen zu werden. Wenn wir ein ganzheitliches Gleichgewicht erlangen wollen, können wir keine der Lektionen oder Herausforderungen ignorieren, mit denen uns das Leben konfrontiert.

Das bedeutet, dass wir lernen müssen, uns selbst zu akzeptieren *und* zu verändern. So schwierig es auch sein mag, wir müssen uns ständig zwischen diesen beiden Extremen bewegen: einfach zu sein, wie wir sind, einschließlich unserer Einschränkungen, und gegen uns selbst vorzugehen, um unsere Grenzen zu überwinden und ein »höheres Ich« zu werden. Unbewusst stellen wir uns immer wieder diese eine Frage: Wann sollen wir akzeptieren, wer wir sind, und unsere eigene Schönheit sehen – die Schönheit unserer Schwächen eingeschlossen? Und wann sollen wir nach Veränderung streben?

Offensichtlich sind wir nicht nur Blumen des Universums. Selbst wenn Sie wollen, könnten Sie Ihr Seelenkonstrukt nicht vollständig akzeptieren. Sie haben einen denkenden Geist, der Ihnen im Guten wie im Bösen das Gefühl gibt, Ihr eigenes Schicksal bis zu einem gewissen Grad verändern zu können. Manchmal ist dies eine Quelle großen Leids, weil Sie glauben, dass Sie sich ändern können und ein Gefühl für Ihr größeres Potenzial haben. Doch vielleicht fehlt es Ihnen an genügend Energie oder Mut, um dieses Versprechen zu halten. Wenn Sie sich durch die Brille Ihres Potenzials betrachten und dafür verurteilen, dass Sie nicht in der Lage sind, ihm gerecht zu werden, haben Sie nicht verstanden, worum es geht, und sind möglicherweise ständig frustriert. Sie müssen lernen, sich in dem zu entspannen, was Sie sind.

Woher wissen Sie, wann es Zeit ist, auf das Flüstern der Selbstliebe zu hören, die Sie dazu auffordert, sich zu entspannen und sich selbst zu akzeptieren? Und wann sollten Sie nicht auf dieses Flüstern hören? Gibt es eine Möglichkeit, zwischen diesen beiden Extremen zu vermitteln?

Wenn Sie darüber nachdenken, ob Ihr Typ naturgegeben ist oder erworben wurde, werden Sie erkennen, dass beides des Fall ist. Das liegt daran, dass Ihr Typ grundsätzlich Ihr Seelenkonstrukt ist. Er ist Ihre wahre Berufung, sorgfältig abgestimmt auf Sinn und Zweck Ihrer Seelenreise. Er steht für das, was Sie in diesem Leben lernen und manifestieren sollen, um Ihren Lebenszweck zu erfüllen.

Deshalb ist Ihr Seelenkonstrukt von entscheidender Bedeutung für das Erreichen einer höheren Form von Bestimmung. Bei dieser höheren Bestimmung handelt es sich oft um ein übersehenes Potenzial, das Sie nicht identifizieren können. Und Sie werden auch nicht von anderen ermutigt, es in sich selbst zu suchen. Das macht die Offenlegung Ihres Typs zu einem unverzichtbaren Prozess der Selbsterkenntnis, weil sie die Saat des Potenzials enthüllt, die tief in Ihnen schlummert. Wenn Sie sicher sind, dass Sie Ihren Typ kennen, können Sie Ihrer Bestimmung folgen und dabei sämtliche Fallstricke Ihrer konditionierten Persönlichkeit umgehen. Auf der Grundlage eines solchen Verständnisses können Sie auch leichter viele nicht ganz so bedeutende Entscheidungen treffen, beispielsweise die für eine ideale Berufslaufbahn, eine passende Beziehung, einen idealen spirituellen Weg und Lebensstil.

Dieses Wissen kann durch verschiedene Erfahrungen untergraben werden, die Sie im Leben gemacht haben und die Ihnen vielleicht gesagt haben, dass Sie nicht auf Ihre Seele hören, sondern sich lieber anpassen sollen. Oft ist Ihr wahres Potenzial nur deshalb so tief verschüttet und derart unterdrückt, weil eine bestimmte Rolle in der Gesellschaft an die Stelle der Erfüllung Ihres Seelenauftrags getreten ist. Deshalb gleicht dieser Prozess der Selbstfindung dem Herausschälen eines Diamanten aus den oberflächlichen Schichten der Persönlichkeit, die sich im Laufe der Zeit darüber angelagert haben. Auf der Suche nach diesem Diamanten erleben wir Ähnliches wie manchmal, wenn wir glauben, einen Ruf aus den tiefsten Tiefen unserer Seele hören zu können.

Manche von uns sind von Natur aus im Einklang mit diesem Ruf aus den Tiefen ihrer Seele und ihrem wahren Typ daher sehr nah. Andere haben sich von diesem Ruf distanziert. Deshalb finden wir eine so breite Palette der Ausdrucksformen für jeden Typ, manche minimal und schwach und andere so außergewöhnlich in ihrer Manifestation, dass sie eine nahezu perfekte Verkörperung ihrer Chakra-Essenz in die Welt bringen.

Deshalb habe ich die Namen bekannter historischer Persönlichkeiten genannt, die exemplarisch für bestimmte Typen stehen. Diese Persönlichkeiten sind sozusagen die Helden ihres jeweiligen Typs. Ihren Lebensgeschichten, Taten und Aussagen können wir entnehmen, wie eine höhere Ausprägung des jeweiligen Typs aussieht. Das kann sehr inspirierend für uns sein und uns zeigen, wie auch wir unser höchstes Potenzial ausleben können, indem wir unser Haupt-Chakra vollständig und kompromisslos zum Ausdruck bringen.

Etwas über großartige Vertreter Ihres Typs zu erfahren, kann Sie dazu inspirieren, sich von Ihrem grundlegenden Chakra-Typ in die höchsten Höhen zu erheben, die Ihre angeborene Bestimmung für Sie bereithält. Verzweifeln Sie nicht, weil Sie denken, diese Vorbilder seien zu groß, um erreichbar zu sein. Was Ihren Persönlichkeitstyp betrifft, geht es weniger um die Größe Ihres Einflussbereichs als vielmehr um das Ausmaß Ihrer Loyalität gegenüber dem, was Sie wirklich sind. Es ist also klüger, diesen Geschichten Hinweise darauf zu entnehmen, wie es ist, wenn sich Ihr Typ als Seele in einem menschlichen Körper entfaltet und zur vollen Reife gelangt.

Als voll entwickelte Seelen zeigen diese Chakra-Typ-Helden nur jeweils eines von sieben Gesichtern der göttlichen oder höheren Wirklichkeit. Weil die sieben Chakra-Essenzen das beinhalten, was als facettenreicher Gott betrachtet werden kann, ist es jedem Typ bestimmt, eine Facette des Diamanten der göttlichen Wirklichkeit zum Ausdruck zu bringen. Das höchste Ziel, welches das System der sieben Persönlichkeiten auf dieser Ebene anstrebt, ist Selbstverwirklichung für uns alle.

Ihren Typ ins Gleichgewicht bringen

Das System der Chakra-Typen sagt uns, dass wir etwas an unseren Extremen ändern sollen. Wenn Ihr Seelenkonstrukt allmählich selbstzerstörerisch wird – wenn Sie anfangen, sich selbst zu schaden, indem Sie Ihren Körper zugrunde richten, ein dysfunktionales Leben führen oder Menschen in Ihrem Umfeld ebenso ruinieren wie Ihre Beziehungen, dann ist das ein sicheres Zeichen, dass Sie innehalten und sich ändern müssen.

Glücklicherweise können wir leicht erkennen, wann wir in einem Extrem und einem für uns selbstzerstörerischen Modus feststecken. Wir haben das beste Warnsystem, das wir uns nur wünschen können, wenn die Dinge aus dem Gleichgewicht geraten – unseren Körper. Unser Körper ist immer da, um uns zu ermahnen, wenn wir zu viel Feuer, Luft, Erde oder Wasser haben. Er spricht durch psychosomatische Erkrankungen und chronische Probleme zu uns – wenn wir nicht gut schlafen oder wenn wir zu viel schlafen und morgens kaum aus dem Bett kommen oder unter einem Reizdarmsyndrom leiden. Alle unsere Extreme haben prompte physische Folgen.

Eine andere gute Möglichkeit, um zu merken, wenn Ihr Typ unausgewogen ist, besteht darin, sich ständig wiederholende Gedanken zu beobachten, die Sie verrückt machen, oder bestimmte Emotionen, die Sie regelrecht auffressen. Das Ungleichgewicht kann sich auch in Ihren Beziehungen widerspiegeln, beispielsweise wenn Ihnen mehrere Leute das Gleiche sagen.

Zu wissen, wie man aufhört, bevor ein schädliches Ungleichgewicht entsteht, erfordert wahre Meisterschaft – ähnlich wie genau zu wissen, wann man aufhören muss zu essen. Am klügsten ist es, nicht auf den Moment des Burn-outs zu warten – sei es ein emotionaler Burn-out für den Herzchakra-Typ, ein mentaler Burn-out für den Stirnchakra-Typ oder ein spiritueller Burn-out für den Kronenchakra-Typ.

Natürlich können wir immer behaupten, dass Jim Morrison (ein Sakralchakra-Typ), wäre er nicht ausgebrannt, nicht »Jim Morrison« hätte sein können. Es hat sicherlich etwas Schönes an sich, Jim Morrison zu sein und zwischen solchen Extremen zu leben. – Ja, er hat sein Leben geopfert, aber was für ein legendäres Leben war das! Selbstaufopferung betrachten wir oft als bewundernswert, gerade weil sie zu akzeptieren und zu ignorieren scheint, was wir als Exzess betrachten. Diejenigen, die aufgerufen sind, ein »legendäres« Leben zu führen, geben sich einfach allen Exzessen ihres jeweiligen Typs hin. Aber wenn Sie etwas über die Weisheit und Kunst eines ausgeglichenen Lebens lernen wollen, müssen Sie in Erfahrung bringen, wann diese Tendenzen anfangen, selbstzerstörerisch zu werden. Blättern Sie zurück zu den Kapiteln, in denen die einzelnen Typen vorgestellt werden. Dort finden Sie auch Beschreibungen der Punkte, an denen die Energie des jeweiligen Typs überläuft und ein krasses Ungleichgewicht verursacht.

Wenn Ihre Chakra-Energien Sie daran hindern, ein erfülltes und ausgeglichenes Leben zu führen, sollten Sie sie zügeln. Abgesehen davon sollten wir alle zu einer grundlegenden Selbstakzeptanz gelangen. Dazu sind wir jedoch meistens nicht in der Lage. Warum nicht? Aus dem einfachen Grund, dass wir unser Seelenkonstrukt in der Regel nicht grundsätzlich akzeptieren. Wir fühlen uns von diesem Konstrukt eingeschränkt, weil es bestimmte Verhaltensweisen und Fähigkeiten beinhaltet, die wir niemals zum Ausdruck bringen können. Wir können auch das Gefühl haben, dass wir nicht wie die anderen sind oder nicht das sind, was wir sein sollten. Mit anderen Worten: Unser Konstrukt passt nicht zu dem Bild, das wir von uns selbst haben.

Das hat viel mit der Gesellschaft zu tun, in der wir leben und die uns immer wieder sagt, wer und was wir sein sollten. Allzu oft unterdrücken wir unseren Typ und verstecken ihn hinter gesellschaftlichen Masken, nur weil uns gesagt wird, dass wir nicht so sein sollten, wie wir sind. Langsam, aber sicher verinnerlichen wir diese Nichtakzeptanz.

Um dieser Tendenz zu widerstehen, müssen Sie Ihr Seelenkonstrukt lieben lernen. Bevor Sie die Persönlichkeitstypen anderer Menschen würdigen, sollten Sie lernen, Ihren eigenen Typ wertzuschätzen. Leider haben viele von uns selbst nachdem sie eine ausführliche positive Beschreibung der Gaben ihres eigenen Typs gelesen haben immer noch das nagende Gefühl, dass etwas mit ihnen nicht stimmt. Wenn Sie Ihre Muster kennen, kann das bewirken, dass Sie Ihre Individualität und Einzigartigkeit zu schätzen wissen, aber es kann auch dazu führen, dass Sie sich anders und isoliert fühlen.

Jeder scheint zu denken, dass alle anderen genauso sein sollten wie er oder sie selbst. Wenn eine andere Person Ihnen den Rat gibt, mit diesem aufzuhören oder nicht mit jenem anzufangen, meint sie in Wirklichkeit: »Sei so, wie ich bin! Wenn du nur aufhören würdest, du zu sein, und anfangen könntest, so zu sein wie ich, wäre ich so viel glücklicher!« Erschaffer bekommen vielleicht zu hören: »Mach dir doch keinen Kopf über diese Kleinigkeiten. Das Leben ist zu kurz für so etwas!« Künstler müssen sich möglicherweise anhören: »Sei nicht so faul. Das Leben ist kein Ponyhof.« Zielstrebigen wird eventuell gesagt: »Arbeite nicht so viel! Du bist ein Workaholic.« Fürsorgende werden vielleicht aufgefordert: »Werde endlich erwachsen! Was soll diese ganze Empfindlichkeit? Und warum all diese Tränen?« Redner werden möglicherweise gewarnt: »Gib die großen Träume auf. Tu nur, was du tun kannst. Das reicht.« Denker hingegen werden eventuell ermahnt: »Denk nicht so viel. Fang an, das Leben in deinem Körper zu genießen!« Und Yogis wird vielleicht empfohlen: »Hör auf, vor dem Leben zu fliehen. Du läufst immer weg.«

Uns allen wird gesagt, dass wir aufhören sollen, so zu sein, wie wir sind, oder das zu tun, was wir die ganze Zeit tun. Dadurch entwickeln wir das Gefühl, dass etwas mit uns nicht stimmt und wir uns besser anpassen sollten. Wenn beispielsweise einem Chakra-Fünf-Typ in der Kindheit ständig eingetrichtert wird, er solle aufhören zu träumen und pragmatisch sein, kann es passieren, dass er seine Neigung zu träumen weitgehend unterdrückt.

Natürlich klingen alle diese Aussagen nicht immer so, denn andere weisen uns auch freundlich auf unsere Extreme hin. Und wenn wir liebevolle Rückmeldungen zu unseren zerstörerischen Tendenzen bekommen, sollten wir das generell begrüßen. Relevant sind diese Ermahnungen jedoch nur, wenn Sie sich oder anderen gegenüber eindeutig zerstörerisch verhalten. Jim Morrison beispielsweise hätte von einer Aussage wie dieser profitieren können: »Es ist wunderbar, dass du so wild bist, aber bitte hör mit dem Alkohol und den Drogen auf, damit du älter wirst als 30!« Leider sind die meisten Bemerkungen der Mehrheit der Menschen nicht dazu gedacht, uns ins Gleichgewicht zu bringen. Sie sollen uns vielmehr veranlassen aufzuhören, wir selbst zu sein, und anzufangen, wie sie zu sein. Vor allem Partner und Eltern versuchen gern, ihre Liebsten und ihre Kinder nach ihrem eigenen Bild zu formen.

Ihren Typ zu kennen, kann Ihnen ein gutes Grundgefühl für sich selbst geben, wodurch Sie Kritik und Manipulationen standhalten können.

Wenn Sie sich Ihrer wahren Werte sicher sind, können Sie wacher sein, wenn Sie kritisiert werden, weil Sie die Werte der anderen Person nicht teilen. Dann sind Sie in der Lage zu sagen: »Nein, hier gibst du deine Sicht der Welt wieder. Das glaubst du, und ich respektiere das, aber ich werde nicht für dich zu einem anderen Menschen werden.«

Sich selbst akzeptieren

Der erste Schritt auf Ihrem Weg zu innerem und äußerem Frieden besteht darin, dass Sie sich selbst annehmen, sich lieben lernen und das eigene Seelenkonstrukt feiern.

Wir leben in einer Gesellschaft, die von Wurzel-, Solarplexus- und Halschakra-Typen dominiert wird. Sie sitzen in den Regierungen und leiten die Bildungssysteme, kontrollieren den Geldfluss und erlassen Gesetze. Sie definieren die Werte, auf denen unsere Gesellschaft basiert. Der Wurzelchakra-Typ legt Wert darauf, etwas aufzubauen, für Stabilität und Sicherheit zu sorgen, seinen Beitrag zum System zu leisten und zu sein wie alle anderen. Dem Solarplexuschakra-Typ ist es wichtig, etwas zu erreichen, »jemand« zu werden, erfolgreich zu sein und an die Spitze zu gelangen. Der Halschakra-Typ legt Wert auf Selbstverwirklichung, freien Ausdruck und darauf, ein ganz eigenes Individuum zu werden. Dazu gehört auch der wild entschlossene Versuch, einen Riesenerfolg zu landen und weltweit Anerkennung zu bekommen.

Unsere Gesellschaft ist nicht daran interessiert, unsere Talente zu fördern, wohl aber daran, sie zu nutzen. Wenn Sie ein Talent pflegen, wissen Sie nicht genau, wie es sich entfalten wird. Aber die Gesellschaft weiß genau, in welche Richtung sie gehen will. Wenn Ihre Begabungen irgendwann nur noch praktischen und erfolgsorientierten Zwecken dienen, vergessen Sie allmählich, wer Sie sind und worin Ihre wirklichen Neigungen bestehen, weil Ihre Talente bereits im Dienst von etwas anderem stehen.

Eine solche Gesellschaft ist kein ideales Umfeld für Sakral-, Herz-, Stirn- oder Kronenchakra-Typen. Was Werte und einen echten Ausdrucksraum betrifft, fühlen sich diese Typen ausgeschlossen. Natürlich haben sie ihren öffentlichen Einflussbereich – Comedyshows oder die akademische Welt. Aber die allgemeine Atmosphäre diktiert, dass wir alle der Macht der Wurzel-, Solarplexus- und Halschakra-Typen unterworfen sind. Und diese Typen scheren sich nicht um die Werte der anderen vier Typen, denn sie halten sie nicht für wichtig genug, um den Fortschritt der Gesellschaftsmaschinerie voranzutreiben.

Wenn sich diejenigen, die diesen Chakra-Typen angehören, nicht in ihre Umgebung eingliedern können, beginnen sie, an ihren eigenen Werten zu zweifeln, und werden zu Typen, die nicht ihren eigenen entsprechen. Selbst nachdem Sie dieses Buch bis hierher gelesen haben, sind Sie vielleicht nicht sicher, was wirklich Ihr Typ ist, weil Sie möglicherweise nicht wissen, wie Sie Ihr authentisches Selbst von Ihrem Selbstbild und den von außen kommenden Stimmen, die Sie prägen, unterscheiden können. Ihr Persönlichkeitstyp kann tief unter Verpflichtungen und Zwängen, Erziehung und Konditionierung und manchmal sogar unter einem noch tiefer liegenden Karma begraben sein. Es sind ganz unterschiedliche Kräften, die Sie dazu gebracht haben, bestimmte Entscheidungen zu treffen und Dinge zu tun, die Sie ersticken, statt Ihren Typ zu entfalten.

Dies macht Selbstakzeptanz zu einem intensiven Prozess, vor allem für Sakral-, Herz-, Stirn- und Kronenchakra-Typen, weil es ihnen schwerfällt, für ihre unterschiedlichen, unabhängigen Werte einzustehen. Es ist natürlich eine große Herausforderung, die allgemeinen gesellschaftlichen Werte nicht zu teilen. Doch das ist die Lektion der Selbstakzeptanz: »Ich will ich selbst sein.« Solange Ihr Leben nicht dem Muster Ihres Typs entspricht, sind Sie wie ein Fisch, der an Land nicht schwimmen kann, und wenn er sich noch so sehr abmüht. Sie müssen lernen, sich mit Ihrem eigenen Seelenkonstrukt wohlzufühlen, Ihren eigenen Werten entsprechend zu leben und authentisch zu bleiben – selbst wenn Ihre Familie Ihren Typ ablehnt oder Ihr Partner fest entschlossen ist, Sie umzugestalten, oder Ihr Arbeitsumfeld von Ihnen verlangt, dass Sie sich ändern. Schließlich sind es die Ihnen eigenen Fähigkeiten, die Sie zu einem echten Individuum machen.

Ihren Haupt-Chakra-Typ zu spüren bedeutet, dass Sie nicht nur etwas Wahres über sich selbst darin erkennen – eine genaue Beschreibung Ihrer Persönlichkeit –, sondern ihn auch als Ihr eigenes, Ihnen angeborenes Seelenkonstrukt empfinden: »Das ist es, was mich ausmacht.«

Schenken Sie diesem Konstrukt Ihre Liebe. Lieben Sie sich selbst darin. Beachten Sie sowohl die in diesem Konstrukt enthaltenen Gaben als auch die damit verbundenen Einschränkungen und sagen Sie sich: »So hat mich die göttliche Wirklichkeit, die unendliche Intelligenz des Lebens oder das Universum gemacht – schön und mit Fehlern, ausgeglichen und unausgeglichen und manchmal *gerade wegen* meiner Einschränkungen schön.«

Wir halten niemals die eine Blume für besser oder wichtiger als eine andere Blume. Und in diesem Zusammenhang sind wir wie Blumen. Wenn wir das eigene Seelenkonstrukt nicht akzeptieren, ist es so, als würden wir das Universum als Ganzes nicht akzeptieren. Sich dem eigenen Seelenentwurf zu unterwerfen, bedeutet, sich dem höheren Willen zu unterwerfen.

Es ist alles perfekt. Sie haben das richtige Konstrukt und die richtige Rolle im Universum. Nur wenn Sie sich selbst akzeptieren, können Sie darauf hoffen, dass die Gaben, die in Ihrer natürlichen Konstitution enthalten sind, auch wirklich aufblühen.

Andere akzeptieren

Der zweite Schritt auf Ihrem Weg zu innerem und äußerem Frieden, der für harmonische Beziehungen notwendig ist, besteht darin, dass Sie sich vom Stolz auf Ihren Persönlichkeitstyp verabschieden. Angesichts der Schwierigkeiten, die es uns bereitet, uns selbst anzunehmen, ist es ziemlich paradox, dass jeder Typ ein enormes Gefühl für seine eigene Wichtigkeit und Überlegenheit hat, sobald es um seine Wahrnehmung der Wirklichkeit geht.

Jeder Typ schaut auf alle anderen Typen herab und denkt: »Wieso verstehen sie nicht, worum es geht?« Die Fürsorgenden fragen sich, warum andere nicht verstehen, dass nur Liebe und Fürsorge zählen. Sie glauben, dass Emotionen dem Denken überlegen sind, und haben Mitleid mit denen, die nicht fühlen können, »nur im Kopf« leben oder zu egoistisch sind, um an andere zu denken. Denker hingegen wundern sich, dass andere nicht verstehen, dass es allein auf Intelligenz und Wissen ankommt. Auf sie wirken alle anderen dumm, oberflächlich, allzu körperbetont und ihrer selbst nicht bewusst. Erschaffer sind befremdet von Menschen, die nicht mit beiden Beinen im Leben stehen. Und Künstler lachen über alle drei und fragen sich, wie sie so ernst und langweilig sein können und dabei alles verpassen, was das Leben zu bieten hat.

Geben wir es einfach zu: Wir sind alle ziemlich arrogant. Deshalb reicht es nicht, dass wir uns von unserer Selbstzurückweisung befreien und uns erlauben zu sein, wie wir sind. Wir müssen auch andere von Zurückweisung befreien und auch ihnen erlauben, ihr wahres Selbst zum Ausdruck zu bringen. Wenn Sie einmal darauf achten, wie wir den ganzen Tag über andere urteilen, werden Sie schnell merken, dass das, worüber wir urteilen, der Typ der anderen ist. Das ist es, was wir an anderen nicht mögen. Wir begutachten ihre Extreme und Einschränkungen und urteilen vom Standpunkt unseres eigenen Typs aus über sie.

Daher ist es unsere Aufgabe, die Akzeptanz, die wir uns selbst entgegenbringen, auch auf andere auszudehnen. Wenn wir uns selbst akzeptieren, bekommen wir allmählich ein Gefühl dafür, dass unser Typ Teil des kosmischen Gesamtpuzzles ist. Das bedeutet aber, dass auch alle anderen ein integraler Bestandteil dieses Puzzles sind. Statt uns selbst oder andere zu kritisieren, müssen wir lernen, unsere Persönlichkeit zu nutzen, um die Aufmerksamkeit sowohl auf unsere eigene einzigartige Rolle zu lenken als auch auf die einzigartigen Rollen anderer Menschen.

Denken Sie an eine Person, die eindeutig einem völlig anderen Typ angehört als Sie; an jemanden, dessen Werte und Perspektive sich stark von Ihren unterscheiden. Das kann jemand sein, den Sie kennen – ein Bekannter oder eine Bekannte, Ihr Partner, Ihr Kind, ein Elternteil, ein Freund oder eine Freundin, eine Kollegin oder ein Kollege – oder eine berühmte, vielleicht historische Persönlichkeit. Schauen Sie sich diese Person an und versuchen Sie, das Schöne an ihrer besonderen Art der Wahrnehmung und

Erfahrung zu sehen. Erkennen Sie, dass die Werte dieser Person genauso gültig sind wie Ihre eigenen und dass sie eine vollständige und vollkommene Sicht der Wirklichkeit widerspiegeln. Betrachten Sie diese Person als Ihren Lehrer/Ihre Lehrerin. Was kann sie Ihnen geben, das Sie sich beim besten Willen nicht selbst geben können?

Ob Sie es glauben oder nicht – andere Menschen sind nicht dazu da, so zu sein wie Sie. Es gibt genug von Ihrer Sorte auf der Welt. Wir alle wurden von Gott oder dem Universum geschaffen. Wenn also Gott oder das Universum auch andere Typen gebraucht hat, um die Schöpfung mit einem bestimmten Konstrukt zu bereichern, wie können Sie das dann infrage stellen? Wie kommen Sie darauf, dass Ihr eigenes Konstrukt besser oder ungewöhnlicher ist?

Versuchen Sie nun, in aller Demut auf diese Person zuzugehen, und sei es nur innerlich, und gestehen Sie sich ein: »Du hast etwas, das ich nicht habe.« Anzuerkennen, dass die Sichtweise eines anderen Menschen so umfassend und wertvoll ist wie Ihre eigene, ist ein Schlüssel zur Harmonie in allen Beziehungen. In Wirklichkeit gibt es keine Hierarchie. Diejenigen, die intelligent sind, sind nicht »besser« als diejenigen, die immer gut gelaunt sind. Und die Gutgelaunten sind nicht besser als die Liebevollen. Wir alle wachsen und gedeihen wie ein Blumenbeet, auf dem jede einzelne Blüte unverzichtbar ist. Ohne den Einfluss anderer Typen fehlt etwas in Ihrer Drei-Typen-Struktur, fehlt Ihnen etwas. Vergessen Sie das nicht. Demut und Akzeptanz anderen gegenüber versetzt uns in die Lage, ihre Geschenke anzunehmen.

Harmonie erreichen

Wenn wir wissen, wie wir uns selbst annehmen und gleichzeitig die sich von den unseren unterscheidenden Werte und Gaben anderer akzeptieren können, sind wir bereit, die ganze Welt zu akzeptieren. Sobald wir damit einverstanden sind, das arrogante Urteil unseres Typs aufzuheben, sind wir bereit, unsere Beziehungen zu allen anderen Typen und der Welt um uns herum in Harmonie zu bringen. Das Prinzip ist einfach: Beschäftigen Sie sich eingehend mit jedem Typ, und lernen Sie, sich weniger auf seine Herausforderungen zu konzentrieren als auf seine Gaben – also auf das, was andere in die Verbindung mit Ihnen einbringen können.

Normalerweise kommen alle Konflikte, die wir mit anderen haben, dadurch zustande, dass wir unterschiedliche Typen mit unterschiedlichen Werten sind. Versuchen Sie, genau die Unterschiede, deretwegen Sie mit anderen aneinandergeraten, als Geschenke zu betrachten, und denken Sie über das mögliche Ergebnis nach. Mit anderen Worten: Lernen Sie, die Quelle des Konflikts als Schlüssel zur Einheit zu betrachten.

Es ist interessant, dass wir fast nie Beziehungen mit Menschen unseres eigenen Typs eingehen. Vielmehr suchen wir nach komplementären Typen, die uns ergänzen können. Das ist die eigentliche Quelle der Anziehungskraft zwischen Menschen. Es geht darum, uns mit denen zu verbinden, die anders sind als wir. Männer und Frauen zum Beispiel scheinen manchmal von verschiedenen Planeten zu stammen und streben dennoch nach Vereinigung. Abgesehen von dem offensichtlichen biologischen Trieb, der sie dazu veranlasst, wird die Anziehungskraft zwischen ihnen auch durch ein mysteriöses Gefühl des »Andersseins« verursacht. Dies bedeutet, dass wir tief in unserem Inneren wollen, dass andere Menschen anders sind als wir.

Manchmal beobachten wir Menschen in unserem Umfeld und projizieren unsere Neigungen und Werte als eine Art unerfülltes Potenzial auf sie. Aus der Perspektive unseres Typs denken wir oder sagen wir ihnen sogar, dass sie ein sehr großes Potenzial haben, um sehr viel liebevoller, verantwortungsbewusster, gebildeter oder spiritueller zu sein. Wenn wir Harmonie auf der Welt erreichen wollen, müssen wir jedoch lernen, die Brille des »Potenzials« abzusetzen und andere so zu sehen, *wie sie sind.* Wir müssen uns auf das konzentrieren, was andere bereits haben: ihre dringend benötigten Geschenke an uns und alle anderen.

Diese Aufgabe kommt uns vielleicht nur deshalb schwierig vor, weil wir nicht erpicht darauf sind, sie zu übernehmen. Selbst wenn wir die wunderbaren Gaben aller sieben Typen intellektuell erkannt haben, werden wir im wirklichen Leben von der Andersartigkeit anderer abgeschreckt. Es fällt uns schwer zu akzeptieren, dass sie Eigenschaften bieten können, die wir nicht haben.

Hier sind vier einfache, aber wirkungsvolle Übungen, mit denen Sie Ihre Abneigung überwinden können, die Gaben anderer als konstruktive Bestandteile Ihrer eigenen Erfahrung anzunehmen. Denken Sie daran, dass zwischen Partnern – von Geschwistern über Kollegen bis zu Eheleuten – eine Menge bewusste Arbeit geleistet werden kann, um viele Kollisionen und Komplikationen zu vermeiden. Meistens warten Menschen in Beziehungen, bis es zu Konflikten kommt, und arbeiten erst dann gemeinsam an der Verbesserung ihrer Verbindung. Sie sehen nicht, dass die Konfrontation eine natürliche Folge der Vernachlässigung eines Problems ist, das durch ein wenig bewusste Arbeit vielleicht hätte vermieden werden können.

- Setzen Sie sich zusammen und erstellen Sie eine Liste aller guten Eigenschaften, die jeweils einer von Ihnen ganz natürlich hat und der andere nicht. Diese Liste lenkt die Diskussion weg von einer abstrakten Vorstellung hin zu einer bewussten Anerkennung. Entwickeln Sie aus dieser Liste eine weitere Liste aller guten Eigenschaften der Verbindung Ihrer beiden Typen. Machen Sie sich nun bewusst, dass Sie gemeinsam eine größere Einheit bilden, die mit vielen Eigenschaften und Fähigkeiten gesegnet ist. Wenn Sie über Ihre kombinierten Energien und Gaben nachdenken, kann das sehr stärkend sein. Fragen Sie sich: »Welche Mischung erschaffen wir? Was ist unser ›neuer‹ Persönlichkeitstyp?«

- Erstellen Sie eine Liste aller Bedürfnisse, die Sie beide haben. Im Idealfall fühlt sich der jeweilige Partner dafür verantwortlich, dass die Bedürfnisse des anderen respektiert und gegebenenfalls auch erfüllt werden. Wenn Sie ein Chakra-Eins-Typ sind, der mit einem Chakra-Zwei-Typ zusammenlebt, müssen Sie das Bedürfnis Ihres Partners nach Veränderung würdigen, und Ihr Partner muss Ihr Sicherheitsbedürfnis respektieren. Indem wir zeigen, dass wir uns um die Bedürfnisse des anderen kümmern, demonstrieren wir auch, was wahre Liebe bedeutet. Darüber hinaus können sich diese Bedürfnisse oft in Geschenke verwandeln. Wenn Menschen die Möglichkeit haben, ihre Bedürfnisse zum Ausdruck zu bringen, bedeutet das für sie vielleicht auch eine Gelegenheit, ihren Partner ins Gleichgewicht zu bringen. Das Bedürfnis des Künstlers nach mehr Spaß im Leben kann ein indirektes Heilmittel für die Neigung eines Erschaffers zur Schwere und zu einem übermäßigen Ernst sein. Wenn Sie anderen erlauben, ihre Bedürfnisse zum Ausdruck zu bringen und entsprechend zu leben, stellen Sie möglicherweise überrascht fest, dass auch Sie selbst etwas davon haben und auf jeden Fall davon profitieren, wenn Ihr Kind, Ihre Freundin oder Ihr Freund oder Ihr Partner glücklicher sind.

- Machen Sie eine Liste mit den extremen Tendenzen jeder Person. Im Idealfall bittet der eine Typ den anderen, der vielleicht unter bestimmten Auswüchsen leidet, um einen entsprechenden Hinweis. Diese Vereinbarung muss natürlich auf Gegenseitigkeit beruhen und auf die in der Liste aufgeführten Tendenzen beschränkt sein. Ein Missbrauch dieses heiklen Vertrauensverhältnisses durch ständiges Aufspüren irgendwelcher Schwachpunkte ist alles andere als hilfreich. Sie müssen sich auch darüber einig sein, dass Sie sich sofort zurückziehen und nicht zu viel Druck ausüben, wenn der andere die angebotene Hilfe in dem Moment für unangemessen hält. Setzen Sie diese Liste nur ein, wenn Hilfe benötigt wird und erwünscht ist. Erinnern Sie sich zu anderen Zeiten daran, dass Sie freiwillig mit dieser Person zusammen sind. Es macht keinen Sinn, sich über die Begrenzungen einer Person zu beschweren. Zeit mit jemandem zu verbringen und sich gleichzeitig zu wünschen, derjenige wäre jemand anderes, ist nicht fair. Jede gesunde Beziehung muss auf der gegenseitigen Anerkennung der Gaben des jeweils anderen basieren. Dafür sind Beziehungen da: sich begegnen, um einander zu stärken.

- Listen Sie die Dinge auf, die Sie beide jeweils verärgern. Jede Kombination von Typen erzeugt und verstärkt ein gewisses gemeinsames Ungleichgewicht und bestimmte Auswüchse. Hinzu kommt, dass jede Partnerschaft ein bestimmtes gemeinsames Ego erschafft, das auf Selbstgefälligkeit und Ressentiments gegenüber anderen und der restlichen Welt basiert. Vielleicht haben Sie beide den gleichen Konflikt mit dem Leben oder mit anderen. Traurigerweise ist es oft so, dass Menschen in engen Partnerschaften einander darin nur bestärken, statt den Konflikt zu lösen. Nehmen wir beispielsweise zwei Personen, die beide das Gefühl haben, von Feinden umgeben zu sein, und eine Beziehung eingehen. Wenn sie die Paranoia des jeweils anderen dann noch dadurch verstärken, dass sie gemeinsam das Gefühl kultivieren, alle anderen seien schlecht, werden sie schnell überkritisch, statt einander dabei zu helfen, diese Sichtweise zu ändern.

Durch tiefes Verständnis füreinander, das durch bewusste Arbeit entwickelt wurde, kann jede Kombination von Typen harmonisch werden. Demgegenüber können Beziehungen zwischen übereinstimmenden Typen gerade deshalb scheitern, weil sich beide auf ihre von Natur aus stimmige »Chemie« verlassen. Beziehungen sind letztlich nur das, was wir aus ihnen machen.

SCHLUSSWORT

CHAKRAS ALS WEG ZUM FRIEDEN

Die Entdeckung Ihres Haupt-Chakra-Typs beinhaltet das äußerst wichtige Verständnis dessen, worin Ihre ganz persönliche Art von Zufriedenheit, Sinn und Ausrichtung im Leben besteht. Das ist vielleicht *der* Faktor, der dieses System der Persönlichkeitsanalyse und Selbstinstruktion von vielen anderen unterscheidet. Es ist ein System, bei dem es vor allem um Werte, Sinn und Bestimmung geht, also um die grundlegenden Sehnsüchte, die dem Kern Ihres Wesens entstammen. Es betont Ihr außergewöhnliches Potenzial und Ihre authentische Rolle im Leben – nicht Ihre Rolle in der Gesellschaft, die Sie im Laufe der Zeit angenommen haben.

Dieses System basiert auf zwei einfachen Prinzipien:

- Der Sinn Ihres Lebens ist erfüllt, wenn Sie das Wesen Ihres Typs voll und ganz verkörpern.
- Sie finden Ihr Lebensglück, wenn Sie dem Wesen Ihres Typs entsprechend leben.

Mit anderen Worten: Wenn Sie Ihren Typ kennen, wissen Sie, warum Sie hier sind. Wenn Sie jedoch nicht dem Wesen Ihres Typs entsprechend leben, stellen Sie möglicherweise fest, dass Sie ziemlich unglücklich sind, weil Sie sich nach Kräften bemühen, jemand anderes zu sein. Und das ist natürlich niemals konstruktiv.

Der wahre Chakra-Typ ist oft nicht der, den man vermutet oder der man sein will. Manchmal ist er überlagert von Gewohnheiten, gesellschaftlichen Konditionierungen und Missverständnissen über sich selbst, was die wahre Bestimmung verschleiert. Wenn Sie Ihr Seelenkonstrukt nicht kennen oder nicht erkennen können, wissen Sie nicht genau, wer Sie sind. Und ohne dieses vertraute Gefühl von sich selbst riskieren Sie, sich an Orte zu begeben und mit Menschen zusammen zu sein, die Sie nicht dabei unterstützen können, Ihren richtigen Weg zu gehen. Sozialer Druck, die Erwartungen anderer Menschen und zu viel Zeit in der Gegenwart dominanter Menschen, die den Wert und die Bedeutung der Wirklichkeit ganz anders wahrnehmen als Sie, können dazu führen, dass Sie Ihr wahres Wesen aufgeben und jemand anderes werden.

Wenn Sie sich Ihres Chakra-Typs nicht bewusst sind, leben Sie vielleicht mit einem anderen Typ zusammen, ohne die Gaben, die Sie einander zu bieten haben, gegenseitig wertzuschätzen. Wenn Sie die besondere Art von Glück und Bestimmung des anderen nicht respektieren, nehmen Sie seine Bedürfnisse und Neigungen möglicherweise nicht wahr und betrachten sie als Ausreden oder Ausflüchte oder als Beweise für starre Gewohnheiten und festgefahrene Meinungen. Viele leiden, weil sie kein Verständnis für Menschen haben, die ihre eigenen Sehnsüchte und Neigungen nicht teilen – Sehnsüchte und Neigungen, die sie möglicherweise noch nicht einmal selbst verstehen und mit denen sie sich dann auch nicht wirklich identifizieren. Andere begehen den Fehler, Übungen zu machen oder Gewohnheiten anzunehmen, die angeblich für alle passend sind – eine Meditationspraxis, die als der ultimative Weg angepriesen wird, oder ein Trainingsprogramm, das gerade als letzter Schrei gilt. Tatsache ist, dass jeder Typ seine eigene Abfolge von Übungen haben muss, die zu ihm speziell passen.

Nur wenn wir unsere eigene einzigartige Chakra-Konstitution verstehen, können wir uns zu ganzheitlichen Individuen entwickeln. Und nur, wenn wir alle sieben Chakra-Typen zu einer ganzheitlichen Struktur zusammenfassen, können wir eine voll funktionsfähige Gesellschaft aufbauen – eine menschliche Kultur, die auf dem harmonischen Zusammenspiel von Kräften, Einflüssen und Inspirationen basiert. Alle sieben Typen sind für jede Gesellschaft, in der es sich zu leben lohnt, unerlässlich.

Deshalb kann uns das Verständnis der Chakra-Persönlichkeitstypen einen Weg zum Frieden weisen. Es kann uns helfen zu erkennen, dass alle Sichtweisen ihre eigene Rolle bei der Gestaltung der Welt spielen und Harmonie in unsere Kultur bringen. Jede ist gleichwertig und bildet eine wichtige Komponente unserer Wirklichkeit.

Friede beginnt mit einer Demut, die zugibt, dass kein Chakra-Typ Antworten auf alle Fragen hat. Es ist lächerlich, auf andere Typen herabzuschauen und zu glauben, dass man selbst den einzigen Schlüssel zu den Geheimnissen des Universums hat und niemand sonst weiß, worum es geht. Genau das ist der Ursprung aller Konflikte in der Gesellschaft, sei es in persönlichen Beziehungen oder zwischen Nationen. Wenn alle nur damit beschäftigt sind, allen anderen zu sagen, wie sie sein und was sie tun sollten, sind Konflikte unvermeidlich. Diese Konflikte beginnen vielleicht mit kleinen Missverständnissen – etwa mit der Unfähigkeit des Chakra-Zwei-Typs, die übermäßig ernste Natur des Chakra-Drei-Typs zu erfassen, als sei seine angeborene Auffassung vom Leben die einzig »gottgegebene« –, können jedoch schnell zu ernsthaften Konflikten eskalieren und manchmal zu welterschütternden Ereignissen führen, die schreckliche Folgen haben.

Keiner von uns hält *den* Schlüssel zur Erfüllung und zum Sinn des Lebens in seinen Händen. Aber jeder von uns hat *einen* Schlüssel. Als Individuen und als Menschheit verfügen wir sogar über sieben Schlüssel. Wenn wir lernen, allen sieben Chakra-Typen mit einer gewissen Demut zu begegnen, können wir auch die Fähigkeit entwickeln, einander wirklich zuzuhören und uns als offenes System zu erleben, das zu Toleranz und Veränderung in der Lage ist. Wenn wir erkennen, dass jeder Typ ein bestimmtes Geschenk für uns bereithält, das wir uns selbst nicht geben können, öffnen wir einer konstruktiven Veränderung und einer harmonischeren Existenz Tür und Tor. Das ist die Schönheit dieses Systems. Es lehrt uns, dass eine gesunde Gesellschaft alle Typen braucht und dass sie sich gegenseitig beeinflussen und unterstützen.

Eine neue Perspektive

Meiner Ansicht nach unterscheidet sich dieses Persönlichkeitssystem von anderen dadurch, dass es nicht nur ein gutes Mittel zur Selbsthilfe ist, sondern auch etwas über unsere menschliche Gesellschaft und Kultur aussagt. Vor allem aber ist es ein *soziales System* mit gesellschaftlichen Implikationen.

Wenn Sie sich erst einmal mit den Chakra-Typen beschäftigt und sie als Grundlage der Persönlichkeit angenommen haben, können Sie die Welt nie wieder auf dieselbe Weise betrachten. Dieses System wird schnell zu einer Art »eingebauter« Weltanschauung, die sowohl Ihren inneren Dialog – also wie Sie sich selbst verstehen – als auch Ihre Interaktionen mit anderen Menschen färbt. Darüber hinaus kann sie tief greifende Auswirkungen darauf haben, wie Sie gesellschaftliche, kulturelle und sogar politische Phänomene verstehen. Sie schauen sich vielleicht einen Film an und denken: »Das ist ein großartiges Herzchakra-Drama.« Oder Sie hören ein Musikstück und sagen: »Was für eine wunderschöne Sakralchakra- Übertragung.« Oder Sie hören einen Redner und seufzen: »Ein geborener Halschakra- Typ!«

Sie fangen an, Gruppen, Branchen und Nationen als Chakra-Typen zu identifizieren, die in einer vollständigen Kultur alle gebraucht werden. Mit den Augen der Persönlichkeitstypen gesehen, offenbart die Welt, was jede Gruppe, jede Nation und jede Religion der Menschheit als Ganzes zu geben hat. Das sind natürlich grobe Verallgemeinerungen. Selbstverständlich umfasst jede Nation oder kulturelle Bewegung die Ausdrucksformen vieler Chakra-Typen. Denken Sie jedoch daran, dass dies auch für Sie selbst gilt. Auch Ihre Persönlichkeit kann nicht auf eine einzige Ausdrucksform reduziert werden, und doch lässt sich bei jeder Persönlichkeit eine Kernaktivität und eine grundsätzliche Neigung ausmachen – und das gilt auch für kollektive Strukturen und Denkweisen.

Kulturelle Phänomene des Sakralchakra-Typs lassen sich leicht in Epochen wie den 1960er-Jahren beobachten. Der damalige kulturelle Umbruch schloss eine sexuelle Revolution ebenso ein wie die Entdeckung psychedelischer Substanzen, der Musik als eine Form von Seelenheil und des

Konzepts der individuellen Freiheit. Wir sehen diese Chakra-Zwei-Phänomene auch in Büchern wie *Alice im Wunderland*. Berlin ist ein Beispiel für eine Sakralchakra-Stadt – künstlerisch, sexuell experimentierfreudig, hochgradig individualistisch, sehr offen, kosmopolitisch und pluralistisch, entspannt und auch ziemlich faul und relativ arm, weil sie in der Regel weniger auf Fortschritt aus ist. Viele Bürger dieser Stadt sind ständig auf der Suche nach neuen Erfahrungen und wollen sich nicht festlegen. Sie sind auf das »Jetzt« der Dinge und auf viel Raum zur Selbsterkundung fokussiert.

Kulturelle Phänomene des zielstrebigen Solarplexuschakra-Typs hingegen lassen sich leicht in der japanischen Samurai-Kultur ausmachen, in Richard Wagners Opern sowie in der altgriechischen Philosophie der Selbstbeherrschung. Die klügste Vorgehensweise besteht darin, sich auf die Gaben und Vorzüge jedes dieser kulturellen Phänomene zu konzentrieren und sich von ihnen inspirieren zu lassen. Wenn man sich stattdessen auf die Extreme konzentriert, die sie möglicherweise an den Tag legen, versteht man nicht, worum es wirklich geht.

Eine gesunde Gesellschaft wird kulturelle und individuelle Ausdrucksformen unter dem Aspekt betrachten, was sie sind – was sie geben können und geben sollten –, und ihren Blick nicht auf das richten, was sie nicht sind – was sie nicht geben können. Denker denken für uns alle und tragen so dazu bei, unseren Geist zu stimulieren, während Erschaffer es uns wie Straßenbauer möglich machen, sicher zu fahren. Manche behaupten zwar, der Sakralchakra-Typ sei unwesentlich, aber wie würde unsere Welt ohne Gefühle, Sinnlichkeit und Poesie aussehen? Ohne Humor, Lachen, Vergnügen, Entspannung im »Hier und Jetzt« und die Kreativität der Künstler befänden wir uns auf einem glanzlosen Marsch in eine farblose Zukunft. Der sprunghafte Chakra-Zwei-Typ kann uns vor der überernsten Natur aller anderen sechs Chakra-Typen schützen. Wenn wir einem Chakra-Zwei-Typ begegnen, ist es, als hätten wir mitten in einer Depression eine Begegnung mit einem wunderschönen Schmetterling. Unsere Gesellschaft braucht Künstler, um von Zeit zu Zeit zu erfahren, dass das Leben seinen eigenen Sinn hat.

Gerade weil keiner von uns allen Elementen des Lebens die gleiche Energie und Aufmerksamkeit schenken kann, sind wir auf andere Typen angewiesen, die unsere Bemühungen ergänzen und vollenden. Wollen wir wirklich, dass alle anderen so sind wie wir? Stellen Sie sich eine Welt vor, die von acht Milliarden Menschen bevölkert ist, die genauso sind wie Sie. Wäre das nicht ein Albtraum? Zu unserem eigenen Wohl sollten wir wollen, dass andere sie selbst sind, also anders und widersprüchlich. Sich dies einzugestehen, ist ein erster Schritt in Richtung Weltfrieden.

Es gibt zwei Arten von Akzeptanz. Die erste ist nicht diskriminierend und unpersönlich – Sie akzeptieren jemanden einfach, weil vor Gott oder aus einem humanistischen Blickwinkel alle gleich sind. Ich bin jedoch der Ansicht, dass das zu einfach ist. Wir müssen lernen, Menschen nicht deshalb zu akzeptieren, weil sie nicht anders sind als wir, sondern gerade *weil* sie anders sind. Solange wir dazu nicht in der Lage sind, leiden wir unter einer seltsamen Dualität: Menschen sind sich zwar allgemein darüber einig, dass alle Menschen gleich sind, können aber in konkreten Beziehungen niemanden akzeptieren, der anders ist als sie selbst.

Menschen nur durch die Brille der Gleichheit zu sehen, hält uns in einem unreifen Zustand gefangen, in dem wir versuchen, alle Unterschiede zu ignorieren. Paradoxerweise macht die vereinheitlichende Sichtweise, die vorgibt, an die Gleichheit aller zu glauben, unsere Intoleranz nur noch schlimmer. Wir sind vielleicht unterschwellig sauer, weil wir möchten, dass alle anderen so werden wie wir. Wirklich reif werden wir erst, wenn wir andere lieben, *weil* sie anders sind als wir, sie selbst eben; wenn wir uns darüber freuen, dass sie die Welt anders wahrnehmen und erfahren, als wir es tun. Unser Wunsch nach Einheit ist nicht genug, solange wir den anderen nicht als anders tolerieren können.

Beide Arten von Akzeptanz – die Würdigung unserer Gemeinsamkeiten und die Würdigung unserer Unterschiede – sind sowohl für perfekte Beziehungen als auch für eine gesunde Gesellschaft erforderlich. Wir finden höchste Erfüllung, wenn wir erkennen, dass die Unterschiede, die wir wahrnehmen, auch ein Teil der Einheit sind, die wir anstreben. Die Tatsache, dass es Elefanten, Giraffen, Eidechsen und Nilpferde auf der Welt gibt, ist nicht nur ein wunderbarer Ausdruck unserer einen, unteilbaren Realität, sondern auch eine Bestätigung, dass »Gott« umso mehr »Gott« ist, weil es Elefanten, Giraffen, Eidechsen und Nilpferde auf der Welt gibt. Vielfalt mindert unsere Einheit nicht, sondern macht sie reicher. Wir müssen sie also weder minimieren noch fürchten.

Sollen die verschiedenen Religionen oder Nationen der Welt einfach verschmelzen oder verschwinden, damit wir endlich die Einheit erfahren können? Die Antwort des Systems der Chakra-Typen ist ein klares Nein. Wir brauchen keine nationalen Merkmale zu verwässern oder Religionen zu vermischen, nur weil sie angeblich Unterschiede schaffen. Über Religionen und Nationalitäten hinauszugehen, bedeutet nicht, sie aufzulösen, sondern vielmehr, sie in die Einheit einzubeziehen.

Die sieben Wesen oder Essenzen, die von den sieben Chakra-Typen verkörpert werden, können als Schlüssel zur Einheit aller spirituellen Systeme und Religionen dienen. Wir denken vielleicht, dass sie einander widersprechen – auch wenn wir uns vage darüber einig sind, dass sie irgendwie alle vom selben »Gott« sprechen. Aber wir müssen wirklich anfangen, sie als Reflexionen verschiedener göttlicher Aspekte zu betrachten. Mit anderen Worten: Wenn wir all die verschiedenen Religionen und spirituellen Strömungen der Welt zusammenbringen und gründlich mischen würden, hätten wir die einzig wahre Religion.

Die Gesellschaft weiterentwickeln

Wenn ich von den sieben Typen in der Weltbevölkerung spreche, werde ich oft gefragt, ob es künftig irgendeine Veränderung im prozentualen Verhältnis der verschiedenen Typen und in Zukunft weniger Erschaffer und dafür mehr Denker und Yogis geben wird. Ehrlich gesagt vermute ich, dass hinter diesem scheinbar neutralen Interesse die Überzeugung steht, Erschaffer seien eine weniger weit entwickelte Form von Menschen. In Wirklichkeit hat das prozentuale Verhältnis der Typen nicht nur einen relativen, sondern auch einen inhärenten Sinn. Es spiegelt eine natürliche

Struktur wider, in der viele damit beschäftigt sind, unsere Welt aufzubauen, denn schließlich ist es eine materielle Welt, welche die Schaffung einer soliden und kultivierten Wirklichkeit erfordert. Können wir uns wirklich eine Welt vorstellen, die hauptsächlich von verträumten Ideenschmieden und entspannten, gleichgültigen Meditierenden bevölkert ist?

Wir brauchen nur einen Sokrates, der eine Ethik formuliert und uns das richtige Denken beibringt. Und es ist vollkommen in Ordnung, dass Millionen von Menschen in seine Fußstapfen treten. Es ist definitiv nicht nötig, dass jeder im Bereich der reinen Ideen tätig ist. Aufgrund meiner eigenen Beobachtung der kulturellen Entwicklung habe ich das Gefühl, dass jede Kultur die allgemeine Tendenz hat, sich an die tatsächlichen Bedürfnisse der Welt anzupassen. Aus rein praktischer Sicht, also damit die Welt »funktionieren« kann, brauchen wir mehr Erschaffer, Zielstrebige, Redner und Fürsorgende als Künstler, Denker und Yogis.

Auf der anderen Seite leidet unsere Welt unter den Exzessen einiger Typen. Wir wissen mittlerweile sehr gut, dass jeder Typ destruktiv wird, wenn er egoistisch handelt. Allerdings sind bestimmte Typen – besonders Zielstrebige und Redner – gefährlicher als andere, wenn sie unausgeglichen bleiben. Doch obwohl Redner und Zielstrebige eine große Zerstörung in die Welt bringen können, besitzen sie auch die Schlüssel zur Verwirklichung einer idealen Gesellschaft. Sie sind mehr als alle anderen in der Lage, der Menschheit die beste Zukunft zu bieten, die sie haben kann, wenn sie verantwortungsvoll handeln.

Unser Bildungssystem wurde von Rednern und Zielstrebigen manipuliert, um die Spaltung in der Gesellschaft zu verstärken. In einer kulturellen Form von »natürlicher Selektion« wird alles bewertet und jeder eingestuft. Der Sieger wird gelobt, der Schwache gedemütigt. In einer idealen Gesellschaft hingegen würde jeder Typ die volle Anerkennung für seine Natur bekommen und hätte entsprechend die Möglichkeit, sein eigenes Wesen zu entfalten. Gleichzeitig würde er darin trainiert, zum Ausgleich auch andere Eigenschaften anzunehmen. Jeder Typ könnte sich sowohl individuell als auch gesamtheitlich entwickeln. Alle sieben Typen würden gefördert, wobei der Sakralchakra-Typ die Kinder mit dem Geist des Lachens und der Poesie bereichern würde, sie die Schönheit des Lebens im jeweiligen Moment erkennen ließe und die Kunst des Genießens lehrte, während der Kronenchakra-Typ sie in Meditation, Stille und Bewusstheit unterrichten würde.

Eine wirklich »erleuchtete« Gesellschaft würde alle sieben Typen ohne Wertehierarchie gekonnt integrieren und all ihre Gaben für ein einziges Ziel bündeln: Frieden. Sie würde alle Typen ermutigen, auf eine Weise zusammenzuarbeiten, die über die eigenen Interessen und den rein individuellen Ausdruck hinausgeht. Gegenwärtig treibt jeder Typ nur seine eigenen Werte voran, wobei die Chakra-Drei- und Chakra-Fünf-Typen den gesamten Prozess überwachen. Als Folge davon leistet jeder einzelne Typ nur indirekt einen Beitrag für die Gesellschaft. Weil sich jeder individuell zum Ausdruck bringen will, ist unsere Kultur sozusagen die Summe aller individuellen Impulse. Die Realität in einer bewussteren Gesellschaft sähe so aus, dass alle Individuen gleich wichtig wären – zum Wohl des Ganzen.

Die Chakras sind großartige Kollaborateure. Alle sieben »wissen« sehr wohl, dass sie einander brauchen, um die komplexe und wunderbare Symphonie des menschlichen Lebens hervorzubringen. Doch ohne das ideale Teamwork, das ihnen hilft, sich aufeinander abzustimmen, wäre unser Chakra-System wie ein Orchester, in dem ein Geiger einfach drauflosspielt, ohne sich um die Gesamtkomposition zu kümmern. Um eine perfekte Melodie zu erzeugen, müssen alle sieben Chakras ausgeglichen und im Einklang sein. Jedes von ihnen ist in der Lage, alle anderen zu besänftigen, zu verbessern, zu erheben oder voranzubringen. Jedes von ihnen kann die Lösung für die Probleme und das Ungleichgewicht eines anderen Chakras bieten. Wie sieben gute Freunde, die sich auf einer gemeinsamen Reise gegenseitig unterstützen, sind die Chakras aufeinander angewiesen, wenn es um den freien Fluss von Gesundheit, Frieden, Intelligenz und Bewusstsein geht.

Das ist das Geniale an den Chakras: Als unterschiedliche Zentren der Wahrnehmungen und Erfahrungen, die in einem menschlichen Wesen zusammenkommen, demonstrieren sie eine Art utopischer Gemeinschaft. Daher können wir inneren Frieden finden, wenn wir eine optimale Gemeinschaft innerhalb unseres eigenen Chakra-Systems aufbauen. Dieser innere Friede kann dann Vorbild für einen größeren äußeren Frieden sein, für eine Harmonie zwischen unserem eigenen Chakra-Typ und anderen Chakra-Typen und für ein tiefes gegenseitiges Verständnis sowie für Akzeptanz und Zusammenarbeit in der ganzen Welt.

DANK

Von Herzen danke ich Noga und Jan Müller, den Managern meines Zentrums in Berlin, die den Schreibprozess vom Anfang bis zum Ende unterstützt haben. Sie haben unermüdlich hart gearbeitet, um die einjährige Unterrichtsplattform aufzubauen, aus der dieses Buch hervorgegangen ist.

Zutiefst dankbar bin ich ferner Florian Stündel, der Hunderte von Unterrichtsstunden akribisch transkribiert und es mir dadurch ermöglicht hat, auf ihrer Basis dieses Buch zu schreiben.

Ein großes Dankeschön geht außerdem an meinen Grafiker Oliver Bruehl für die beiden sehr hilfreichen Darstellungen, die Eingang in dieses Buch gefunden haben.

Schließlich verneige ich mich vor den vielen Teilnehmern am Sieben-Chakra-Typen-Seminar von 2017. Euer Enthusiasmus, eurer intensives Hinterfragen und eure Neugierde haben zu zahlreichen Einsichten und damit zu einer deutlichen Klärung dieses Systems geführt.

BIBLIOGRAFIE

Allgemeine Quellen

Cousens, Gabriel: *Spiritual Nutrition*. United States: North Atlantic Books, 2005.

Love, Presley: Universe of Symbolism. *http://www.universeofsymbolism.com/chakra-animals.html*, abgerufen am 11. Oktober 2017.

Mercier, Patricia: *The Chakra Bible*. United States: Sterling, 2007.

KAPITEL 1: **Die Erschaffer**

Creel, H. G.: *Confucius. The Man and the Myth*. United States: Kessinger Publishing, 2008.

Lewis, Rick: »Kant 200 Years On«, *Philosophy Now*, 49: 2005. *https://www.brainyquote.com/authors/confucius.*

KAPITEL 2: **Die Künstler**

Norton, Charlie: »The man who fell to earth«, *Daily Mail Online*, Juni 2012.

https://www.biography.com/people/jim-morrison-9415576. https://www.brainyquote.com/authors/jim_morrison.

KAPITEL 3: **Die Zielstrebigen**

Nietzsche, Friedrich: *Der Wille zur Macht*, Leipzig: Alfred Kröner Verlag, 1996 (13. Auflage).

Plutarch*: Alexander*. Herausgegeben und übersetzt von Marion Giebel. Ditzingen: Reclam, 2014.

https://www.brainyquote.com/authors/alexander_the_great.

KAPITEL 4: **Die Fürsorgenden**

Platon: *Phaidon*. Hamburg: Meiner Verlag, 2008.

https://www.biography.com/people/mother-teresa-9504160. https://www.goodreads.com/author/quotes/838305.Mother_Teresa.

KAPITEL 5: **Die Redner**

Carson, Clayborne (Hrsg.): *The Autobiography of Martin Luther King, Jr.* United States: Abacus, 1998.

Dawkins, Richard: *Das egoistische Gen*. Berlin/Heidelberg: Springer Spektrum, 1994.

http://www.biographyonline.net/spiritual/osho.htm.l. https://www.brainyquote.com/authors/martin_luther_king_jr.

KAPITEL 6: **Die Denker**

Keller, Evelyn Fox: *Barbara McClintock. Die Entdeckerin der springenden Gene*. Basel: Birkhäuser Verlag, 1995.

KAPITEL 7: **Die Yogis**

https://en.wikipedia.org/wiki/Anandamayi_Ma. https://www.goodreads.com/author/quotes/936645.Anandamayi_Ma.